김상복 목사

# 아, 살았구나

## 죄와 구원

신교횃불

확신시리즈 2

## 아, 살았구나 _죄와 구원_

2018년 8월 24일 초판 1쇄 발행

지은이 | 김상복
편집인 | 우경신, 박유빈, 양선애, 양미애
발행처 | 도서출판 선교횃불(ccm2u)
　　　　전화 : (02)2203-2739
　　　　팩스 : (02)2203-2738
등록일 | 1999년 9월 21일 제 54호
등록처 | 서울 송파구 백제고분로 27길 12(삼전동)

ISBN  978-89-5546-404-7
　　　　978-89-5546-403-0(세트)


* 파본은 교환해 드립니다.
* 판권과 글에 대한 저작권은 지은이에게 있습니다.
* 이 출판물은 저작권법의 보호를 받는 저작물이므로 무단전재와 무단복제를 금합니다.

아; 살았구나~

# 사랑하고 존경하는 김상복 목사님께

원로목사님의 팔순을 기념하면서 할렐루야교회가 목사님의 '확신시리즈'를 재발간하게 되어 얼마나 기쁜지 모르겠습니다. 이것은 모든 교인들의 마음이기도 합니다. 목사님은 목회자이시며 학자이십니다. 목회자의 가슴과 시각으로 신학을 쉽고 깊게 정리하셨고, 이를 통해 성도들의 삶을 윤택하게 해 주신 분입니다.

'평신도 신학'이라는 단어가 한국 교회에 생소했을 무렵, 목사님은 선구자 역할을 해 주셨습니다. 교회의 진정한 자원은 바로 '사람'이라는 것을 알려 주셨고, 성도들을 깨워 주님의 진정한 일꾼으로 세우려 노력하셨습니다. 무엇보다도 '3S'의 신학을 강조하시며, 전 성도들이 '구원(Salvation)'과 '성화(Sanctification)'와 '섬김(Service)'에 대해 확신을 갖고 살 수 있도록 온몸을 던져 섬겨 주셨습니다. 그리하여 교회를 건강하게 세우고, 성도들이 주님을 위해 세상의 빛과 소금으로 살 수 있도록 도와주셨습니다.

저는 목사님의 후임으로서 우리 교회의 토대가 강건하다는 것을 분명하게 아는 사람입니다. 목사님의 '평신도 신학'이 이러한 터전을 만들어 주었다는 확신과 자부심을 갖고 있습니다. 목사님의 그러한 가르침들은 그때만 필요했던 것이 아닙니다. 오늘날에도 여전히, 절실히 필요합니다. 그 어느 때보다도 성도들이 견고하게 서서 믿음을 지켜야 할 때가 지금이라고 생각하기 때문입니다. 또한 교회 사역의 본질로 돌아가 평신도들을 깨우며 무장시켜야 할 때도 바로 이때라고 보기 때문입니다. 주님의 교회가 세상의 유일한 희망이라면, 준비되고 건강한 성도들이야말로 교회의 소망이라고 믿습니다. 그렇기에 그동안 목사님께서 전하셨던 여러 가르침을 모아 더욱 깊고 풍성한 '확신시리즈'로 발간하는 것이 정말 기쁘고 감사할 따름입니다.

목사님이 저의 원로목사님이셔서 정말 감격스럽습니다. 목사님이 우리 할렐루야교회의 원로목사님이셔서 정말 든든합니다. 이번 '확신시리즈' 발간을 통해 모든 신학의 핵심이자 곧 결론이 되시는 예수님의 이름이 더욱 높아지기를 소망합니다.

2018년 7월<br>
할렐루야교회 담임목사<br>
김승욱

# 죄를 알면 구원이 보인다

예나 지금이나 인간의 비극은 죄에서 비롯되었습니다. 모든 문제의 밑바탕에는 죄가 깔려 있습니다.

최근 월드컵 경기에서 프랑스가 20년 만에 우승을 차지했습니다. 파리 샹젤리제 광장에 모인 사람들은 승리의 기쁨에 취해 미친 듯이 소리 지르고 춤을 추며 황홀경에 빠졌습니다. 같은 시각, 또 다른 무리는 상점들의 유리창을 깨고 불을 지르는 등의 난동을 일으켰습니다.

인터넷은 우리에게 편리를 제공하고 다양한 정보와 많은 도움을 줍니다. 그러나 이 좋은 기술을 악용해 어린 아이들과 청소년들을 죄악의 수렁으로 유혹하는 사람들도 있습니다.

분명히 사랑해서 결혼했는데 서로의 성격과 견해 차이로 인한 갈등을 극복하지 못하고 갈라서는 경우도 많습니다. 이렇듯 인간은 죄에서 비롯된 다양한 문제를 직면하며 살아갑니다. 오랜 세월 동안 여러 성인과 철학자들이 인간의 문제들을 해결하기 위해 노력했고, 답을 제시해 왔습니다. 하지만 여전히 완벽한 해답은 찾지 못하고 있습니다.

우리 인생의 해답은 오직 예수님뿐입니다. 예수님이 잉태되었을 때 주의 사자는 "아들을 낳으리니 이름을 예수라 하라 이는 그가 자기 백성을 그들의 죄에서 구원할 자이심이라"(마 1:21)고 일러 주었습니다. 예수님 자신도 "인자가 온 것은 잃어버린 자를 찾아 구원하려 함이니라"(눅 19:10)고 말씀하셨습니다.

'예수'라는 이름은 '구원자'라는 뜻입니다. 예수님의 사명은 인간을 죄에서 구원하는 것입니다. 분노와 증오, 갈등과 분쟁, 고통과 절망의 사슬에서 인간을 해방시켜 영원한 자유를 누리게 하는 것입니다. 그래서 죄를 정확히 알면 구원이 보입니다. 죄와 구원은 기독교 신앙의 열쇠입니다.

'확신시리즈' 제2권 『아, 살았구나』는 죄와 구원을 쉽게 풀이한 설교집이 아닙니다. 이 책은 『죄의 속박에서 벗어나라』와 『확실히 구원받았습니까?』를 묶어 조직신학의 죄론과 구원론을 다룬 책입니다.

1부에서는 죄의 정의와 유래, 죄의 결과와 심각성 및 죄 문제를 풀어가는 방법에 대해 설명할 것입니다. 이를 통해 우리는 죄를 이해할 때 반드시 구원이 필요하다는 사실을 알게 되고, 예수님 안에서 어떻게 죄 문제가 해결되는지를 깨닫게 됩니다. 그리하여 죄에서 해방된 사람이라면 누구든 감탄하며 "아, 살았구나!"를 외치게 될 것입니다.

인간이 스스로 풀지 못하는 유일한 문제가 죄성과 죄입니다. 죄 문제의 해답은 오직 하나님만 아십니다. 하나님은 죄 문제를 은혜로 풀어 주십니다. 은혜로 시작한 구원은 영광에 이를 때까지 오직 은혜로 이어집니다. 구원받기 전에도 은혜, 구원받을 때에도 은혜, 구원받은 후에도 은혜입니다. 은혜로 시작해 은혜로 끝납니다.

"여호와께서 은혜와 영화를 주시며"(시 84:11)라는 말씀을 묵상해 보십시오. 은혜는 구원의 출발이고 영화는 구원의 끝입니다. 은혜를 알면 감격과 감사와 기쁨이 있습니다. 하나님께서는 그분의 풍성한 은혜로 죄에 묶인 인간을 구원해 영화롭게 하는 단계까지의 모든 과정을 친히 이루어 가십니다. 히브리서 2장 3절에서는 이를 "위대한 구원(큰 구원 : great salvation)"이라고 표현합니다.

죄를 이해하면 구원이 보입니다. 같은 배 위에서 비슷한 문제로 고통 받는 이웃을 이해하게 됩니다. 또한 그들과 함께 구원 열차를 타고 자유와 해방을 향한 은혜의 여행을 떠나고 싶은 열망이 생깁니다. 죄로부터의 구원은 평화와 감사와 기쁨을 줍니다. "날 구원하신 예수를 영원히 찬송하겠네!"라고 찬양하게 만듭니다. 자신을 희생해 죄로 물든 인간을 구원하신 예수님, 그런 주님을 몸과 마음과 정성을 다해 사랑하고, 그분과 영원토록 함께하고 싶어집니다. 이 놀라운 진리를 2권에서 펼쳐 나가겠습니다. 이 책을 덮을 무렵에는 여러분 모두가 저와 함께 "아, 살았구나!"를 고백할 수 있기 바랍니다.

2018년 8월
할렐루야교회 원로목사
김상복

# 차례

# 1부

# 죄에서 얻은 자유

# 죄론에 대한 서론

"기록된 바 의인은 없나니 하나도 없으며 깨닫는 자도 없고 하나님을 찾는 자도 없고 다 치우쳐 함께 무익하게 되고 선을 행하는 자는 없나니 하나도 없도다 그들의 목구멍은 열린 무덤이요 그 혀로는 속임을 일삼으며 그 입술에는 독사의 독이 있고 그 입에는 저주와 악독이 가득하고 그 발은 피 흘리는 데 빠른지라 파멸과 고생이 그 길에 있어 평강의 길을 알지 못하였고 그들의 눈 앞에 하나님을 두려워함이 없느니라 함과 같으니라 우리가 알거니와 무릇 율법이 말하는 바는 율법 아래에 있는 자들에게 말하는 것이니 이는 모든 입을 막고 온 세상으로 하나님의 심판 아래에 있게 하려 함이라 그러므로 율법의 행위로 그의 앞에 의롭다 하심을 얻을 육체가 없나니 율법으로는 죄를 깨달음이니라"
롬 3:10-20

죄론을 알면 알수록 낙심이 되고 기운이 빠지고 고개를 들기 어렵습니다. 구원에 대해 설교할 때는 힘이 나지만 죄에 대해 이야기할 때는 마음이 가라앉습니다. 저는 신학교에서 여러 해 동안 죄론을 가르쳤습니다. 그때마다 마땅한 교과서를 찾을 수 없어서 곤란했습니다. 어느 신학자도 죄에 대해 많은 시간을 할애해 연구하고 싶지는 않을 것입니다. 오랜 기간 동안 즐겁지도 않은 죄 문제를 생각하며 글을 쓰고 싶지 않기 때문입니다. 부분적으로 죄를 다룬 책은 있으나 '죄론'의 교과서가 될 만한 책은 찾기 어려웠습니다.

제가 죄론을 가르치며 깨달은 사실이 있습니다. 모든 그리스도인은 반드시 죄론을 공부해야 한다는 것입니다. 물론 기분이 좋지 않고 듣고 싶지도 않을 것입니다. 자신의 알몸을 드러내는 것 같아 불쾌하고 부끄러울 것입니다. 그럼에도 불구하고 죄론을 공부하면 우리에게 여러 가지 유익이 있습니다. 지금부터 죄론이 주는 아홉 가지 유익을 살펴보려 합니다.

**첫째,** 인간의 죄성을 깨닫게 됩니다. 죄론을 공부하면 죄와 사탄의 실체를 알게 됩니다. 죄가 얼마나 심각한 문제인지, 사탄이 얼마나 무섭고 교활한 존재인지 깨닫게 됩니다. 뿐만 아니라 죄에 대한 심각성을 인식하게 되어 인간이 죽을 운명에 처해 있는 존재라는 사실도 자연스럽게 깨닫습니다. 사람은 누구나 물속에 빠지면 허우적거리며 "사람 살려!" 하고 소리를 지릅니다. 이와 마찬가지로 죄의 심각성과 인간 존재를 이해하면 하나님의 손길을 붙들 수밖에 없습니다. 인간의 죄성을 알아갈수록 우리는 하나님의 놀라운 은혜를 더욱 깊이 체험합니다.

사람이 구원을 받으려면 먼저 자기 자신이 죄 속에 빠져 있음을 알아야 합니다. 어느 날 한 주일학교 교사가 아이들에게 요한일서 1장 9절 말씀을 읽어 주며 죄를 용서하시는 하나님에 대한 이야기를 전했습니다. "만일 우리가 우리 죄를 자백하면 그는 미쁘시고 의로우사 우리 죄를 사하시며 우리를 모든 불의에서 깨끗하게 하실 것이요"라는 말씀을 낭독한 후 교사는 아이들에게 가장 먼저 "우리가 하나님께 죄 용서를 받으려면 먼저 무엇을 해야 하죠?"라고 물었습니다. 그러자 한 아이가 손을 들고 대뜸 "죄부터 지어야죠!"라는 대답을 했다고 합니다. 그 아이의 명쾌한 대답처럼, 죄를 깨달아야 구원의 필요성을 느낄 수 있습니다. 죄의 심각성을 알아야 하나님의 무한한 사랑을 영혼 깊이 알고 감사하게 된다는 뜻입니다. 이것이 죄론 공부가 우리에게 주는 첫 번째 유익입니다.

모든 인간 안에는 죄성이 있습니다. 로마서 3장에는 죄의 세력에 억눌린 채 살아가는 인간의 심각한 모습이 나타납니다. 이 말씀은 이 시대와 사람들뿐만 아니라 그 옛날 성경 인물들의 삶에서도 명백히 입증된 사실입니다.


"의인은 없나니 하나도 없으며 깨닫는 자도 없고 하나님을 찾는 자도 없고 다 치우쳐 함께 무익하게 되고 선을 행하는 자는 없나니 하나도 없도다"(롬 3:10-12).

저는 어릴 때 주일학교 선생님들에게서 아브라함의 좋은 면에 대해서만 들었습니다. 그는 흠이 없는 완벽하고 훌륭한 사람인 줄 알았습니다. 그런데 제가 직접 성경을 읽고 연구하면서 아브라함 역시 우리와 다를 바 없는 사람, 그 역시 문제가 많은 사람이라는 것을 알게 되었습니다. 그렇게 존경스럽던 아브라함에 대한 환상이 무너졌습니다. 모세 역시 얼마나 위대한 인물입니까? 하지만 모세는 못된 성질 때문에 가나안 땅에 들어가지 못했습니다. 그는 하나님께 가나안 땅에 들어가서 살겠다고 고집부리지 않았습니다. 그저 딱 한 번만 들어가 가나안 땅을 밟아 보고 싶다고 간구했습니다. 그러나 하나님께서는 이마저도 허락하지 않으셨습니다. 삼손은 가능성이 많은 사람이었습니다. 타고난 힘이 무척 셌고 체격이 건장했기에 엄청난 일을 해낼 수 있었습니다. 그러나 여자의 유혹을 이기지 못해 처절하게 실패하고 비극적인 인생을 살았습니다. 사무엘은 어떻습니까? 그는 선지자요, 예언자요, 사사(士師)요, 왕을 만들어 낸 훌륭한 인물입니다. 그러나 그런 사무엘도 자녀 교육에는 실패했습니다. 두 아들 모두 심하게 타락했기 때문입니다.

다윗을 떠올려 보십시오. 성경에서 다윗만큼 위대한 지도자를 찾기 힘들 정도로 탁월한 사람이었습니다. 하지만 한편으로는 다윗처럼 악한 죄를 짓고 치명적인 흠을 가진 사람도 드물었습니다. 다윗은 훌륭함과 악함, 이 양면성을 여실히 드러내며 살았습니다. 하나님과 죄악, 이 두 지대를 수시로 왔다 갔다 한 인물이었습니다. 솔로몬은 어떨까요? 그는 다윗의 아들이었기에 왕으로서 아주 좋은 출발점에 서 있었습니다. 하나님께서 솔로몬에게 원하는 것은 무엇이든 구하라고 말씀하셨을 때, 그는 부(富)나 명예나 장수를 구하지 않았습니다. 백성들을 잘 다스리기 위해 오직 하나님의 지혜만을 구해 하나님께 칭찬을 들었습니다. 하나님의 마음을 감동시킨 솔로몬은 지혜와 더불어 전무후무한 부귀영화를 누리게 되었으나, 많은 이방 여인들을 아내로 맞이하여 하나님께서 가장 싫어하시는 우상 숭배의 죄악을 범하고 말았습니다.

신약 성경의 베드로는 어떻습니까? 그는 열정적으로 예수님을 따랐던 제자입니다. 그러나 그도 결국 예수님을 부인하는 커다란 잘못을 저지릅니다. 요한도 마찬가지입니다. 그도 예수님의 처음 제자였고 많은 신약 성경을 기록한 사람이었습니다. 그러나 요한에게도 문제가 있었습니다. 그는 예수님을 찾아와 "주의 영광 중에서 우리를 하나는 주의 우편에, 하나는 좌편에 앉게 하여 주옵소서"(막 10:37)라고 부탁할 정도로 욕심이 많았습니다. 또한 사마리아 사람이 예수님의 통행을 허락하지 않자 "불을 명하여 하늘로부터 내려 저들을 멸하라 하기를 원하시나이까"(눅 9:54)라고 제안하며 '우뢰의 아들'이라는 별명을 얻었을 정도로 과격했습니다. 또 바울은 어떻습니까? 나이가 어린 마가 요한이 1차 선교 여행 때 함께 전도를 하다가 중간에 포기하고 예루살렘으로 돌아갔다는 이유로 2차 선교 여행에서는 그와 동행하기를 거절했습니다. 이로 인해 바나바와도 심하게 다투고 갈라섰습니다. 물론 나중에는 다시 협력하여 아름답게 동역했으나 바울처럼 완벽해 보이는 사도에게도 이렇듯 인간적인 문제와 흠은 있었습니다.

우리가 성자(聖者)라고 칭하는 어거스틴(Augustine)은 결혼하기 전에 자녀를 낳았던 부끄러운 과거가 있습니다. 헬라어 성경을 라틴어로 번역해 역사에 큰 공헌을 한 '제롬'이라는 사람 역시 어거스틴이 만나자고 청할 때마다 상대도 해 주지 않고 편지에 답장 한 통 하지 않던 인물이었습니다. 루터는 종교 개혁을 주도한 사람입니다. 개신교를 탄생시킨 큰 인물이었던 그도 자기와 의견이 조금 다르다는 이유로 스위스의 종교 개혁가 '츠빙글리'와 큰 논쟁을 벌였습니다. 전체 열 가지 교리 중 아홉 개 반은 맞지만, 나머지 반 조각이 다르다는 이유였습니다. 심지어 그는 '츠빙글리'가 전쟁에 나가 죽게 되자 "내 의견에 반대했기 때문에 하나님께서 벌을 내리신 것이다!"라고 말했다고 전해집니다. 루터도 별 수 없는 인간이었습니다. 속이 좁고 옹졸한 사람이었습니다. 존 웨슬리는 18세기에 종교 부흥을 일으켜 영국을 살려 낸 사람입니다. 전국 각지를 돌아다니며 설교하고, 새벽에는 전깃불도 없는 데서 8만 명씩 모아 놓고 새벽 기도를 인도하며 부흥 운동을 일으켰습니다. 그러나 그도 자기 아내와는 사이가 아주 나빴습니다.

이렇게 하나님 마음에 합당했던 성경 속 인물도, 열심히 주님을 섬기고 역사에 큰 공헌을 한 사람들도 각자 나름의 죄성과 연약함, 치명적인 결함 때문에 고민하고 괴로워했습니다. 인간은 어느 누구를 막론하고 모두가 다 죄성을 갖고 있습니다. 이 사실을 저와 여러분 모두가 평생 동안 체험하면서 살아가고 있지 않습니까? 이렇듯 우리는 죄론을 통해 각자의 죄성뿐만 아니라 모든 인간의 타고난 죄성을 깨달을 수 있습니다.

둘째, 인간의 무능을 깨닫게 됩니다. 하나님 앞에서 "나는 잘났다!"라고 말할 수 있는 사람은 세상에 단 한 명도 없습니다. 율법을 통해 죄가 무엇인지를 깨닫고, 우리의 죄가 낱낱이 폭로되면 말문이 막힐 수밖에 없습니다. 하나님 앞에서 할 말이 없어집니다. 온 세상이 하나님의 심판 아래 있다는 사실을 깨닫기 때문입니다.

"이는 모든 입을 막고 온 세상으로 하나님의 심판 아래에 있게 하려 함이라"(롬 3:19).

인간이 죄인임을 알게 되면 스스로를 절대로 구원할 수 없음을 깨닫게 되고, 영적으로 너무나 무능하고 무력하다는 사실을 절실히 느끼게 됩니다. 성전에서 기도하던 세리처럼 "오, 하나님! 저는 죄인입니다. 저에게 긍휼을 베풀어 주옵소서!"라고 주님 앞에 절로 엎드리게 될 것입니다. 우리는 하나님의 은혜와 긍휼, 사랑과 성령님의 도우심

없이는 아무것도 할 수 없는 존재임을 깨닫게 되는 것입니다.

**셋째, 겸손을 배우게 됩니다.** 자기가 스스로를 아무리 의로운 사람으로 여긴다 해도 일단 자신의 심각한 죄성을 깨닫고 나면 '아, 나도 별 수 없구나. 나는 아무것도 아닌 사람이구나. 다른 사람보다는 조금 더 의로운 줄 알았는데 그게 아니었구나!'라는 것을 알게 됩니다. 이전에는 다른 사람이 실수를 하거나 잘못을 행했을 때 공격하고 비난하더라도, 죄론을 공부한 후에는 자신이 철저하게 죄성을 가진 죄인임을 알기 때문에 하나님 앞에서 겸손해지고 타인을 향해 겸허해질 수밖에 없습니다. 다른 사람에 대해 너그러운 아량과 자비가 생깁니다. 남을 이해하게 되고 불쌍히 여기게 됩니다. 다른 사람의 상황을 비난하거나 외면하기보다는 같이 울어 주고, 기도해 주고 격려하며 붙들어 주고 싶은 마음이 생기게 되는 것입니다.

다른 사람들에게 제가 순하고 착한 사람처럼 보일는지 모르지만, 제 속에도 사실 아주 날카로운 구석이 있습니다. 제 마음을 하나님께 맡기고 하나님의 도우심을 지속적으로 구하지 않으면 다른 사람을 살리기는커녕 다른 사람의 영혼을 산산조각 내고도 남음이 있는 사람입니다. 그만큼 분석적이고 날카롭습니다. 다른 사람의 잘못이 잘 보입니다. 너무 잘 보여서 탈입니다. 눈에 잘 보이는 만큼 제 마음도 무척 괴롭습니다. 들은 것을 못 들은 척하고 본 것을 못 본 척하고 아는 것을 모르는 척하는 게 참 쉽지 않은 훈련입니다. 이 좋지 않은 성품이 다듬어진 것은 죄론을 공부하고, 이를 성도들에게 가르치면서부터입니다. 죄론을 공부하다 보니 자연히 저 자신을 면밀히 살펴보게 되었습니다. 그러면서 기존의 생각들이 조금씩 바뀌기 시작했습니다. 물론 아직도 날카롭고 비판적인 구석은 남아 있습니다. 그러나 저 스스로가 어떠한 존재인지 알게 된 지금은 남을 비판하고 싶다가도 '상복아, 너나 잘 챙겨. 너 하나 챙기기도 바쁜데 남의 것 신경 쓰지 말자!' 하면서 제 마음과 입을 단속하게 됩니다. 상대나 저나 똑같이 악하고 약한 존재라는 사실을 잘 알기 때문입니다.

예수님께서도 누가복음 6장 41절에서 "어찌하여 형제의 눈 속에 있는 티는 보고 네 눈 속에 있는 들보는 깨닫지 못하느냐"라고 말씀하셨고 무디 목사도 "나는 내 몸 하나 돌보기도 너무 바빠서 남 비판할 시간이 없다!"라고 말한 바 있습니다. 이 죄론을 정확하게 알게 되면, 겸손함과 포용력이 생기며 아량과 사랑과 자비를 베풀 수 있는 넉넉한 사람이 됩니다. 그래서 죄론 공부가 그리스도인들에게 꼭 필요합니다. 어떤 성도들은 "그래도 목회자에게는 선지자적 역할도 있는데 다른 사람의 잘못을 묵인만 하면 안 됩니다! 필요할 때는 비판도 해야 하지 않습니까?"라고 말하기도 합니다. 잘못되어 가는 현실을 직시하게 하고 그에 따른 바른길을 제시하는 것이 선지자 본연의 역할인 것은 사실입니다. 예수님도 선지자로서 바리새인들을 향해 "독사의 자식들아!"라는 말로 호되게 야단을 치셨습니다. 그러나 그런 강한 질책은 예수님이기에 하실 수 있었습니다. 그분은 죄가 없으셨기에 사람들을 향해 신랄하게 비판하고 냉철하게 꾸짖을 수 있었습니다.

세례 요한도 세례를 받으러 오는 바리새인과 사두개인들을 향해 "독사의 자식들아!"라는 말로 분노를 표현한 적이 있습니다. 그러나 세례 요한 역시 우리와는 다른 사람이었습니다. 그는 세상과 동떨어진 광야에서 살며 혹독한 육적·영적 훈련을 받다가 하나님의 때가 이르렀을 때 세상으로 나아와 회개의 메시지를 선포했습니다. 구약의 선지자들 역시 하나님의 부름을 받은 후에는 세상과 일상을 떠나 살았습니다.

그러나 우리는 예수님처럼 죄가 없는 존재가 아닙니다. 세례 요한처럼 세상과 완전하게 분리되어 살아가는 사람도 아닙니다. 우리는 태어날 때부터 죽어서 장례를 치를 때까지 다른 사람들과 더불어 살아가야 하는 존재입니다. 그래서 목회자는 예언자와는 다릅니다. 목회자 역시 다른 사람들과 엇비슷한 죄성을 갖고 똑같은 죄와 싸우며 일상을 살아가기 때문에 타인을 함부로 비판할 수 없습니다.

사람은 어느 누구를 막론하고 모두가 단점과 결점을 지니고 있습니다. 사람마다 기질과 성향이 다를 뿐 저마다의 장점과 단점이 있습니다. 장점이 열 가지면 단점도 열 가지입니다. 그러나 사람 속에 가득 차 있는 죄성을 이해하면, 자신뿐만 아니라 타인에 대해서도 조금 더 너그러운 마음을 가질 수 있습니다.

넷째, 인간의 구원이 하나님께 있다는 사실을 깨닫게 됩니다. 모든 사람이 다 죄를 범했고, 사람들 안에는 지금도 여전히 죄성이 살아 있습니다. 그렇기 때문에 우리 인간에게는 하나님의 영광의 수준에 도달할 능력이 없습니다. 스스로를 구원할 수 없습니다. 아무리 노력하고 수고해도 인간은 자기 자신을 구원할 수 없습니다. 구원받기 위해서는 자신이 아닌 다른 무언가, 누군가의 도움이 절대로 필요합니다.

"이제는 율법 외에 하나님의 한 의가 나타났으니"(롬 3:21).

이것이 바로 하나님의 의이며, 그 의가 곧 예수 그리스도이십니다. 우리는 오직 예수 그리스도의 의를 나의 의로 받아들임으로써만 구원받을 수 있습니다.

다섯째, 거듭남의 필요성을 알게 됩니다. 인간의 거듭남은 수양을 많이 한다고 되지 않습니다. 공부를 오래 해서 될 것도 아니요, 열심히 노력을 해서 될 것도 아닙니다. 죄성을 가진 인간은 무엇을 어떻게 해도 자기 자신을 변화시킬 수 없습니다. 이 죄성을 가진 인간 속에 하나님의 성품이 들어가야 합니다. 새로운 생명이, 그분의 영적인 생명이 우리 안에 들어와야만 합니다. 이를 일컬어 '중생(重生)한다', 즉 거듭난다고 말합니다.

예수 그리스도를 구주로 고백하고 믿음으로써 하나님께서 그 속에 성령을 통해 새로운 생명을 불어넣어 주셔야만 구원받고 변화될 수 있습니다. 교회를 다닌다고 저절로 되지 않습니다. 기도를 열심히 하거나 금식을 오래 한다고 되는 것도 아닙니다. 오직 하나님의 선물인 새 생명, 영적인 생명, 하나님의 성품, 새로운 성품이 들어가야만 합니다. 그 성품은 예수 그리스도 안에 있는 성품입니다. 예수님이 우리 마음속에 들어오시고, 영혼에 찾아오셔야만 우리가 구원받고, 진실로 변화될 수 있음을 꼭 기억하십시오.

여섯째, 인간에게 성령님의 도우심이 필요하다는 것을 알게 됩니다.

인간이 변화되기 위해서는 성령님의 도우심, 즉 하나님의 도우심이 필요합니다. 예수님은 이 세상을 떠나시기 전, 제자들에게 "내가 아버지께 구하겠으니 그가 또 다른 보혜사를 너희에게 주사 영원토록 너희와 함께 있게 하리니… 내가 너희를 고아와 같이 버려두지 아니하고 너희에게로 오리라"(요 14:16, 18)라고 말씀하셨습니다.

우리가 예수님을 믿는 그 순간 성령께서 우리 속에 임재하시고 우리는 그분의 도움으로 매일 매 순간 하나님의 마음에 합당하게 살아갈 수 있습니다. 영적으로 변화된 삶을 살기 위해 필요한 것은 우리의 단단한 각오나 한결같은 노력이 아닙니다. 오직 성령님의 도우심이 필요합니다.

"나는 포도나무요 너희는 가지라 그가 내 안에, 내가 그 안에 거하면 사람이 열매를 많이 맺나니 나를 떠나서는 너희가 아무 것도 할 수 없음이라"(요 15:5).

예수님은 우리가 예수님을 떠나서는 아무 것도 할 수 없다고 말씀하십니다. 이 말은 밥을 못 먹는다거나 운전을 못 한다거나 하는 일상 행위를 말하는 것이 아닙니다. 영적인 열매를 맺지 못한다는 뜻입니다. 영적으로 변화되고 영적인 열매를 맺으려면 반드시 성령님의 도우심이 필요합니다. 성령의 열매를 맺는 일은 오직 성령께서만 하실 수 있습니다.

일곱째, 성령의 충만함이 필요하다는 것을 알게 됩니다. 에베소서

5장 18절은 "술 취하지 말라 이는 방탕한 것이니 오직 성령으로 충만함을 받으라"고 말씀합니다. 성령님이 우리를 매 순간 붙잡으시고 도우시지 않으면 우리는 본성과 죄성을 따라 악을 행하며 살아가게 됩니다. 우리의 생각과 태도, 말이나 행동에 대해 매 순간 성령께 도움을 청하지 않으면 내 속에 있는 죄성이 발현되어 주님 마음에 합당하게 살아갈 수 없습니다. 오직 성령 충만한 삶만이 죄성을 통제할 수 있습니다.

**여덟째, 하나님만이 선하시다는 것을 알게 됩니다.** 바울은 사람이 다 거짓되다고 기록합니다. 의인은 하나도 없다고 고백합니다.

"사람은 다 거짓되되 오직 하나님은 참되시다 할지어다"(롬 3:4).

인간이 아무리 잘나고 거룩하고 의로운 성인(聖人)이라 해도 하나님의 거룩하심에 비추어 보면 다 거짓된 존재요, 부족하고 흠 많은 존재요, 죄로 가득한 존재일 뿐입니다. 오직 하나님 한 분만이 참되십니다. 인간 중에 참되다고 할 수 있는 이는 아무도 없습니다. 이런 사실을 제대로 알고 나면, 때때로 다른 사람이 나를 비난해도 이를 겸손하게 받아들이고 너그럽게 용서할 수 있게 될 것입니다. 자신에게 어떤 선한 마음과 착한 행위가 일어날 때도 하나님의 은혜로 인함이지, 나의 선함 때문이 아니라는 것을 알 수 있습니다. 다른 사람이 볼 때 우리가 충성되고 신실하며 선하고 친절하다면, 이는 모두 하나님의 선(善)이 내 속에서 빛을 발한 것이지, 나의 선한 본질적 성품이 빚어 낸 열매가 아닙니다.

　아홉째, 하나님께만 영광을 돌리게 됩니다. 모든 선(善)은 하나님의 것입니다. 우리가 어떤 일을 잘하여 사람들에게 칭찬을 받게 되었을 때 "하나님의 은혜입니다!", "하나님께 감사드립니다!", "하나님께서 저를 도와주신 결과입니다!"라고 고백하며 모든 일에 하나님께 영광을 돌리는 것이 구원받은 사람의 마땅한 태도입니다.

"너희가 먹든지 마시든지 무엇을 하든지 다 하나님의 영광을 위하여 하라"(고전 10:31).

　우리가 연약한 존재이고 오직 하나님만이 선하신 분이라는 사실을 제대로 알고 이해한다면, 어떤 일에서든 모든 영광을 오직 하나님께만 돌리며 살 수 있습니다. 이것이 죄론을 잘 이해하고 받아들인 성도의 삶입니다.

　오래전, 어느 가정에서 일어난 고부 간 갈등 얘기를 들었습니다. 안 믿는 시어머니가 믿는 며느리를 심하게 핍박한다면 얼마나 힘들겠습니까? 억울하고 괴롭고, 견딜 수 없이 힘들 때가 많을 것입니다. 죄론을 공부한다고 해서 힘든 인간관계가 쉽게 해결되는 것은 아닙니다. 상황과 환경은 달라지지 않습니다. 사람도 변함없습니다. 똑같이 힘듭니다. 그러나 상대방에 대해 이해하려는 마음이 생깁니다. 이것이 그 차이입니다. 만약 누군가 기침을 한다면 감기에 걸렸기 때문일 것입니다. 기침하는 사람에게 "너 왜 기침하니? 듣기 싫으니 그만

좀 해!"라고 말하는 사람이 있을까요? 오히려 그가 감기 걸린 것을 알면 기침을 더 열심히 해서 안에 있는 바이러스를 밖으로 내보내라고 말할지도 모릅니다. 때로는 약을 통해 기침을 억지로 멎게 하는 것이 오히려 더 큰 문제를 일으킬 수도 있습니다. 감기 때문에 자연스럽게 기침을 한다는 사실을 알게 되면, 우리는 기침하는 사람을 충분히 이해하게 됩니다.

죄도 마찬가지입니다. '죄'라는 바이러스가 사람 속에 들어갔을 때 사람은 누구나 '죄악'이라는 기침을 내뱉게 됩니다. 어떤 사람은 심하게 뱉어 내는 반면 어떤 사람은 조금 덜할 뿐입니다. 죄론을 공부하면 할수록 인간에 대한 이해의 폭이 넓어지게 될 것입니다.

# 죄의 정의

"이제는 그것을 행하는 자가 내가 아니요 내 속에 거하는 죄니라 내 속 곧 내 육신에 선한 것이 거하지 아니하는 줄을 아노니 원함은 내게 있으나 선을 행하는 것은 없노라 내가 원하는 바 선은 행하지 아니하고 도리어 원하지 아니하는 바 악을 행하는도다 만일 내가 원하지 아니하는 그것을 하면 이를 행하는 자는 내가 아니요 내 속에 거하는 죄니라 그러므로 내가 한 법을 깨달았노니 곧 선을 행하기 원하는 나에게 악이 함께 있는 것이로다 내 속사람으로는 하나님의 법을 즐거워하되 내 지체 속에서 한 다른 법이 내 마음의 법과 싸워 내 지체 속에 있는 죄의 법으로 나를 사로잡는 것을 보는도다 오호라 나는 곤고한 사람이로다 이 사망의 몸에서 누가 나를 건져내랴 우리 주 예수 그리스도로 말미암아 하나님께 감사하리로다 그런즉 내 자신이 마음으로는 하나님의 법을 육신으로는 죄의 법을 섬기노라" 롬 7:17-25

성경에는 '죄'라는 단어가 자주 나옵니다. 죄를 뜻하는 단어는 한 가지만 있는 것이 아닙니다. 구약 성경 속 죄와 관련된 여러 단어를 통해 우리는 죄의 정체를 알 수 있습니다. 그중에서도 자주 사용되는 다섯 가지 '죄'라는 단어에 대해 살펴보려 합니다.

## 구약에 나타난
## '죄'의 종류

**첫째,** 죄입니다. 성경에서 보통 '죄'는 '하타(chata)'라는 단어를 사용합니다. 구약에서 이 단어는 700번이나 등장합니다. 본래 뜻은 '과녁에서 빗나감' 또는 '겨냥하고 쏘았으나 맞지 않음'이라는 뜻입니다. 화살을 쏘지 않은 것이 아닙니다. 쏘긴 쏘았지만 과녁에 맞지 않은 것입니다.

조금 다르게 설명해 보겠습니다. 사람은 누구든지 선하게 살고자 노력합니다. 노력하지 않는 사람은 거의 없습니다. 선을 행하려고 노력은 하는데 자꾸 빗나갑니다. 바른말을 하고 싶어도 엉뚱한 소리가 나옵니다. 화해를 하려고 다가갔는데 싸우고 돌아오기도 합니다. 활을 들고 쏘기는 하지만 제대로 명중되지 않습니다. 이를 보고 '죄'라고 하는 것입니다. 로마서 3장 23절에 사용된 '죄'라는 단어는 헬라어인데 '하타'와 유사한 뜻입니다.

"모든 사람이 죄를 범하였으매 하나님의 영광에 이르지 못하더니"(롬 3:23).

이는 모든 사람이 열심히 달려도 죄성 때문에 아무도 하나님의 영광까지 도달하지 못한다는 뜻입니다. 그것이 바로 죄입니다. 우리나라 사람들은 '죄'라고 하면 감옥에 가 있는 죄수 혹은 끔찍한 범죄 등을 떠올리지만 성경에서 말하는 '죄'는 그보다 훨씬 포괄적인 범위입니다. 사람들은 기본적으로 의롭게 살기 위해 수고하고 노력하지만, 중간에 죄성이 있어 우리가 하나님의 완전한 영광에 도달하지 못하도록 방해합니다. 그런데 예수님께서는 마태복음 5장 48절에서 "그러므로 하늘에 계신 너희 아버지의 온전하심과 같이 너희도 온전하라"고 말씀하셨습니다. 저는 이 말씀을 읽고 너무나 놀랐습니다. 어떻게 우리에게 '온전하라!'라고 명령하시는지 이해되지 않았기 때문입니다. 예수께서는 이 구절을 통해 두 가지를 이야기하십니다. 첫째, 인간은 결코 온전할 수 없다는 사실을 말씀하십니다. 하나님 나라에 들어가려면 하나님처럼 완전하고 거룩해야 합니다. 그러나 인간은 아무리 노력하고 애를 써도 그분의 완전한 의에 도달할 수 없습니다. 둘째, 하나님의 의로만 의롭게 될 수 있다는 뜻입니다. 예수 그리스도께서 하나님의 의를 완성하셨습니다. 그분의 의를 나의 의로 받아들일 때 우리도 온전해질 수 있다는 말씀입니다.

사사기 20장 16절은 "이 모든 백성 중에서 택한 칠백 명은 다 왼손잡이라 물매로 돌을 던지면 조금도 틀림이 없는 자들이더라"라고 말씀합니다. 이를 이해하기 쉽게 이야기하면 '베냐민 사람들 중에 왼손잡이가 많은데, 이 왼손잡이가 돌을 얼마나 잘 던지는지 머리카락까지 맞출 수 있다!'라는 의미입니다. '조금도 틀림이 없다'라는 말은 절대로 실수하는 법이 없다는 뜻입니다. 반면, 죄를 짓는다는 것은 실수한다는 것이고 맞추지 못한다는 것입니다. 그래서 '죄'라는 단어를 성경 속 의미대로 비추어 본다면 누구든 자신이 죄인인 것을 인정하지 않을 수 없습니다.

둘째, 불의입니다. 우리말 성경에서는 '아본(avon)'이라는 단어를 종종 '불의'라고 번역합니다. 이는 본래 '구부러지고 비뚤어졌다'는 뜻을 지닌 말입니다. 즉, 사람의 성품이 구부러지고 뒤틀려 있다는 의미입니다. 만일 인간의 성품이 늘 곧고 바르다면 다른 사람의 말을 오해하거나 곡해하는 일은 거의 없을 것입니다. 상대방은 제대로 이야기했는데 내가 비뚤게 받아들이는 것이 오해입니다. 우리 인간의 삶에는 오해 때문에 굉장히 많은 문제가 일어납니다. 이단이 무엇입니까? 제대로 쓰인 성경을 읽고 비뚤게 이해해서 생겨난 집단이 이단입니다. 똑같은 성경을 읽고 똑같은 신학교를 다녀도 엉뚱한 생각을 하고 곡해하기 때문에 이단이 생겨났습니다. 이것이 바로 '아본'입니다. 비단 생각만 비뚤어진 것이 아닙니다. 사람에게는 똑바로 생각

하고 똑바로 말하고 똑바로 행동할 수 있는 능력이 근본적으로 부족
합니다. 성품 자체가 휘어 있기 때문입니다. 이렇게 휘어진 성품을 펴
는 작업이 '성화(聖化)'입니다. 예수님을 나의 주인이자 구원자로 받
아들이고, 성경 공부와 기도 생활 및 순종과 섬김을 통해 점차적으
로 예수 그리스도를 닮아 갈 때 구부러지고 휘어진 성품이 점점 곧
게 펴지기 시작합니다. 물론 완전하게 펴지지는 않습니다. 하지만 탁
월한 효과가 있습니다. 그리스도인이 이렇게 성화가 되어 갈 때 사람
들은 "저 사람 예수 믿더니 많이 변했다! 참 괜찮아졌다!"라고 말하
기도 합니다. 그러나 아직 완전히 펴진 것은 아니기 때문에 사람들이
나를 오해하거나 말실수를 했다 해도 이해할 수 있게 됩니다. 인간의
성품이 휘어져 있다는 사실을 알고 있기 때문입니다.

한번은 저희 아이들과 관광지에 놀러 갔다가 사격 놀이를 하는
곳에서 장난감 총을 쏘게 되었습니다. 그런데 아무리 쏴도 제대로 맞
지 않았습니다. 군 복무 시절에는 일등 사수로서 총을 꽤 잘 다루던
사람이었는데 아무리 노력해도 명중이 되지 않았습니다. 자세히 살
펴보니 총대가 휘어 있었습니다. 일부러 장사꾼들이 그렇게 해 놓은
것이었습니다. 손님들이 쉽게 명중시키면 상품을 줘야 하니 어떻게든
손해를 덜 보려고 총대를 일부러 휘게 해 놓은 것입니다. 이 사실을
눈치챈 다음부터는 직진 방향으로 쏘지 않고 오른쪽으로 약간 기울
여 쏘았습니다. 그제야 명중이 되었습니다.

이와 비슷하게 사람도 모두 휘어져 있습니다. 휘어 있기 때문에 어
떤 때는 말실수를 할 수도 있고, 나쁜 행동을 할 수도 있으며, 서로
를 오해하고 갈등이 생길 수도 있습니다. 교육을 많이 받는다고 해

서 성품이 곧게 되거나 완전해지는 것이 아닙니다. 아무리 고등 교육을 받고 좋은 학벌을 가진 사람이라 해도 그의 본성은 휘어져 있습니다. 이는 분명한 사실이며 교육으로는 해결되지 않습니다. 이런 사실을 알 때 서로에 대한 이해의 폭이 훨씬 넓어집니다. 상대방이 실수를 해도 "그럴 수도 있지. 어디 저 사람만 휘었나? 나도 휘었는데, 뭘!" 하면서 너그럽게 이해할 수 있게 됩니다.

셋째, 위법입니다. '페샤(pesha)'라는 단어는 '고의적으로 법규를 파괴하는 행위'라는 뜻입니다. '고의성'이 포함되어 있습니다. 어떤 때는 '반역'이라는 의미로도 쓰입니다. 목이 곧고 고집이 세서 의도적으로 악을 행하는 행위를 '페샤'라고도 합니다.



여기서 '배반하였다'라는 말에 해당하는 히브리어가 바로 '페샤'입니다. 즉 '페샤'에는 이렇듯 정치적으로 반역한다는 의미도 포함되어 있습니다. 이사야 1장 2절에서는 "하늘이여 들으라 땅이여 귀를 기울이라 여호와께서 말씀하시기를 내가 자식을 양육하였거늘 그들이 나를 거역하였도다"라고 말씀합니다. 이때 이 '거역하였다'라는 단어 역시 '페샤'를 번역한 말입니다. 이는 '내가 기른 자식이 나를 반역한다'라는 의미로 사용되었습니다.

오래전 어느 젊은 목사님과 이야기를 나누던 중 제가 목사님의 어린 아들이 잘 자라고 있는지를 물었습니다. 그랬더니 그 목사님은 한 숨을 푹 쉬며 말했습니다. "아직 어린 녀석이 얼마나 고집이 센지 모릅니다. 어떤 때는 자라고 해도 안 자고 새벽 3시까지 같이 놀자고 떼를 씁니다. 그래서 한번은 아이 고집을 꺾으려고 플라스틱 자로 아이를 막 때렸습니다. 그런데 때리다 보니 나중에는 화가 나서 정신없이 아이를 때리고 있었습니다. 결국 자가 부러지고 말았는데 아이는 반성하는 기색도 없이 부러진 플라스틱 자 조각을 저에게 가져다주는 게 아니겠습니까?" 그래서 저는 아이의 그런 고집은 어려서부터 꺾어 놓아야 한다고 조언해 주었습니다. 부모의 말을 듣지 않으면 밖에 나가서 그 누구의 말도 듣지 않기 때문입니다. 부모 말을 안 듣는 사람이 선생님이나 경찰의 말을 듣겠습니까? 부모가 바르고 좋은 방향으로 자녀를 훈육할 때, 이를 악물고 이에 반항하고 거스르는 모습이 바로 '페샤'입니다.

**넷째, 악입니다.** 이는 '라아(ra'a)'라고 합니다. 멀쩡한 것을 부숴서 망가뜨리는 행위를 뜻합니다. 즉, 괜찮은 것을 망가뜨려 못 쓰게 만들고, 질서 있는 것은 어지럽게 만들고, 평화로운 곳에 불화를 촉발하는 행위가 바로 '라아'입니다. 때로는 질병이나 지진 같은 재앙을 뜻하기도 합니다. 본래는 폭풍이 몰아쳐 집을 다 부숴 놓거나 건강한 사람에게 질병이 들어와 그의 몸과 삶을 산산조각 내 버린 상태를 일컬어 '라아'라고 표현합니다.

하나님께는 빛과 어둠이 별개가 아닙니다. 둘 다 하나님께서 창조하신 것입니다. 빛과 어둠 후에 평안과 환난도 창조하셨다고 말씀하셨는데, 여기서 이 환난이라는 단어에 해당하는 히브리어가 바로 '라아'입니다.

"나는 빛도 짓고 어둠도 창조하며 나는 평안도 짓고 환난도 창조하나니 나는 여호와라 이 모든 일들을 행하는 자니라 하였노라"(사 45:7).

'환난'은 폭풍이나 홍수 등 육신이 겪는 재난입니다. 영어 성경은 이사야 45장 7절에 나오는 '환난'을 'evil(악)'이라는 단어로 번역했기 때문에 미국 사람들이 이 구절의 의미를 오해하고 목사님에게 찾아와 "하나님께서 어떻게 악을 창조하실 수가 있습니까?"라고 묻는 경우가 잦았습니다. 여기서의 '악'이란 영적이거나 윤리적인 악이 아니라, 육신이 겪게 되는 물리적인 재난을 뜻하는 것입니다.

창세기 2장 9절에는 선악을 알게 하는 나무가 등장합니다. 여기서 쓰인 '악'이라는 단어 역시 히브리어 '라아'를 번역한 것입니다. 인간이 하나님의 명령에 순종하지 않고 선악과를 따 먹을 때 '라아', 즉 악이 생기게 됩니다. 그래서 아담과 하와가 에덴 동산에서 누리던 조용하고 평화로운 삶이 죄(악) 때문에 완전히 망가지고 산산조각 난 것입니다. 죄는 이처럼 파괴적인 성격을 지닙니다. 일단 죄가 침투하게 되면 그 세계는 완전히 산산조각 나고 맙니다. 마치 죄가 망치를 들고 들어와 한 사람의 인생을 부수고 인간관계를 부수고, 그 후에는 가정을 부수고, 직장과 사회를 부수고, 마지막에는 성품과 영혼을 완전히 부수는 것과 같습니다. 좀 엉뚱한 표현이지만 저는 "죄는 범할 가치가 없다!"라는 표현을 종종 사용했습니다. 죄를 범하는 것은 세상에서 가장 위험천만한 일이며 그럴 만한 가치가 조금도 없는 일이기 때문입니다.

다섯째, 범죄입니다. '아바르(abar)'라고 합니다. '아바르'는 한계를 넘어 건너간다는 의미입니다. 즉, 경계선인 줄 알면서도 넘어가는 것이 '아바르'입니다. 가장 좋은 예가 자동차 속도 제한입니다. 속도 상한선이 시속 100km인 고속도로에서 110km로 달리는 차가 있다면 바로 '아바르'를 하고 있는 것입니다. 마찬가지로 하나님께서 한계선을 그어 놓으셨는데 이를 넘어서는 것이 '아바르'입니다.

"아브람이 그 땅을 지나 세겜 땅 모레 상수리나무에 이르니 그 때에 가나안 사람이 그 땅에 거주하였더라"(창 12:6).

여기서 '지나가다'에 해당하는 단어도 '아바르'입니다. 여기서는 단순히 '지나가다'라는 의미로 쓰였습니다. 하지만 호세아 6장 7절 "그들은 아담처럼 언약을 어기고 거기에서 나를 반역하였느니라"에서는 '언약을 어겼다'라는 말이 바로 '아바르'입니다. 다니엘 9장 11절 "온 이스라엘이 주의 율법을 범하고"에서 '율법을 범했다'는 히브리어 역시 '아바르'입니다.

하나님께서는 인간의 성품과 인간의 체질, 인간의 본모습을 다 아시고 미리 경계를 그어 놓으셨습니다. 그러고는 안전한 경계선 안쪽으로 다니라고 명하셨습니다. 그 선을 넘어가거나 벗어날 때는 인간의 삶과 영혼이 산산조각 나기 때문입니다. 앞에서 말한 '라아' 현상이 일어나는 것입니다. 이와 관련해 가장 적절하다고 생각하는 예시가 바로 기차 철로입니다. 하나님께서 인간이라는 기차를 만들어 놓으시고 부산에서부터 서울까지 안전하게 오갈 수 있는 철로를 놓으셨습니다. 이 철로를 따라 KTX로 가면 2시간 반 만에 서울에 도착할 수 있습니다. 그런데 대구쯤 가서 5초 정도만 철로에서 벗어났다가 돌아오겠다고 하면 어떻게 되겠습니까? 그 철로를 벗어나는 순간, 기차는 산산조각 나고 맙니다. 그것이 바로 '아바르'입니다. 구약 성경에는 이외에도 '죄'를 의미하는 단어들이 많지만 지금까지 살펴본 다섯 단어, 즉 '하타, 아본, 페샤, 라아, 아바르'만으로도 죄의 성격을 파악할 수 있습니다.

지금까지 살펴본 죄와 관련된 단어를 통해 그 성격을 정리하면 다음과 같습니다. 첫째, 노력하는데도 자꾸 빗나감, 둘째, 인간의 성품이 비뚤어져 있기 때문에 아무리 똑바로 하려고 해도 자꾸 어긋남, 셋째, 인간의 죄성에는 고의성이 있어서 어떤 때는 뻔히 알면서도 죄를 짓게 됨, 넷째, 죄에는 파괴력이 있어 일단 범하고 나면 주변의 모든 것을 산산조각 냄, 다섯째, 하나님이 그어 놓은 경계선을 넘어가는 것입니다.

## 신약에 나타난 죄의 종류

이제 신약에 나타난 죄의 종류를 살펴보려 합니다. 신약에 쓰인 단어 대부분은 단지 언어 자체가 다를 뿐 의미상으로는 구약의 단어들과 거의 비슷합니다. 구약의 다섯 단어에 이어 신약에서는 여섯 단어를 살펴보겠습니다.

첫째, '하마르티아(hamartia)'라는 단어입니다. '죄론(Hamartiology)'이라는 단어가 여기에서 나온 것입니다. 헬라어 '하마르티아'에 상응하는 히브리어는 앞에서 살펴본 '하타(chata)'입니다. 재미있는 것은 죄를 뜻하는 이 '하마르티아'라는 단어가 복수형이라는 사실입니다. 다시 말해, 죄는 단번에 끝나는 것이 아니라 줄줄이 이어진다는 뜻입니다. 처음 죄를 지을 때는 '이번 한 번만이야. 이번만 해보고 다시는 절대 하지 않을 거야!'라고 다짐하지만 결코 그렇게 되지 않습니다. 청소년들이 호기심으로 담배 한 번 피웠다가 평생 골초로 살기도 합니다. 위기 상황을 모면하기 위해 한 번 거짓말한 것이 나중에는 지속적으로 큰 거짓말을 하게 만듭니다. 죄는 절대로 혼자 오지 않습니다. 반드시 같이 옵니다. 여럿이서 오고, 지속적으로 찾아옵니다.

이 '하마르티아' 역시 구약의 '하타'처럼 보편적으로 쓰이는 단어로써 '표적을 맞추지 못한다'라는 동일한 의미를 지닙니다.

"모든 사람이 죄를 범하였으매 하나님의 영광에 이르지 못하더니"(롬 3:23).

이 말씀에 나와 있듯, 모든 사람이 과녁을 맞추지 못했다는 뜻입니다.

둘째, 악입니다. 악이라고 번역되는 '포네로스(poneros)'에는 '더럽다' 혹은 '오염되었다'라는 의미가 담겨 있습니다. 즉, 인간의 성품이 죄로 물들어 더러워졌다는 것입니다. 모든 생각은 인간의 마음에서 나옵니다. 그런데 인간의 마음 자체가 이미 죄로 물들어 깨끗하지 않기 때문에 오염된 생각이 나오고, 나쁜 말이 나오게 마련입니다. 우리가 흔히 음란 서적을 가리켜 '포르노그래피(pronography)'라고 하는데, 이 단어가 바로 '포네로스'에서 유래된 것입니다.

"그 정죄는 이것이니 곧 빛이 세상에 왔으되 사람들이 자기 행위가 악하므로 빛보다 어둠을 더 사랑한 것이니라"(요 3:19).

마음이 악으로 오염되어 있기 때문에 인간은 가만히 놔두면 악한 것을 더 좋아하고, 자연스럽게 악을 행합니다. 굳이 노력하지 않아도 악한 쪽으로 기울게 되는 것입니다.

부모가 되어 자녀를 키우다 보면 깜짝깜짝 놀랄 때가 있습니다. 사랑하는 자녀들이 도저히 믿기지 않는 일들을 저지르기 때문입니다. 집에서는 착하고 얌전한 아이일지라도 밖에 나가서 친구들과 어울리다 보면 잘못을 저지를 수 있습니다. 그런데 부모들은 자녀의 갑작스러운 변화나 평소와 다른 모습을 쉽게 받아들이지 못합니다. 우리 주변이나 드라마 혹은 영화에서도 자녀가 죄를 지어 경찰서에 있다는 연락을 받고 달려간 부모들의 반응을 보면 하나같이 비슷합니다. "우리 애가 그럴 리가 없어요!"라거나 "우리 애는 워낙 착한 아이인데 친구를 잘못 사귀는 바람에 이렇게 된 거예요!"라고 말합니다.

사실은 누가 누구에게 일방적으로 나쁜 영향을 끼친 것이 아닙니다. 둘 다 오염되어 있었던 것입니다. 인간은 처음부터 죄성을 타고난 존재입니다. 그 타고난 죄성에서 죄악이 자연스럽게 흘러나옵니다.

저희 부부도 아이들을 키우면서 깜짝 놀란 적이 몇 번 있었습니다. 아이가 목회자 가정에서 자랐다고 해서 특별하게 다르지 않습니다. 물론 도움이 되는 면은 있을 것입니다. 그럼에도 불구하고 인간의 오염된 성품은 어쩔 수가 없습니다. 비록 엄마, 아빠 앞에서는 그런 성품이 잘 표출되지 않아도 밖에 나가서는 아이 속에 있던 악한 성품이 쉽게 드러나게 됩니다. 아이 역시 죄에 오염된 사람이기 때문에 그렇습니다. 일종의 상승 작용인 셈입니다. 그래서 부모가 되어 자녀를 키우는 가정생활과 부부의 삶이 어렵습니다. 오염된 성품이 하나만 있어도 힘든데 한 집안에 둘이나 있으니 부딪치는 일이 오죽 많겠습니까? 자녀를 낳으면 오염된 성품이 셋, 넷, 다섯이 되니 얼마나 힘들겠습니까? 그러나 절망하지 마십시오. 우리 인간의 내면이 이렇게 오염되어 있다는 사실을 서로가 솔직하게 인정한다면, 이 문제는 더 이상 복잡하지 않습니다. 절망이 아니라 소망이 생길 것입니다.

오염된 마음을 깨끗하게 하려면 씻는 방법밖에 없습니다.

"만일 우리가 우리 죄를 자백하면 그는 미쁘시고 의로우사 우리 죄를 사하시며 우리를 모든 불의에서 깨끗하게 하실 것이요"(요일 1:9).

우리가 스스로 죄를 고백할 때 하나님께서는 예수 그리스도의 피로 우리의 죄를 깨끗하게 씻어 주십니다. 예수 믿는 사람이 그나마다행인 것은 적어도 일주일에 한 번, 주일 오전에는 영적인 샤워를 할 수 있다는 점입니다. 1년에 최소한 52번은 영적 샤워를 하는 셈입니다. 그렇게 계산하면 믿지 않는 사람은 1년 365일 동안 한 번도 영적 샤워를 하지 않고 사는 것입니다. 믿는 사람들에게도 동일한 죄성이 꿈틀거리고 있지만, 주일마다 예배 때마다 죄를 정기적으로 씻는다는 것은 참으로 복된 일입니다.

셋째, '범하다'라는 말로 번역되는 헬라어 '파라바이노(parabaino)'입니다. 이는 앞에서 본 '아바르'와 유사한 단어로써 '넘어서 건너간다'라는 의미가 있습니다.

"자기의 불법으로 말미암아 책망을 받되"(벧후 2:16).

이 구절에서 사용된 '불법'은 이 '파라바이노'를 번역한 단어입니다. 또한 마태복음 15장 2-3절 "당신의 제자들이 어찌하여 장로들의 전통을 범하나이까 떡 먹을 때에 손을 씻지 아니하나이다 대답하여 이르시되 너희는 어찌하여 너희의 전통으로 하나님의 계명을 범하느냐"라는 말씀에서 언급된 '범하다'라는 단어도 역시 그렇습니다.

넷째, 법을 어긴다는 뜻의 '파라노미아(paranomia)'입니다. 이는 '율법의 한계를 넘어서다'라는 뜻을 지닌 단어로써, 그 쓰임새는 바로 앞에서 설명한 베드로후서 2장 16절 말씀의 '파라바이노'와 같습니다.

다섯째, 실족, 넘어짐이라고 번역되는 '파랍토마(paraptoma)'입니다. '파랍토마'는 실족하다, 넘어지다, 걸려서 넘어지다, 즉 과오, 실족, 범죄, 죄, 실수 등의 의미를 지닌 말입니다. 때로는 악을 행하려고 의도한 게 아닌데 실수로 죄를 저지르는 경우도 있습니다. 어쩌다 보니 돌부리에 걸려 넘어지는 것처럼 말입니다. 그러나 실수도 죄는 죄입니다. 실수는 죄가 아니며 고의적으로 행한 것만이 죄라고 주장하는 신학 학파도 있습니다. 그러나 성경은 실수와 고의를 구별하지 않습니다.

"형제들아 사람이 만일 무슨 범죄한 일이 드러나거든"(갈 6:1).

이 말씀은 '파랍토마'가 쓰인 대표적인 구절입니다. 하나님께서는 실수로 범한 잘못이나 고의로 저지른 잘못이나 모르고 저지른 잘못, 이 모두를 회개하기 원하십니다. 물론 실수로 범한 죄에 대해서는 더욱 배려해 주시지만 말입니다.

여섯째, 무법이라는 뜻을 지닌 '아노미아(anomia)'입니다. '무법(無法)'이란 말 그대로 '법이 없다'라는 뜻입니다. '노미아(nomia)'는 법이고, 거기에 접두사 '아(a-)'를 붙이면 '무법(anomia)'이라는 말이 됩니다. 법이나 규범 등을 상관하지 않고 자기 마음대로 사는 사람을 우리는 무법자라고 부릅니다. 언뜻 보기에 세상에는 '무법자'가 그리 많지 않은 듯합니다. 다들 어느 정도는 다른 사람 눈치를 보며 법의 테두리 안에서 살고자 노력합니다. 그러나 영적으로 보면 문제가 달라집니다. 하나님을 의지하지 않고 자기 마음에 좋은 대로 사는 것이 바로 성경이 말씀하는 무법자의 모습이기 때문입니다.



성경은 주님이 재림하는 날이 가까워 올수록 '아노미 현상'이 심각해질 것이라고 말씀합니다. 결국은 하나님 말씀에 불순종하고, 자기 멋대로 행하는 것이 죄라는 말씀입니다.

이제까지 신·구약에 나타난 죄와 관련된 단어들을 살펴보았습니다. 신약 성경에 쓰인 '파랍토마'와 '아노미아'는 구약에서 보지 못한 개념의 단어입니다. 이 두 단어를 통해 실수도 죄이며, 하나님의 말씀대로 살지 않고 자기 마음에 좋은 대로 사는 것이 죄라는 사실을 알게 되었습니다. 우리는 히브리어와 헬라어에서 죄와 관련된 단어들을 살펴보면서 죄는 과연 어떤 성격을 지니고, 죄의 본모습이 어떤지를 알게 되었습니다. 이와 더불어 인간인 우리의 모습도 심도 있게 깨달을 수 있었습니다.

"오호라 나는 곤고한 사람이로다 이 사망의 몸에서 누가 나를 건져내랴"(롬 7:24).

죄의 다양한 실체를 보면서 우리는 인간이 어쩔 수 없는 죄인이라는 사실을 인정하게 됩니다. 그래서 죄는 인간의 방법으로는 해결할 길이 없다는 것도 알게 되었습니다. 죄의 문제는 하나님의 초자연적 방법으로만 해결될 수 있습니다.

성경에 나타난 죄의 형태에는 네 가지가 있습니다.

첫째, 마음이 병든 상태입니다. 마음이 병든 상태가 곧 죄입니다. 앞 장에서 살펴본 '아본'이라는 단어에도 그런 뜻이 있었지만 불행하게도 인간은 태어나면서부터 마음에 병이 들어 있었습니다. 갓난아이 때는 마음의 병이 겉으로 잘 드러나지 않지만, 시간이 지날수록 선명하게 그 모습을 드러내기 시작합니다. 남녀노소 누구나 마찬가지입니다. 죄에 대한 인식이 없고 생각 자체를 못하는 것 같은 갓난아이라도 때로는 엄마를 힘들게 하고, 말을 듣지 않으며 불순종하는 것을 보면 알 수 있습니다.

오래전 한약을 지어 먹은 적이 있습니다. 맛이 어찌나 고약하던지 얼굴에 오만상을 지으며 겨우 몇 모금 들이켰습니다. 그때 저는 제 모습을 보면서 '아니, 몸에 좋은 건데 왜 이렇게 얼굴을 잔뜩 찌푸리며 마셔야 하지? 큰돈 주고 지었으면 먹고 싶은 마음이 절로 들어야 할 텐데 왜 이렇게 못 먹을 것을 먹는 것처럼 야단이지?'라는 생각을 했습니다. 몸에 좋은 것을 우리 입이나 마음도 함께 좋아하면 될 텐데, 이상하게도 몸에 좋은 것은 입에는 쓰고 마음이 동하지 않는 경우가 많습니다. 반찬 중에서도 몸에 좋은 것은 씁쓸하고 쌉싸름한 맛이 나서 먹기 싫어질 때가 많습니다. 사람 마음이 이렇습니다.

둘째, 마음이 악한 상태입니다. 행동으로 드러나 보이는 것만이 죄가 아닙니다. 겉으로 드러나지 않아도 마음에 악한 것을 품고 있다면 그 자체로 충분히 죄가 됩니다. '질투'를 품고 있다면 그 자체로 죄입니다. '질투'라는 것은 마음의 상태입니다. 질투를 행동으로 옮겨서 상대를 주먹으로 때리고 눈을 흘기며 말로 비난합니다. 하지만 그런 행동이 나타나기 전부터 질투는 이미 마음에 자리 잡고 있었습니다. 때로 이런 감정은 마음에만 머물러 있을 뿐 아무런 행동을 동반하지 않기도 합니다. 그러나 이런 마음의 상태 역시 죄입니다.

셋째, 해야 할 것을 하지 않는 상태입니다. 이런 죄를 가리켜 신학에서는 '부작위죄(不作爲罪)'라고 합니다. 어려운 말처럼 보이지만 의미는 무척 간단합니다. 해야 할 것을 하지 않는 죄가 바로 '부작위죄'입니다. 사랑하라고 하셨는데 사랑하지 않고, 도와주라고 하셨는데 도와주지 않고, 용서하라고 하셨는데 용서하지 않고, 기도하라고 하셨는데 기도하지 않는 것이 바로 죄입니다. 마땅히 해야 할 일을 하지 않으면 그것이 모두 죄입니다. 사무엘상 12장 23절을 보면 사무엘이 이스라엘 백성들 앞에서 "나는 너희를 위하여 기도하기를 쉬는 죄를 여호와 앞에 결단코 범하지 아니하고"라고 말씀합니다. 즉, 우리가 쉽게 범하는 잘못인 '저 사람을 위해서 기도해야지!'라고 생각하면서 기도하지 않는다면 그것도 죄가 된다는 말입니다.

넷째, 잘못된 행동을 저지른 상태입니다. 이것을 가리켜서는 '작위죄(作爲罪)'라고 합니다. 사람들은 '죄'라고 하면 흔히 이 범주에 속하

는 것만을 떠올립니다. 즉, 겉으로 드러나는 나쁜 행동이 바로 여기
속하는 죄입니다.

이렇게 죄의 네 가지 형태를 살펴본 후에도 "나는 여전히 죄인이
아니다!"라고 자신 있게 말할 수 있는 사람은 한 사람도 없습니다. 인
간은 어떻습니까? 가슴은 병들어 있고, 마음으로는 악한 생각을 하
며, 좋은 일인 줄 알면서 행동하지 않고, 악한 줄 알면서 범하고 맙니
다. 이런 사실을 알고 나면 겸손해질 수밖에 없습니다. 인간이 모두
죄인이라는 말은 바로 이런 뜻입니다.

## 인간성의<br>네 가지 상태

어거스틴은 인간의 성품을 네 가지로 구별했습니다. 우리는 이를
통해 인간의 모습을 조금 더 깊이 있게 파악할 수 있습니다.

첫째, 죄를 지을 수 있는 상태입니다. 에덴 동산에서 타락하기 전,
아담과 하와의 상태가 바로 이와 같았습니다. 선악과에 마음을 빼앗
기기 전까지만 해도 그들은 단 한 번도 죄를 지어 본 적이 없었습니
다. 그들에게는 죄성조차 없었습니다. 마음에 악함이 없었기 때문에
악한 생각을 해본 적도 없었습니다. 당연히 악한 행동 또한 해본 적
이 없는 것입니다. 그들은 악한 것이 무엇인지조차 몰랐습니다. 한마
디로 그들은 아주 순진하고 깨끗한 상태였습니다. 거룩한 상태라고
도 할 수 있습니다. 그러나 그들의 거룩은 말하자면 '아직 시험대 위

에 오르지 않은 순진한 거룩'이었습니다. 아직 죄성도 없고 죄가 무엇인지는 모르지만, 죄를 지을 수 있는 가능성이 있는 상태였던 것입니다. 물론 자유 의지가 있으므로 죄를 짓지 않기로 마음먹을 수도 있습니다. 그러나 결국 아담과 하와는 그들의 자유 의지에 따라 사탄의 말을 따랐고, 그 결과 다음 두 번째 상태로 옮겨 가게 되었습니다.

**둘째, 죄를 짓지 않을 수 없는 상태입니다.** 아담과 하와가 죄를 지음으로 말미암아 죄성이 인간의 마음속에 들어왔습니다. 인간의 마음이 죄에 오염되고 보니 이제 인간은 죄를 짓지 않을 수 없는 존재가 되었습니다. 마치 사과나무에서 사과가 열리고 배나무에는 배가 열리며 바나나나무에서 바나나가 열리듯 죄나무에서는 죄라는 열매가 열릴 수밖에 없게 된 것입니다. 이는 하나님께서 결코 죄를 지으실 수 없는 것과 같은 이치입니다. 하나님 속에 죄성이 없으므로 그분께서는 절대로 죄를 지으실 수 없는 것과는 반대로, 인간 속에 죄성이 들어왔기 때문에 인간은 어쩔 수 없이 죄를 지을 수밖에 없는 상태인 것입니다.

인간은 태어나서 죽을 때까지 죄를 짓고 삽니다. 태어날 때부터 죄인으로 태어나기 때문입니다. 죄인으로 태어났다는 것은 태어나면서부터 범죄했다는 말이 아니라 죄성을 가지고 태어났다는 말입니다. 이 죄성 때문에 자연스럽게 좋지 않은 생각을 하고, 좋지 않은 말과 행동을 하며 선한 일을 꺼리고 멀리합니다.

어린아이 역시 일부러 악을 행하려는 의도는 아니지만, 그 속에 죄성이 있기 때문에 문제를 일으키곤 합니다. 그 죄성은 부모가 만들어 준 것이 아닙니다. 부모를 통해 인류 역사 대대로 이어져 내려온 것입니다. 인간은 태어날 때부터 죄성을 갖고 태어나기 때문에 어린 아이라 할지라도 죄를 짓지 않을 수 없습니다. 그러니 어려서부터 아이들을 신앙 안에서 철저하게 훈련시키는 것이 필요합니다. 잘못은 적게 하도록 도와주고, 할 수 있는 한 바른 행동을 할 수 있도록 가르쳐야 합니다.

이제 막 기어 다니기 시작한 아기가 거실을 기어 다니다가 엄마가 사 놓은 비싼 도자기를 붙들어 당겨 와장창 깨뜨리고 말았습니다. 그 비싼 도자기를 깨 버렸으니 엄마에게 큰 해를 끼친 셈입니다. 엄마는 화가 나서 고함을 지릅니다. 신경질을 내며 아기의 엉덩이를 때립니다. 엉덩이가 따끔따끔하고 눈에 불이 번쩍번쩍합니다. 너무 아파 울음보를 터뜨리긴 하는데 자기에게 왜 이런 일이 일어났는지, 아이는 이해하지 못합니다. 아기는 그것이 도자기인지도, 그 도자기가 얼마나 귀한 것인지도, 그리고 그것을 깨뜨리면 엄마가 속상해하리라는 것 등을 전혀 알지 못합니다.

죄를 의미하는 단어 중 '라아'는 '멀쩡한 것을 부숴서 못 쓰게 만든다'는 뜻을 가졌습니다. 거룩은 할 수 있는 대로 조각난 것을 결합시키려는 성질이 있지만, 죄성은 오히려 온전한 것을 파괴하려는 성질이 있습니다. 그 대상은 비단 물건뿐만이 아닙니다. 거기에는 인간 관계도 포함됩니다. 그래서 멀쩡하던 단체가 한 사람 때문에 무너지고 사라지기도 합니다. 이렇게 타락한 이후부터 인간은 죄를 범하지 않을 수 없는 상태에 놓이게 되었습니다. 로마서의 "의인은 없나니 하나도 없으며"와 "모든 사람이 죄를 범하였으매 하나님의 영광에 이르지 못하더니"라는 말씀이 의미하는 바가 바로 이것입니다.

**셋째, 죄를 짓지 않을 수 있는 상태입니다.** 이제 우리는 예수 그리스도로 말미암아 '죄를 짓지 않을 수 있게' 되었습니다. 앞에서 말한 '죄를 짓지 않을 수 없는 상태'는 믿지 않는 자들의 경우입니다. 예수님을 알기 전에는 그 속에 죄성만 있기 때문에 범죄할 수밖에 없지만, 예수님을 믿게 되면 죄성밖에 없던 마음속에 하나님의 성품이 들어가게 되므로 상황이 완전히 달라집니다.

"이로써 그 보배롭고 지극히 큰 약속을 우리에게 주사 이 약속으로 말미암아 너희가 정욕 때문에 세상에서 썩어질 것을 피하여 신성한 성품에 참여하는 자가 되게 하려 하셨느니라"(벤후 1:4).

자신이 죄인임을 깨닫고 예수 그리스도를 "나의 주님!", "나의 구원자!"로 믿고 고백하는 그 순간, 성령께서 임하셔서 그를 거듭나게 해 주십니다. 눈에 보이지는 않지만 영적으로 새로운 생명이 태어나는 것입니다. 그렇기 때문에 예수 그리스도를 영접한 지 한 달 된 사람이라면 실제 나이가 쉰, 예순, 일흔이라도 영적 나이는 1개월로 볼 수 있습니다.

이 새로운 생명은 눈에 보이지 않고, 손으로 만질 수도 없습니다. 그러나 육신의 생명만큼 확실한 영적 생명이 우리 안에 분명히 존재합니다. 새로 태어난 이 생명은 우리 안에서 서서히 움직이기 시작합니다. 마치 정자와 난자가 결합한 후 급속도로 세포 분열을 진행하며 사람의 형상을 갖추어 가는 것처럼, 새로 태어난 생명도 말씀과 기도와 예배와 친교와 섬김 같은 신앙 활동을 통해 점점 장성하고 강해집니다. 그러면서 조금씩 죄성을 이길 수 있는 힘도 커지게 됩니다.

영적으로 성장하고 성숙해질수록 예수 믿기 전의 생활 방식과는 전혀 다른 삶을 살게 됩니다. 물론 하루아침에 달라지지는 않습니다. 이를 가리켜 '점진적인 성화(聖化)'라고 합니다. 예전에는 열 번 잘못했다면 점점 그 횟수가 줄어들어 어느 순간에는 다섯 번만 잘못하는 수준까지 올라갑니다. 그러다 잘못을 저지르는 횟수가 세 번, 두 번으로 점점 떨어지다가 마침내는 어쩌다 한 번씩 잘못하는 수준이 됩니다. 모든 사람이 항상 이렇게 발전적인 방향으로만 나아가는 것은 아닙니다. 영적인 영양분을 충분히 섭취하지 못해 영혼이 연약해질 때면 다시 역방향으로 나아가기도 합니다. 그러다가 다시 예수 그리스도의 보혈을 의지할 때면 정상 수치를 회복하게 됩니다. 이렇게 왔다 갔다 하면서 속사람이 점점 강건해지고 성장하게 됩니다. 그리하여 범죄하지 않을 수 있는 수준에까지 이르게 되는 것입니다.

하나님의 영이 내 안에 계시고 예수 그리스도께서 내 안에 계시기 때문에 사탄이 우리 마음 문을 두드릴 때 우리는 "주님, 밖에서 누가 문을 두드리네요. 주님께서 저 대신 밖에 누가 왔는지 봐 주세요!"라고 요청할 수 있습니다. 그러면 우리 주님이 그 문을 여시며 "내 자녀를 유혹하는 너는 누구냐?" 하고 꾸짖으십니다. 예수님의 근엄한 한마디에 사탄은 "아이쿠! 잘못 왔구나!" 하며 도망치기 바쁩니다. 그래서 우리가 범죄하지 않을 수 있습니다. 성령님을 의지하고, 말씀을 붙잡고, 내 안에 계신 예수님께 도움을 청하면 예전에 그렇게 자주 범하던 죄악도 멈출 수 있습니다. 예수님을 믿는 사람에게는 이런 삶의 능력이 있습니다.

저는 이런 꿈을 꿉니다. 우리 몸이 쇠약해지고 노쇠할지라도 우리 영혼은 날마다 강건해지고 성숙해져서 이 세상을 떠날 때는 인간적인 죄성이 없어진 채 주님을 닮은 형상으로 눈을 감는 꿈입니다. 나이가 들면 들수록 더 은혜롭고 더 포근하고 더 사랑스럽고 더 아름답고 더 너그러워져 다른 사람들에게 깊고 큰 은혜를 끼치는 사람이 되는 것, 그것이 저의 소망이며 꿈입니다. 이것이 모든 믿는 자들의 기도 제목이 되기를 간절히 바랍니다.

우리가 아무리 애를 써도 이 땅에서는 완전한 상태에 이르지 못합니다. 주님을 믿은 후, 약화되고 옅어지긴 했지만 우리 속에 아직도 죄성이 남아 있기 때문입니다. 거룩한 하나님의 성품이 훨씬 우세해 죄성이 제대로 맥을 못 추긴 합니다만, 그래도 여전히 불쑥불쑥 튀어나올 때가 있습니다. 죄성은 하루아침에 없어지지 않습니다. 사라진 것 같다가도 우리가 연약할 때 다시 그 모습을 드러냅니다. 그래서 우리는 완전하지 못합니다. 완전하지 못하다고 해서 자신을 비난하거나 학대해서는 안 됩니다. 우리가 완전하지 못하다는 것을 아시고 우리가 얼마나 어처구니없는 부분에서 자꾸 실패하고 넘어지는지 아시면서도, 하나님께서는 여전히 우리를 사랑하십니다. 우리가 아직 죄인이었을 때에 우리를 사랑하신 하나님께서는 지금도 변함없이 우리를 사랑하십니다.

하지만 '나의 형편과 상황에 상관없이 하나님께서 나를 사랑하신다니! 그러면 마음 놓고 죄를 지어도 항상 용서해 주시니까 괜찮겠구나!' 하고 생각해서는 안 됩니다. 이는 거듭난 사람이라고 할 수 없습니다. 우리 안에서 하나님의 성품이 깊어지고 강해질수록 우리 마음은 하나님의 뜻대로 살고 싶은 소망으로 충만해집니다. 마음만큼 행동이 따라 주지 않을 때가 많아 내적 갈등이 일어나지만, 그런 소망이 가득한 것은 사실입니다. 구원의 은혜를 진실로 누린 사람은 '죄가 많은 곳에 은혜가 많다고 했으니 어디 죄 좀 많이 지어 보자!'라는 엉뚱하고 어리석은 생각을 하지 않습니다.

"너희는 이 세대를 본받지 말고 오직 마음을 새롭게 함으로 변화를 받아 하나님의 선하시고 기뻐하시고 온전하신 뜻이 무엇인지 분별하도록 하라"(롬 12:2).

거듭난 그리스도인은 이 세대를 본받지 말고 오직 마음을 새롭게 함으로 변화를 받아 하나님의 선하시고 기뻐하시고 온전하신 뜻이 무엇인지 분별하는 일에 힘써야 합니다.

넷째, 죄를 지을 수 없는 상태입니다. 예수님이 이 땅에 다시 오시는 그날이 오면 그리스도인들은 죄를 지을 수 없는 네 번째 모습으로 변화하게 될 것입니다. 그때는 우리 안에서 죄성이라고는 조금도 찾아볼 수 없을 것입니다. 요한일서 3장 2절 "장래에 어떻게 될지는 아직 나타나지 아니하였으나 그가 나타나시면 우리가 그와 같을 줄을 아는 것은 그의 참모습 그대로 볼 것이기 때문이니"라는 말씀처럼 장차 예수님의 얼굴을 마주하게 될 때 우리의 죄성은 영원히 사라지고, 예수님처럼 죄 없고 아름다운 형상을 소유하게 될 것입니다. 그때가 되면 죄는 우리 주위를 얼씬거리지도 못할 것이며 우리는 오직 거룩함과 온전함으로 둘러싸여 있을 것입니다. 이것이 바로 하나님과 선한 천사들의 상태입니다.

지금까지 내용을 요약해 보면, 태초에 아담과 하와처럼 '죄를 범할 수 있는 상태'가 있었고, 타락 이후 '죄를 범하지 않을 수 없는 상태'가 있었으며, 지금 우리는 예수 그리스도를 믿음으로 말미암아 '죄를 범하지 않을 수 있는 상태'에 있습니다. 그리고 장차 우리는 '죄를 범할 수 없는' 완전히 거룩하고 성화된 상태를 맞이하게 될 것입니다. 그렇기에 우리에게는 희망이 있습니다. 미래에 대한 소망이 가득합니다. 모든 성도들이 그리스도의 형상으로 변화하게 될 그날을 손꼽아 기다리며, 소망 가득한 삶을 살아가기를 간절히 바랍니다.

## 죄를 범하는 세 가지 대상

우리가 죄를 범하는 대상에는 세 가지가 있습니다.

**첫째, 하나님입니다.** 모든 죄는 하나님을 거스르는 행위입니다. 그랄 왕 아비멜렉이 사라가 아브라함의 누이라는 말에 속아 사라와 동침하려던 밤, 하나님께서는 그의 꿈에 나타나셔서 말씀하셨습니다.

"너를 막아 내게 범죄하지 아니하게 하였나니 여인에게 가까이 하지 사라가 아브라함의 누이였던 것은 사실입니다. 친동생이 아닌 이복 여동생이었습니다. 그러나 사라는 아브라함의 누이이기에 앞서 그의 아내였습니다. 결국 아브라함의 거짓말에 속아 사라를 취하려 했던 아비멜렉이 하나님의 근엄한 음성을 듣게 된 것입니다. 인간적인 눈으로 볼 때 아비멜렉이 사라와 동침하는 것은 무엇보다 사라에게 해를 끼치는 일이고, 더 나아가 아브라함에게 범죄하는 행위였습니다. 그런데 하나님께서는 아비멜렉에게 "너를 막아 내게 범죄하지 아니하게 하였나니"라고 말씀하셨습니다. 즉, 아브라함의 아내인 사라와 동침하는 것이 하나님에 대한 범죄 행위라는 말씀이었습니다.

창세기 속 요셉은 '하나님 앞에서 살아간다'는 의미인 '신전 의식'이 투철한 사람이었습니다. 사람이 짓는 모든 죄는 하나님 앞에서 짓는 죄라는 사실도 잘 알고 있었습니다. 요셉의 이런 태도는 창세기 39장 9절 "내가 어찌 이 큰 악을 행하여 하나님께 죄를 지으리이까"라는 말씀에도 잘 드러납니다.

다윗은 심복인 우리아의 아내와 동침하고 그 죄를 덮기 위해 그를 죽게 했습니다. 다윗은 우리아와 밧세바에게 죄를 지었습니다. 그런데 그는 시편에서 이렇게 고백합니다.

"내가 주께만 범죄하여 주의 목전에 악을 행하였사오니"(시 51:4).

어째서 '주께만' 범죄하였다는 알 수 없는 고백을 했을까요? 하나님 앞에서 범죄한 것이 너무나도 커서 마치 하나님께만 범죄한 것 같은 느낌이라는 뜻입니다.

누가복음 15장에는 잃어버렸던 아들을 찾는 아버지 이야기가 나옵니다. 집을 나갔다가 아버지께로 돌아온 탕자는 21절에서 "아버지 내가 하늘과 아버지께 죄를 지었사오니 지금부터는 아버지의 아들이라 일컬음을 감당하지 못하겠나이다"라고 고백합니다. 그동안 자신이 집을 떠나 허랑방탕하게 살면서 아버지의 마음을 아프게 한 것이 비단 아버지께만 잘못한 것이 아니라 하나님께도 범죄한 것임을 말하고 있습니다. 이렇듯 인간이 짓는 모든 죄는 하나님에 대한 범죄 행위입니다.

**둘째, 타인입니다.** 예수님께서 가르쳐 주신 기도문에는 다음과 같은 구절이 있습니다.

"우리가 우리에게 죄 지은 자를 사하여 준 것 같이 우리 죄를 사하여 주시옵고"(마 6:12).

인간의 범죄는 대개 타인과의 관계 속에서 행하는 경우가 많습니다. 우리는 인생을 살면서 수없이 많은 사람들에게 수많은 잘못을 저지릅니다. 다른 사람에게 해를 끼치기도 하고 다른 사람의 마음을 상하게도 합니다. 또한 타인이 나에게 죄를 범하기도 합니다.

**셋째, 자기 자신입니다.** 우리는 때때로 타인이 아닌 자기 자신에게 죄를 범할 때가 있습니다.


> "여인과 간음하는 자는 무지한 자라 이것을 행하는 자는 자기의 영혼
> 을 망하게 하며"(잠 6:32).

> "그러나 나를 잃는 자는 자기의 영혼을 해하는 자라 나를 미워하는
> 자는 사망을 사랑하느니라"(잠 8:36).

이 두 경우 모두 자기 영혼을 해치는 결과를 가져온다고 합니다. 자기 자신에게 죄를 범하는 구체적인 예가 또 있습니다. 바로 과음입니다. 흡연도 그렇습니다. 흡연은 결과적으로 자기 자신은 물론 남에게까지 해를 끼칩니다.

성경은 죄 문제를 정확히 지적합니다. 성경을 통해 우리는 자기 자신의 적나라한 실체를 직면하게 됩니다. 예수님을 믿지 않는 사람이라 해도 성경이 말씀하는 죄의 개념을 이해하기 쉽게 설명해 주면, 자기 자신이 죄인이라는 사실을 인정하지 않을 수 없습니다.

오래전 정신과 의사 한 분이 저를 찾아왔습니다. 이야기를 나누다 보니 뭔가 문제가 있다는 느낌이 들었습니다. 복음을 전하긴 해야겠는데 지금 당장 전도한다고 해서 받아들일 것 같지 않았습니다. 그래서 주님께 지혜를 구했습니다. 그런 후에 성경이 말씀하는 '죄'에 대해 성경을 일체 거론하지 않고 설명해 주었습니다. 죄의 개념을 풀어서 설명하면 부정직한 사람을 제외하고는 모두 자기 자신이 죄인이라는 사실을 인정하게 됩니다. 인간의 실체를 적나라하게 대변해 주

기 때문입니다. 그래서 그 의사에게도 그런 식으로 접근했습니다. 죄의 현상을 알기 쉬운 용어로 풀어서 설명했더니 그분은 자기 상황과 똑같다며 전적으로 동의했습니다. 저는 그때서야 "이것이 바로 성경이 말씀하는 죄라는 것입니다!"라고 말했습니다. 그는 무척 놀라며 "아, 그래요?" 하더니 1시간쯤 지난 후 예수님을 영접했습니다. 그 후로 그분은 열심히 신앙생활을 하며 성숙한 신앙인으로 성장하고 있습니다.

이처럼 성경의 가르침은 우리 현실과 너무도 정확하게 맞아 떨어집니다. 그래서 저는 가끔 "기독교는 정밀과학입니다!"라는 표현을 사용합니다. 인간의 실체를 설명하는 데는 성경이 수학이나 과학보다도 더 정확합니다. 정직하고 객관적이며 선입견이 없는 사람이라면 성경의 가르침을 인정하지 않을 수 없을 것입니다.


## 죄의
## 잘못된 정의


그렇다면 과연 '죄'라는 것이 무엇일까요? 죄에 대한 여러 가지 정의가 있지만, 그중에는 잘못된 정의도 있고, 잘못되지는 않았지만 불완전한 정의가 있으며, 죄를 정확하게 설명하고 있는 정의가 있습니다. 잘못된 정의에는 세 가지가 있습니다. 안타깝게도 이 잘못된 죄의 개념은 이미 사람들 사이에 널리 퍼져 있습니다.

**첫째, 죄는 인간의 상상력이 빚어낸 것에 불과하다고 말합니다.** 이를 주장하는 사람들은 "죄는 존재하는 것이 아니고 단지 인간의 마음속에 있는 것"이라고 말합니다. 이것은 '크리스찬 사이언스(Christian Science)'라는 이단에서 주장하는 바이기도 합니다. 예수님 시대나 초대 교회 시절에도 죄를 이런 식으로 이해하는 무리들이 있었습니다. 그들을 일컬어 '영지주의자(靈知主義者)'라고 합니다. 물론 오늘날도 이렇게 생각하는 사람들이 있습니다.

둘째, 죄는 인간의 유한성(有限性)이라고 말합니다. 유럽에서 생겨난 신학 학파 가운데 '신정통주의'가 있습니다. 이들 학파에서는 죄를 이런 식으로 설명합니다. 그들은 인간이 유한하다는 것 자체가 바로 죄라고 주장합니다.

셋째, 죄는 육신을 갖고 있는 인간의 자연적이고 정상적인 결과라고 합니다. 육신을 지니고 있는 인간에게 죄란 자연스러운 현상이며 정상적인 결과라는 주장입니다. 그리스 철학자였던 플라톤이나 영지주의, 불교 등이 이와 같은 견해를 갖고 있습니다.

## 죄의 불완전한 정의

다음 세 가지 정의는 잘못된 것은 아니지만, 죄를 정의하기에는 부족하고 불완전한 개념입니다.

첫째, 자기를 사랑하지 않는 것을 죄라고 봅니다. 이것은 미국의 로버트 슐러 목사가 『자기애(Self-love)』라는 그의 저서에서 밝힌 죄의 정의입니다. 그러나 이것을 죄에 대한 정확한 정의라고 말할 수는 없습니다. 죄 때문에 우리가 우리 자신을 사랑하지 못할 수는 있으나 '내가 나를 사랑하지 않는 것이 죄'라고 말하기에는 부족한 감이 있기 때문입니다. 자기 자신을 제대로 사랑하지 못하는 것이 여러 죄 가운데 하나일 수는 있습니다. 그러나 그 자체로 죄의 전체적인 성격을 규정지을 수는 없습니다. 자기를 사랑하지 않는 것도 죄이고, 타인을 사랑하지 않는 것도 죄이며, 자기를 너무 심하게 사랑하는 것도 죄이기 때문입니다. 이렇듯 죄는 사랑이라는 한 가지 주제에서조차 여러 가지 모습으로 나타납니다. 그러므로 '자기를 사랑하지 않는 것이 죄'라는 주장은 불완전하다고 볼 수 있습니다.

둘째, 믿지 않는 것을 죄라고 봅니다. 죄는 사람에게 불신을 조장합니다. 진리를 믿지 못하게 만듭니다. 즉, 불신은 죄가 가져오는 열매 중 하나라고 봐야 합니다. 불신이 곧 죄라는 주장은 완전하지 못한 정의입니다.

셋째, 부정적인 태도를 죄라고 말합니다. 미국의 노만 빈센트 필 박사가 쓴 『적극적인 사고방식(Positive Thinking)』이라는 책은 세계적으로 많은 사람들에게 애독되었을 뿐 아니라 독자들에게 여러 영향을 끼쳤습니다. 제목 그대로 적극적이고 긍정적인 사고방식을 강조하는 내용을 골자로 하고 있습니다. 긍정적인 생각과 태도를 가져야 한다는 주장은 잘못되지 않았습니다. 그러나 '죄는 부정적인 태도다!'라는 주장은 아주 단순화된 정의입니다. 부정적인 태도는 죄가 초래한 많은 결과 중 하나일 뿐 죄 그 자체라고 보기는 힘듭니다.

앞에서 말한 자기애나 불신이나 부정적인 태도 등은 죄가 가져온 결과요 열매입니다. 열매와 나무를 동일시해서는 안 됩니다. 열매는 나무의 한 부분이지 나무 그 자체가 아니기 때문입니다. 그래서 이런 정의들은 부분적으로 옳지만 완전하지는 못한 것입니다.

## 죄의
## 완전한 정의

그러면 죄의 완전한 정의, 가장 정확한 정의는 무엇일까요? 생각, 말, 태도, 행동에 있어서 하나님의 완전한 거룩하심에 도달하지 못하는 것이 바로 죄입니다. 이것이야말로 죄에 대한 가장 포괄적이고 완전한 정의입니다. 많은 사람들이 하나님의 완전하신 거룩하심에 도달하기 위해 노력합니다. 물론 하나님의 거룩하심과는 전혀 상관없이 살아가는 사람들도 있습니다. 그런데 생각과 말, 태도와 행동에 있어서 하나님의 거룩하심을 드러내기 위해 부단히 노력하는 사람들조차도 하나님의 완전한 거룩하심에는 도달하지 못합니다. 이것이 바로 죄입니다.

# 죄의 시작

"네가 다니엘보다 지혜로워서 은밀한 것을 깨닫지 못할 것이 없다 하고 네 지혜와 총명으로 재물을 얻었으며 금과 은을 곳간에 저축하였으며 네 큰 지혜와 네 무역으로 재물을 더하고 그 재물로 말미암아 네 마음이 교만하였도다… 여호와의 말씀이 또 내게 임하여 이르시되 인자야 두로 왕을 위하여 슬픈 노래를 지어 그에게 이르기를 주 여호와의 말씀에 너는 완전한 도장이었고 지혜가 충족하며 온전히 아름다웠도다 네가 옛적에 하나님의 동산 에덴에 있어서 각종 보석 곧 홍보석과 황보석과 금강석과 황옥과 홍마노와 창옥과 청보석과 남보석과 홍옥과 황금으로 단장하였음이여 네가 지음을 받던 날에 너를 위하여 소고와 비파가 준비되었도다 너는 기름 부음을 받고 지키는 그룹임이여 내가 너를 세우매 네가 하나님의 성산에 있어서 불타는 돌들 사이에 왕래하였도다 네가 지음을 받던 날로부터 네 모든 길에 완전하더니 마침내 네게서 불의가 드러났도다" 겔 28:3-15

 천사 세계, 인간 세계, 개인의 삶이라는 세 가지로 나눌 수 있습니다. 천사 세계에서는 죄가 어떻게 시작되었는지, 인간 세계에 죄가 어떻게 들어오게 되었는지, 우리 개인의 삶에서는 죄가 어떻게 시작된 것인지를 살펴보겠습니다.

## 천사 세계

죄는 가장 먼저 천사 세계에서 시작되었습니다. 천사 세계에도 인간의 군대처럼 계급이 있었습니다. 가장 높은 지위의 천사 사령관을 '천사장'이라고 합니다. 우리에게 잘 알려진 루시퍼, 가브리엘, 미가엘 등이 그런 천사장들입니다. 미가엘은 전투 사령관으로서 사탄과의 영적 전쟁에서 하나님의 백성을 보호하는 역할을 합니다. 가브리엘은 하나님의 말씀을 전하는 말씀 전달자로서 대통령의 공보 비서관 같은 역할을 하는 천사장입니다. 마리아에게 나타나 예수님의 잉태 소식을 전한 천사도 가브리엘이었습니다. 루시퍼는 천사들의 조직을 책임졌던 천사장이었습니다.

### 천사의 원래 모습

에스겔서는 루시퍼를 두로 왕으로 묘사합니다. 에스겔 28장 11-15절에서는 천사 루시퍼에 대해 묘사합니다. 여기서 우리는 루시퍼의 타락하기 전 모습을 볼 수 있습니다. 타락하기 전 루시퍼는 어떤 모습입니까?

**첫째,** 지혜와 미모를 소유했습니다. 완전했던 아담과 하와로부터 수천 수백 세대를 내려온 인간도 때로는 형언할 수 없이 아름답습니다. 하물며 하나님께서 처음 창조하신 천사들의 모습은 얼마나 아름답고 완전했을까요?

"지혜가 충족하며 온전히 아름다웠도다"(12절)에서 보면, 천사들 중에서도 가장 높은 지위에 있던 루시퍼의 형상은 그 무엇과도 비교할 수 없을 만큼 완벽했을 것입니다. 루시퍼는 뛰어난 미모와 지혜를 지닌 천사였습니다.

**둘째,** 에덴 동산에 거주했습니다.

"네가 옛적에 하나님의 동산 에덴에 있어서"(겔 28:13).

**셋째,** 보석으로 치장한 모습입니다. 우리에게는 이름조차 생소한 각종 보석들이 그를 둘러싸고 있었습니다. "각종 보석 곧 홍보석과 황보석과 금강석과 황옥과 홍마노와 창옥과 청보석과 남보석과 홍옥과 황금으로 단장하였음이여"(13절)라고 기록되어 있습니다. 아름다운 외모, 지혜로운 두뇌, 부족할 것 없는 거주지인 에덴 동산, 찬란하고 화려한 장신구와 보석까지 가졌다니 루시퍼의 외모와 배경이 얼마나 눈부셨을지 우리는 감히 상상할 수 없을 정도입니다.

넷째, 음악적 재능을 부여받은 존재입니다. 그에게는 하나님께서 부여하신 음악적인 재능도 있었습니다. "네가 지음을 받던 날에 너를 위하여 소고와 비파가 준비되었도다"(13절)라는 말씀을 통해 확실히 알 수 있습니다.

"그가 너로 말미암아 기쁨을 이기지 못하시며 너를 잠잠히 사랑하시며 너로 말미암아 즐거이 부르며 기뻐하시리라 하리라"(습 3:17).

스바냐 3장 17절은 하나님의 독특한 성품에 대해 말씀합니다. 하나님은 본래 음악가이십니다. 하나님 속에 깃들어 있는 음악성이 그분의 창조물인 천사와 인간에게도 부여되었습니다. 욥기에도 지구의 기초가 세워지는 것을 보면서 천사들이 기뻐 환희의 찬송을 불렀다는 기록이 있습니다(『잃어버린 왕좌』, 김상복, 선교횃불. 참조).

다섯째, 하나님께 지음 받은 존재입니다. 천사는 스스로 생겨난 존재가 아니라 우리 인간처럼 하나님의 손으로 친히 지음 받은 존재입니다. 그러면 천사는 과연 언제 창조되었을까요? "네가 지음을 받던 날에"(13절)라는 말씀을 통해 짐작해 보면 천지를 창조하시던 때에 하늘의 천사들도 함께 창조하셨을 가능성이 아주 큽니다. 물론 이와 다른 의견을 가진 학설도 있습니다.

여섯째, 죄를 범하기 전까지 모든 면에서 완벽했던 존재입니다.

"네가 지음을 받던 날로부터 네 모든 길에 완전하더니 마침내 네게서 불의가 드러났도다"(겔 28:15).

천사들은 만물의 권위자이신 하나님께 도전하여 타락의 길로 접어들기 전까지 이처럼 지적인 면이나 용모 면에서 아주 뛰어난 존재였고, 하나님이 보시기에도 아름답고 찬란한 형상이었습니다.

### 천사의 원래 역할과 임무

첫째, 기름 부음을 받은 천사 '그룹(cherub)'이었습니다. 여기서 '그룹(cherub)'은 천사를 일컫는 말입니다. 천사에는 두 종류가 있는데 하나는 '그룹'이라는 천사이고 또 하나는 '스랍'이라 불리는 천사입니다. "너는 기름 부음을 받고 지키는 그룹임이여"(14절)에서 보듯 '그룹'이라 불리는 천사는 하나님 보좌 가까이에서 하나님을 섬기는 천사일 것으로 추정됩니다. 루시퍼 역시 이 그룹 천사로 창조되었던 것으로 보입니다.

둘째, 특별한 임무를 부여받았습니다. '그룹'의 임무는 하나님의 거룩하심을 보호하는 일이었습니다. 창세기 3장 24절에 그들의 역할이 자세히 묘사되어 있습니다.

"이같이 하나님이 그 사람을 쫓아내시고 에덴 동산 동쪽에 그룹들과 두루 도는 불 칼을 두어 생명 나무의 길을 지키게 하시니라"(창 3:24).

하나님께서는 범죄한 아담과 하와를 동산에서 쫓아내신 뒤 그룹 천사들을 동산 문에 두시고 아무도 하나님의 거룩한 세계에 접근하지 못하도록 그곳을 지키게 하셨습니다. 즉, 그룹은 하나님의 거룩하심을 보호하는 임무를 부여받았던 것입니다. 하나님의 거룩하신 법궤를 지키는 일도 이 그룹들에게 맡겨졌습니다(출 25:18-22 참조).

셋째, 하나님께서 친히 임명하셨습니다. 예수님이 직접 만나 제자로 삼은 사람들을 '사도'라고 일컫습니다. 또한 구약 시대에 하나님께서 직접 뽑아 쓰신 종을 '선지자'라고 부릅니다. 오늘날의 사역자 역시 하나님께서 세워 주신 사람들이긴 하지만 예수님이나 하나님께서 직접 뽑으신 사람들은 아닙니다. 그런데 "내가 너를 세우매"(14절)라는 말씀을 보면, 루시퍼 천사는 하나님께서 손수 뽑아 중요한 자리에 임명해 주신 자였습니다. 즉, 루시퍼는 하나님께로부터 상당한 특권을 부여받은 천사였습니다.

넷째, 하나님의 성산(聖山)에 거합니다. "네가 하나님의 성산에 있어서 불타는 돌들 사이에 왕래하였도다"(14절)에서 보듯 루시퍼는 하나님의 권세와 영원한 왕권이 지배하는 하나님의 거룩한 산에 거했습니다.

출애굽기 4장 27절에는 아론이 하나님의 명령에 따라 '하나님의 산'에서 모세와 만나는 장면이 나옵니다. 여기에 기록된 하나님의 산이 바로 루시퍼가 거하던 하나님의 성산이었을 것입니다(시 2:6, 3:4, 사 2:2, 11:9 참조).

다섯째, 빛나는 유성과 같은 모습으로 자유롭게 다니며 임무를 수행합니다. 여기서 우리는 천사가 사람과는 달리 중력의 영향을 전혀 받지 않고, 우주 공간을 자유롭게 돌아다닐 수 있는 존재임을 알 수 있습니다.

"여호와께서 사탄에게 이르시되 네가 어디서 왔느냐 사탄이 여호와께 대답하여 이르되 땅을 두루 돌아 여기저기 다녀왔나이다"(욥 1:7).

예수님께서도 부활하신 뒤에는 중력의 영향을 전혀 받지 않으셨습니다. 승천하신 것도 그 증거 중 하나입니다. 루시퍼는 우주 공간을 자유롭게 다니며 하나님을 대신해 그 모든 세계를 다스리는 역할을 했기 때문에 그에게는 그만큼의 자유가 있었습니다.

### 천사의 타락

이렇듯 놀라운 특권을 부여받은 천사들 속에 안타깝게도 불의가 나타났습니다. 천사의 마음에 교만한 마음이 들어오게 된 것입니다. 루시퍼는 아름답고 지혜롭게 창조된 데다 영광스럽고 찬란하기까지 한 존재였습니다. 게다가 하나님이 특수한 임무까지 맡기시고, 친히 세워 주신 루시퍼는 '내가 이렇게 잘났군! 내가 이렇게 멋있다니!

모든 천사들이 내 말 한마디면 꼼짝 못하고 순종하는 걸 봐! 하나님 한 분 빼놓고는 전부 다 내 부하들이야!'라는 교만한 마음을 가지게 된 것입니다. 타락의 본질은 "네 모든 길에 완전하더니 마침내 네게서 불의가 드러났도다"(15절)라는 말씀에서 볼 수 있듯이 온전하던 것이 구부러지고 뒤틀리는 것입니다. 이러한 악(惡)의 성격은 앞에서 살펴본 '아본(avon)'이라는 단어에 잘 나타나 있습니다. 이렇게 한번 휘어지게 되면 그다음부터는 무엇을 하든지 온전한 일을 할 수가 없게 됩니다.

한편, 타락의 원인은 '교만'입니다. "네 무역이 많으므로 네 가운데에 강포가 가득하여"(16절)라는 말씀은 루시퍼가 온 우주를 두루 돌아다니며 여러 천사들의 동경의 대상이 되다 보니 교만한 마음이 생겨 스스로 높아졌다는 뜻입니다. 모든 천사를 대표하는 천사장인 데다 특권을 부여받았고, 외모나 지적인 면에서 워낙 빼어나다 보니 자신을 창조하신 하나님께 감사하며 영광을 돌리려는 마음보다 교만한 마음이 앞서게 된 것입니다.

### 타락한 천사의 야망

마음이 교만해져 타락의 길로 들어선 천사에게 네 가지 야망이 생겼습니다. 이사야 14장 13-14절은 천사가 품은 이 네 가지 야망이 무엇인지를 잘 보여 줍니다.

첫째, 하늘 보좌 가장 높은 곳에 오르기를 원했습니다. "내가 하늘에 올라"(13절)라는 말씀에서 우리는 하나님의 보좌까지 점령해야겠다고 마음먹는 사탄의 야망을 엿볼 수 있습니다.

**둘째, 천사들 세계의 세력을 완전히 장악하길 원했습니다.**



구약 성경에서는 종종 천사를 별에 비유했습니다. 루시퍼는 이 별들을 모두 장악하길 원했습니다. 아무리 천사들의 대표라 해도 하나님께서 명하시는 것 이상의 야심을 품는다면 이는 하나님에 대한 반역입니다. 천사장은 하나님께서 명하시는 일을 수행하기 위해 창조된 천사들의 대표일 뿐이기 때문입니다.

**셋째, 시온 산에서 땅에 이르기까지 다 장악하기를 원했습니다.** 천사들이 창조된 후 얼마 지나지 않아 아담과 하와가 창조되었습니다. 사탄은 스스로 마음이 교만해져서(사 14:14) 모든 천사들과 에덴 동산의 인간을 장악함으로써 온 우주를 자기 손에 넣고 싶어 했습니다. 그리고 첫 사람인 아담과 하와를 장악함으로써 장차 인류 전체를 자신의 영역 안에 두고 싶어 했습니다. 다시 말해 하나님처럼 되고 싶어 했던 것입니다.

**넷째, 하나님께만 속한 영광을 자신이 취하려 했습니다.** 가장 높은 구름에 올라 온 우주로부터 영광을 받으실 분은 오직 하나님 한 분뿐입니다. 그런데 사탄은 하나님의 이 고유한 영역까지 침범하고자 했던 것입니다.

"가장 높은 구름에 올라가"(14절)에서 보듯, 타락한 천사가 하늘 보좌 가장 높은 곳에 오르길 원하고 천사들 세계를 장악하기를 원했던 이유, 시온 산에서 땅에 이르기까지 자기 손에 넣어 하나님께만 속한 영광을 자신이 취하려 했던 이유는 무엇일까요? 바로 하나님처럼 되고 싶은 욕망 때문입니다. 그는 "지극히 높은 자와 같아지고" 싶어 했습니다(14절). 사실 이사야 14장 13-14절은 사탄이 자기 스스로에게 하는 말입니다. 그는 하나님께서 그의 마음을 낱낱이 알고 계실 거라 생각하지 못했습니다. 그랬던 그의 마지막은 "스올 곧 구덩이 맨 밑에 떨어짐"을 당하는 것이었습니다. 복음 전도를 위해 파송되었던 칠십 인이 돌아와 승리감으로 가득 찬 그들의 사역을 보고하자 예수님께서 "사탄이 하늘로부터 번개 같이 떨어지는 것을 내가 보았노라"라고 말씀하신 것처럼 말입니다(눅 10:18).

하나님께서는 우리 마음속에 어떤 생각이 있는지 다 알고 계십니다. 그러므로 마음으로라도 함부로 죄를 지을 수 없습니다. 사탄은 결국 그의 마음에 품지 말아야 할 생각을 품음으로써 타락의 길로 접어들고 말았습니다. 하나님의 세계는 완전한 세계요, 복종의 세계요, 하나님만이 영광을 받으시는 세계요, 하나님만이 경배 받으시는 세계입니다. 피조물이 아무리 아름답고 지혜로워도 그 영광은 피조물이 아니라 하나님이 받으셔야 합니다. 피조물의 아름다움에서 우리는 창조주의 능력과 지혜와 위대하심을 발견할 수 있어야 합니다. 두뇌가 명석해 공부를 월등히 잘한다거나 몸이 건강해 어떤 운동이든 잘 해낸다 해도 그 모든 영광은 하나님께 돌려야 합니다.

이사야 14장을 영어 성경으로 보면 13-14절 두 절에서만 "I will (내가 … 하리라)"이라는 표현이 자그마치 다섯 번 등장합니다. "내가 … 하리라"는 표현 속에는 자신의 생각과 강한 의지가 내포되어 있습니다. 하나님 중심의 생각이 아닌, 자기중심적인 마음의 태도입니다.

그리스도인이 추구하는 '거룩'은 어떻게 할 때 이루어질까요? '나'라는 존재가 죽어야 합니다. 마태복음 26장 39절 말씀, 즉 겟세마네 동산의 예수께서 "그러나 나의 원대로 마시옵고 아버지의 원대로 하옵소서"라고 기도하셨던 것처럼 어떻게든 나의 뜻이 아닌 하나님의 뜻이 이루어지기를 소원할 때 우리는 거룩한 삶을 살 수 있습니다.

아주 오래전, 텔레비전 뉴스를 보다가 미국 그래미 상 시상식 소식을 들은 적이 있습니다. 그래미 상은 1년에 한 차례씩 미국 최고의 가수에게 수여되는 상으로, 그때는 흑인 여가수가 영예의 주인공이었습니다. 흰색 옷을 입은 그 여가수는 자신의 이름이 호명되자 무대 위로 올라와 여러 사람들에게 감사의 말을 전했습니다. 자신에게 대상을 안겨 준 노래를 작곡한 작곡가와 자신의 매니저와 그 밖의 많은 사람들에게 감사하다는 말을 전한 뒤 그녀는 "그러나 저는 이 모든 사람보다 예수님을 더 사랑합니다!"라는 말을 하고는 열렬한 갈채를 받으며 무대 아래로 내려왔습니다. 모든 영광을 하나님께 돌려드리는 자세! 정말 멋지지 않습니까? 그런데 타락한 천사는 하나님께서 주신 영예를 온전히 자신의 공로로 여겼을 뿐만 아니라 더 높아지려 하다가 결국 멸망의 길로 들어서고 말았습니다.

## 타락한 천사의 은밀한 작업

타락한 천사는 그의 야망을 어떻게 성취해 나갔을까요? 그가 마음속으로 일을 계획하였다는 말씀으로 미루어 보았을 때, 아무도 모르는 비밀리에 반역 작업을 수행하려 했을 것입니다. 동시에 다른 천사들을 설득해 자기를 왕으로 모시도록 유혹하는 작업을 했을 것입니다. 그러나 그러한 비밀 모의조차 하나님 앞에서는 숨길 수 없었습니다. 타락한 천사는 자신의 야망을 성취하기 위해 하늘에서뿐 아니라 땅에서도 작전을 세웠습니다. 그가 지상에서 사용한 방법은 이 땅에 공포감을 조성하는 일이었습니다. 그는 자신의 권력으로 공포감을 조성해 세상을 장악하고자 했습니다. 이러한 타락한 천사의 계교가 다음 말씀 구절에 잘 나타나 있습니다.

"너를 보는 이가 주목하여 너를 자세히 살펴 보며 말하기를 이 사람이 땅을 진동시키며 열국을 놀라게 하며 세계를 황무하게 하며 성읍을 파괴하며 그에게 사로잡힌 자들을 집으로 놓아 보내지 아니하던 자가 아니냐 하리로다"(사 14:16-17).

하나님께서 우리를 향해 그렇게도 자주 "두려워 말라 내가 너와 함께함이니라 내가 너희 하나님이 되리라"고 말씀하신 이유가 여기에 있습니다. 사탄은 우리를 겁먹게 하고 초조하게 하고 불안하게 하고 긴장하게 함으로써 하나님으로부터 우리를 떼어놓으려고 합니다. 그러고는 "하나님, 너무 하시지 않습니까? 제가 이렇게 고생하는데 돌아보지도 않으십니까?"라는 식으로 불평하게 만듭니다.

드디어 하나님께서 타락한 천사들을 심판하기 시작하십니다. 그는 우선 하나님의 산에서 쫓겨납니다(겔 28:16). 또한 별들이 있는 하늘에서도 축출당합니다(계 12:7-8). 그리고 그의 탁월한 지혜가 타락합니다. 타락한 지혜는 나쁜 방향으로 사용되게 마련입니다. 머리 좋은 사람이 마음을 잘못 먹으면 나쁜 쪽으로 계략을 짜는 것처럼 말입니다. 천사는 너무나 아름다웠고 뛰어난 능력을 지녔으며 지혜롭기까지 했습니다. 그런 그가 교만해지자 그 모든 좋은 자질을 사용해 수단과 방법을 가리지 않고 악한 일을 행하기 시작합니다.

천사는 창조되었을 때부터 특별한 능력을 지녔습니다. 그 능력은 우리 인간이 흉내 낼 수도 없고 감히 가질 수도 없는 것들입니다. 천사에게는 자연계를 움직일 수 있는 능력이 있었습니다. 바람을 일으키고 폭풍을 몰고 오며 심지어 짐승이나 사람을 죽일 수도 있었습니다. 또한 그들은 이동할 때도 아주 빠르게 이동합니다. 한마디로 인간은 능력 면에서 천사들과 상대가 되지 않는 존재입니다. 특히 악한 천사들, 즉 악한 영과 맞붙어 싸우려고 할 때 우리 인간 편에서는 싸워서 이길 희망이 없습니다. 우리의 대장 되신 예수님이 나서서 우리를 대신해 싸워 주시지 않는 이상 그들과 싸워서 절대로 승리할 수 없습니다. 우리가 약할 때 비로소 강해진다는 말이 바로 이 뜻입니다. 내가 내 힘을 의지하려고 하면 이길 수 없지만 강한 주님만을 붙잡고 의지할 때는 반드시 승리할 수 있습니다.

루시퍼는 혼자 타락의 길을 걸은 것이 아니라 다른 천사들과 함께 했습니다. 요한계시록 12장 4절은 "그 꼬리가 하늘 별 삼분의 일을 끌어다가 땅에 던지더라"라고 말씀합니다. 이는 수많은 천사들 중 3분의 1이 루시퍼와 함께 타락했다는 뜻입니다. 이 타락한 천사들에게 주어진 심판 내용은 다음 말씀 구절에 잘 나타나 있습니다.

"하나님이 범죄한 천사들을 용서하지 아니하시고 지옥에 던져 어두운 구덩이에 두어 심판 때까지 지키게 하셨으며"(벧후 2:4).

"또 자기 지위를 지키지 아니하고 자기 처소를 떠난 천사들을 큰 날의 심판까지 영원한 결박으로 흑암에 가두셨으며"(유 1:6).

"내가 네 가운데에서 불을 내어 너를 사르게 하고 너를 보고 있는 모든 자 앞에서 너를 땅 위에 재가 되게 하였도다"(겔 28:18).

"만민 중에 너를 아는 자가 너로 말미암아 다 놀랄 것임이여 네가 공포의 대상이 되고 네가 영원히 다시 있지 못하리로다 하셨다 하라"(겔 28:19).

뛰어난 지혜와 아름다운 용모, 특별한 사명을 부여받았던 천사는 더없이 뛰어난 존재였지만 하나님의 영광과 그분의 자리를 탐하다가 결국 그 모든 영광과 존귀를 다 잃어버렸습니다. 하나님께서는 겸손하게 하나님을 섬기고 하나님께 영광 돌리고 하나님을 위해 사는 자녀들에게 모든 영광을 주십니다. 하지만 자신의 삶과 자신의 영광과 자신의 권력을 위해 하나님을 이용하려는 자들은 반드시 심판하십니다. 악은 이렇듯 천사 세계에서부터 시작되었습니다.

　인간의 범죄는 타락한 천사의 꾐에 넘어가면서 시작되었습니다. 죄는 아담 한 사람을 통해 이 세상에 들어왔습니다. 로마서 5장 12절 "그러므로 한 사람으로 말미암아 죄가 세상에 들어오고"라는 말씀에서도 알 수 있습니다. 디모데전서 2장 14절은 "아담이 속은 것이 아니고 여자가 속아 죄에 빠졌음이라"고 말씀합니다. 실제로 사탄의 꾐에 빠진 사람은 아담이 아니라 하와였습니다. 사탄과 하와 사이에서는 이런 대화가 오갔습니다.

　"이 열매 보기 좋지?"

　"보기 좋네."

　"먹음직스럽지?"

　"먹음직스럽네."

　"그럼 한번 먹어 봐. 하나님께서 어느 열매든 먹어도 좋다고 하지 않으셨니?"

　"아니, 다른 것은 마음껏 먹게 하셨지만 이것만은 먹지 말라고 하셨어."

　"이상하네. 왜 이것 하나만 먹지 말라고 하셨을까? 이것 먹으면 네가 하나님처럼 될 것 같으니까 그걸 염려하신 모양이군. 그러지 말고 한번 먹어 봐. 하나님처럼 지혜로워질 테니!"

　"정말이야? 그럼 어디 한번 먹어 봐야지."

　죄란 하나님을 무시하고 자기 마음대로 행하는 것을 말합니다. 그래서 이사야는 이사야 53장 6절에 "우리는 다 양 같아서 그릇 행하여 각기 제 길로 갔거늘"이라고 말한 바 있습니다. 하나님께서 원하시는 길로 가지 않고 자기 마음대로 가는 것이 죄입니다. 사탄의 꾐에 넘어간 하와는 곧이어 아담에게도 선악을 알게 하는 나무의 열매를 내밀어 보입니다.

"루시퍼가 그러는데 이 과일을 먹으면 지혜롭게 되고 하나님처럼 된대."

"그래도 하나님께서 먹지 말라고 하신 건데…."

아담은 선악과를 따 먹은 하와의 모습에서 이미 타락의 냄새를 맡았을 것입니다. 그렇지만 그는 자신을 제어하지 못하고 하와의 죄악에 동참하고 말았습니다. 아담은 꾐에 빠진 것이 아닙니다. 그는 잘못된 선택인 줄 뻔히 알면서 그 나무의 실과를 먹었습니다. 아담이 선악을 알게 하는 나무의 실과를 먹는 순간 인류 속에 죄가 완전하게 들어왔습니다.

"그러므로 한 사람으로 말미암아 죄가 세상에 들어오고 죄로 말미암아 사망이 들어왔나니 이와 같이 모든 사람이 죄를 지었으므로 사망이 모든 사람에게 이르렀느니라"(롬 5:12).

이 죄악에 대한 책임은 아담에게 있습니다. 아담은 하와의 청을 거절하고 자기 반쪽이 저지른 죄악에 대해 하나님께 회개하며 아내에게도 회개를 촉구할 수 있었습니다. 그랬다면 인류의 역사는 달라졌을지 모릅니다. 그러나 아담에게는 하나님과의 약속, 그분의 명령을 끝까지 지키는 것보다 사랑하는 아내와 한길을 걷는 것이 더 중요했던 것 같습니다. 하와는 속아서 죄를 지었고, 아담은 알고도 죄를 지었습니다. 책임은 아담에게 있습니다. 이렇게 시작된 범죄는 온 우주와 인류에 엄청난 영향을 미쳤습니다. 결국 인간은 모두 양 같아서 그릇 행하여 각기 제 길로 가 버리는 처지가 되었습니다.



그렇다면 우리 개인은 어떻게 범죄의 길로 들어서게 된 것일까요? 하나님을 믿는 자들에게도 본래부터 죄성이 있습니다. 그러나 죄성이 있다고 해서 반드시 죄를 범해야 하는 것은 아닙니다. 우리 안에는 죄성과 동시에 거룩한 하나님의 성품이 있기 때문입니다. 그래서 우리에게는 죄를 범하지 않을 수 있는 능력이 있습니다. 우리 안에 내주(內住)해 계신 성령님을 의지해 '범죄하지 않겠노라'고 매 순간 결단하고 그분을 의지한다면 우리는 범죄하지 않을 수 있습니다. 그러나 때로는 우리 안에 있는 죄성에 굴복해 죄를 저지르곤 합니다.

마태복음 15장 19절에서 예수님은 "마음에서 나오는 것은 악한 생각과 살인과 간음과 음란과 도둑질과 거짓 증언과 비방이니"라고 말씀하셨습니다. 죄성을 가진 마음에서부터 악한 생각이 나온다는 말씀입니다. 예수님께서는 또한 마태복음 15장 11절에서 "입으로 들어가는 것이 사람을 더럽게 하는 것이 아니라 입에서 나오는 그것이 사람을 더럽게 하는 것이니라"라고 말씀하셨습니다. 씻지 않은 더러운 손이 우리를 오염시키는 것이 아니라 우리의 생각 자체가 악하기 때문에 우리가 악한 행동을 한다는 뜻입니다. 야고보 역시 야고보서 1장 14절에서 "오직 각 사람이 시험을 받는 것은 자기 욕심에 끌려 미혹됨이니"라고 말함으로써 죄의 원인이 우리 속에 자리 잡은 악한 욕망에 있음을 지적했습니다.

세상과 주변 환경, 사탄이나 우리 안의 죄성이 언제나 우리를 유혹하고 있습니다. 그러나 그리스도인인 우리는 거기에 항복할 필요가 없습니다. 그러한 유혹에 항복하는 사람은 자기 자신의 욕망과 욕정을 이기지 못하기 때문입니다. 유혹에 굴복하는 것에서 죄가 시작됩니다. 우리는 가끔 하나님이 왜 이런 유혹을 아예 차단시키지 않으시고, 계속해서 우리 삶에 수많은 유혹거리를 주시는지 모르겠다고 불평합니다. 사실 우리를 유혹하시는 분은 하나님이 아닙니다.

"사람이 시험을 받을 때에 내가 하나님께 시험을 받는다 하지 말지니 하나님은 악에게 시험을 받지도 아니하시고 친히 아무도 시험하지 아니하시느니라"(약 1:13).

여기서 시험이란 유혹을 말하며, 우리가 유혹에 말려드는 것은 자기 자신의 욕망과 욕정을 이기지 못하기 때문입니다. 바울도 로마서 8장 7절에서 "육신의 생각은 하나님과 원수가 되나니"라고 말한 바 있습니다. 결국, 인간은 자기 안에 있는 죄성에 굴복할 때 범죄의 길로 들어서게 되는 것입니다.

사탄은 교만 때문에, 인간은 아담 때문에, 그리고 우리 개인은 우리 자신의 욕정과 욕망 때문에 범죄하게 되었습니다. 저는 이 죄론을 공부하고 가르칠 때마다 사도 바울이 로마서 7장 24절에서 고백한 것처럼 "오호라 나는 곤고한 사람이로다 이 사망의 몸에서 누가 나를 건져내랴"라고 탄식하게 됩니다. 결국은 하늘을 향해 고개를 들 수밖에 없습니다. 그러고는 하나님께 "하나님, 저는 죄인입니다. 저에게 긍휼을 베풀어 주옵소서. 저의 죄를 용서해 주옵소서. 저에게 힘을 주옵소서. 성령께서 역사하여 주옵소서. 말씀으로 역사하여 주옵소서. 저로 그리스도를 닮게 하옵소서!"라고 전심으로 간구하게 됩니다.

여전히 우리는 우리 안에 있는 죄성 때문에 고민하고 때로는 넘어지기도 하지만, 그래도 다시 일어설 수 있는 힘, 오직 예수 그리스도 한 분이 우리와 함께 계신다는 진리를 기억하십시오! 로마서 8장 1절에서 바울이 말한 "그러므로 이제 그리스도 예수 안에 있는 자에게는 결코 정죄함이 없나니"라는 고백처럼 그리스도 안에 있으면 우주적인 모든 문제가 다 해결됩니다. 성령님 안에 있을 때 이 모든 죄 문제가 해결됩니다. 말씀 안에 문제의 답이 있습니다. 하나님께서는 이 엄청난 죄의 문제를 해결할 수 있도록 우리에게 예수 그리스도를 보내 주셨습니다. 이 기쁜 소식이 바로 복음입니다. 이 소식을 들은 사람이 곧 복음을 들은 사람입니다. 예수님을 알고 믿을 때 영원한 죄의 문제가 해결됩니다.

# 인간의 타락

"뱀은 여호와 하나님이 지으신 들짐승 중에 가장 간교하니라 뱀이 여자에게 물어 이르되 하나님이 참으로 너희에게 동산 모든 나무의 열매를 먹지 말라 하시더냐 여자가 뱀에게 말하되 동산 나무의 열매를 우리가 먹을 수 있으나 동산 중앙에 있는 나무의 열매는 하나님의 말씀에 너희는 먹지도 말고 만지지도 말라 너희가 죽을까 하노라 하셨느니라 뱀이 여자에게 이르되 너희가 결코 죽지 아니하리라 너희가 그것을 먹는 날에는 너희 눈이 밝아져 하나님과 같이 되어 선악을 알 줄 하나님이 아심이니라 여자가 그 나무를 본즉 먹음직도 하고 보암직도 하고 지혜롭게 할 만큼 탐스럽기도 한 나무인지라 여자가 그 열매를 따먹고 자기와 함께 있는 남편에게도 주매 그도 먹은지라 이에 그들의 눈이 밝아져 자기들이 벗은 줄을 알고 무화과나무 잎을 엮어 치마로 삼았더라"

창 3:1-7

이번 장에서는 창세기 3장에 나타난 인간의 타락이 신학적으로 어떻게 해석되고 있는지 살펴보려 합니다. 창세기 3장에 대한 해석은 신학 학파에 따라 다양한 차이를 보입니다. 여기서는 인간의 타락에 대한 여러 견해 중 세 가지 견해를 제시했습니다. 우리 대부분은 처음 두 견해는 잘못된 것이고, 세 번째 견해가 옳은 것이라고 믿고 있습니다.

## 자유주의 견해

'자유주의'라는 것은 일종의 철학 사상이면서 동시에 신학 사상의 한 조류이기도 합니다. 자유주의자들이 믿는 신념은 크게 두 가지로 나뉩니다. 그중 하나가 성선설, 즉 '인간은 선하다'입니다. 또 하나는 '선하신 하나님께서는 인간을 절대로 지옥으로 보내지 않으신다'라는 견해입니다. 그래서 그들은 누구든지 다 구원받는다고 주장합니다. 이것을 가리켜 '보편 구원론' 혹은 '만인 구원론'이라고 합니다. 한때는 이 사상이 서구 세계에 널리 퍼졌습니다.

자유주의자들은 창세기의 기록에 대해 역사적 신빙성이 없는 신화에 지나지 않는다고 혹평합니다. 그저 오랜 세월에 걸쳐 전해 내려오는 신화일 뿐 창세기의 역사성에 대해서는 믿을 수 없다고 말합니다. 그러면서 창세기 3장에 대해 '인간의 자의식이 깨어나는 과정을 신화적으로 잘못 기록한 것'이라고 평가합니다. 이는 올바른 견해라고 할 수 없습니다.

'자유주의 신학'이라는 것은 철학의 합리주의와 밀접하게 닿아 있습니다. 인간의 이성으로 모든 진리를 판단할 수 있다고 믿는 것이 합리주의요, 이성주의입니다. 그런 철학 사상에 물든 채로 성경을 대하기 때문에 자유주의자들은 성경을 통해 자기 심령이 꿰뚫어지는 것이 아니라 자신의 안목으로 성경을 판단합니다. 그들에게는 인간의 이성으로 판단할 때 옳다고 생각되는 것이 옳은 것이고, 인간의 이성으로 판단할 때 그른 것은 그른 것일 뿐입니다. 그들에게 성경은 하나님의 영감으로 쓰인 진리의 말씀이 아니라 한낱 종교적 문서에 지나지 않습니다. 그들은 자기들의 신념에 따라 성경에 기록된 기적의 요소를 모두 제거해 버리고 예수님에 대한 신학을 재정비했습니다. 그러고 나니 무엇이 남았겠습니까? 예수께서 물 위를 걸으신 사건, 물고기 두 마리와 보리떡 다섯 개로 오천 명을 먹이시고 남은 사건, 죽은 나사로를 살리신 사건 등 복음서를 뒤덮고 있는 모든 예수님의 기적 사역이 이 새로운 신학에서는 다 제외될 수밖에 없었습니다. 그런데 자유주의 신학이 활기를 띠면서부터 반대로 유럽의 교회들이 죽어 가기 시작했습니다. 그런 신학을 배우고 그런 신학에 의거해 목회를 하니 설교는 기껏해야 종교적 강연이나 윤리적 강론에 머물렀고, 기독교는 자연스럽게 윤리화될 수밖에 없었습니다. 자유주의 신학은 한마디로 구원은 사라지고 윤리만 남은 빈껍데기 신학이었습니다.

19세기 중반부터 20세기로 진입하면서까지 유럽은 자유주의 신학으로 몸살을 앓았습니다. 뜨거움과 열정이 사라지고 냉랭하게 식어 가는 유럽 교회들을 보며 실존주의 철학에 의거해 과거의 기독교를 재현해 보려고 시도한 사람이 바로 우리가 신(新)정통주의자라고 부르는 스위스의 학자 '칼 바르트'였습니다. 그를 필두로 새로운 신학 사상이 기지개를 펴기 시작했습니다.

## 신정통주의 견해

칼 바르트가 주창한 '신정통주의'는 말 그대로 새로운 정통주의입니다. 대개 정통주의라고 하면 전통적인 기독교, 특히 종교 개혁 이후에 확립된 종교 개혁 사상을 중심으로 한 기독교 신앙을 뜻합니다. 성경이 말씀하는 바를 2천 년 동안 그대로 믿고 지키는 사람들이 바로 정통주의자들입니다. 바르트는 경험주의적으로 과거의 기독교를 다시 살리려 했습니다. 그러나 성경에 대한 그의 관점은 자유주의와 전혀 다르지 않았습니다. 신정통주의는 자유주의 신학에 이어 1960년대 말까지 신학계를 휩쓸었습니다.

바르트를 비롯한 신정통주의 신학자들은 창세기를 "역사적 가치가 없는 영적인 상징에 불과하다!"라고 평가했습니다. 또한 아담이나 하와, 뱀이나 선악과 등의 소재는 인간의 실존적 모습을 상징적으로 표현하기 위해 도입한 시적·상징적 표현에 불과하다고 주장합니다. 즉, 창세기 1-3장은 각 시대를 살아갈 인간들이 그들 자신의 모습을 적나라하게 파악하는 것을 돕기 위해 상징적으로 기록해 놓은 이야기일 뿐, 역사성은 없다는 견해입니다. 이것이 신정통주의 신학이 주장하는 신념의 요체입니다.

정통주의 신앙인의 입장에서 보면 비뚤어져도 한참 비뚤어진 견해지만 믿음의 토대가 확고하지 않은 사람들, 특히 지성인들에게는 이것이 상당히 호소력 있는 신학으로 다가갈 수 있습니다. 그렇지 않아도 성경에 기록된 숱한 신화 같은 내용 때문에 기독교를 받아들이기가 거북했는데 그런 것을 믿지 않고도 신앙생활을 할 수 있다니 한편으로 얼마나 반가웠겠습니까? 그래서 한때는 수많은 지성인들이 신정통주의로 대거 흘러 들어가기도 했습니다. 그러나 이제는 신정통주의 신학도 한풀 꺾인 상태입니다.

## 복음주의 견해

복음주의 정통 신학은 창세기 3장을 "역사적 사실이고 또 실제로 존재했던 역사적 인물에 대한 기사(記事)!"로 바라봅니다. 창세기에 기록된 역사는 여느 역사와 다르지 않은 실제 역사이며 아담과 하와는 우리처럼 두 발로 걸어 다닌 역사 속의 사람들입니다. 예수께서 이 땅에 오셔서 인류를 구속하기 위해 십자가에서 죽으신 것이 역사적 사실이듯이, 하와라는 최초의 여성이 사탄의 꾐에 빠져 선악과를 따 먹음으로써 남편 아담과 함께 에덴 동산에서 쫓겨난 것도 역사적 사실입니다. 타락도 역사적인 사실이요, 예수 그리스도의 구원 사역도 역사적인 사실입니다. 첫 번째 아담도 역사적인 인물이요, 두 번째 아담인 예수 그리스도 역시 역사적인 인물입니다. 이와 같이 복음주의 신학은 성경의 역사성을 믿습니다.

복음주의 신학은 창세기 3장을 첫 사람 아담과 하와를 향한 하나님의 영적 시험 이야기로 이해합니다. 그 시험의 내용은 '인간이 하나님의 뜻을 이행할 것인가? 이행하지 않을 것인가?' 하는 것입니다. 성경은 신구약을 합해 전체 1,500쪽으로 구성되어 있지만 그 요지는 아주 명료하고 단순합니다. 성경은 한마디로 장장 1,500여 쪽에 걸쳐 우리에게 '하나님의 뜻대로 살겠는가? 아니면 자기 뜻에 옳은 대로 살겠는가?' 하는 한 가지 질문을 던지고 있습니다.

아주 쉬운 예로 가인과 아벨의 이야기를 생각해 봅시다. 가인은 하나님의 뜻에 따르지 않겠다는 사람의 대표자이고 아벨은 하나님의 뜻대로 살겠다는 사람의 대표자입니다. 똑같이 예배를 드리는데도 하나님께서 가르쳐 주신 방법대로 예배를 드리겠다는 사람이 있고 자기 마음에 옳은 대로 예배를 드리겠다는 사람이 있습니다. 자기 방식대로 예배를 드리겠다는 사람은 종교인에 지나지 않습니다. 하나님 방식대로 예배를 드리겠다고 하는 사람이야말로 예수님을 똑바로, 제대로 믿는 사람입니다. 예수님께서는 좁은 길과 넓은 길, 이 두 가지 길에 대해 말씀하셨습니다. 우리 인생은 언제나 하나님 앞에서 이것 아니면 저것을 선택하며 살도록 되어 있습니다.

하나님의 이런 시험이 첫 번째로 이루어진 곳이 에덴 동산입니다. 그리고 첫 수험생인 아담과 하와의 상태는 아직까지 한 번도 시험을 치러 보지 않은 거룩한 상태였습니다. 시험 문제를 직접 내준 것은 뱀의 형상을 입고 나타난 사탄이었습니다. 사탄은 인간의 욕망을 자극하는 방법으로 하와를 유혹했습니다. 사탄의 속삭임에 귀를 기울이다 보니 하와가 보기에도 나무 열매가 먹음직도 하고 보암직도 하고 지혜롭게 할 만큼 탐스럽기도 했습니다. 대부분의 유혹은 이런 성향을 띱니다. 실체는 아주 악한 것인데도 겉으로 보기에는 아주 매력적이고 그럴듯합니다.

마약은 어떻습니까? 정신이나 육체 건강을 크게 해치는 물질입니다. 그런데도 마약에 취한 상태가 좋아 보여 따라 하게 되는 경우가 많습니다. 많은 어린아이들이나 청소년들이 삼삼오오 모여 본드를 흡입하는 것도 주위 친구들이 하는 것을 보니 좋아 보여 따라 하는 경우가 많습니다. 음식 중에서도 기름에 튀긴 요리는 몸에 썩 좋지 않지만, 냄새는 아주 매력적이고 먹음직합니다. 그래서 자꾸 사람을 유혹합니다. 생각해 보면, 인간을 해치고 무너뜨릴 만한 것들은 이상하게도 그 나름의 치명적인 매력이 있어서 자꾸만 우리의 욕정을 불러일으킵니다. 그 욕정에 순간적으로 굴복할 때 우리가 범죄하게 되는 것입니다.

인간에게는 하나님께서 금하신 것을 하고 싶어 하는 욕망이 있으며, 하나님께서 허락하지 않으신 것에 대해 알고 싶어 하고, 갖고 싶어 하는 욕망이 있습니다. 하나님의 뜻이 아닌 자기 뜻대로 하려는 욕망이 늘 있습니다. 에덴 동산의 사탄 역시 하와의 이런 욕망을 자극했습니다.

## 유혹의
## 세 가지 통로

유혹은 특별히 세 가지 경로를 통해 다가옵니다. 하나는 육신의 정욕이라는 통로이고 또 하나는 안목의 정욕이라는 통로입니다. 마지막 하나는 이생의 자랑, 즉 인생의 교만이라는 통로입니다(요일 2:16 참조). 일본 동경의 어느 사찰에 가 보면 원숭이 세 마리가 특이한 모양새를 하고 있는 것을 볼 수 있습니다. 한 마리는 눈을 가리고 있고, 한 마리는 귀를 가리고 있으며, 나머지 한 마리는 입을 가리고 있습니다. 이 원숭이들이 상징하는 것이 무엇이겠습니까?

사탄은 하와를 유혹하면서 하나님께로부터 받은 것보다는 받지 않은 것에 초점을 맞춰 꼬드겼습니다. 하나님께서는 동산의 모든 열매를 아담과 하와에게 허락하셨습니다. 금지하신 것은 오직 하나, 선악을 알게 하는 나무의 실과뿐이었습니다. 우리 역시 이런 사탄의 계략에 속아 넘어가기 쉽습니다. 하나님께서 분명히 건강의 복도 주시고 지혜의 복도 주시고 자녀의 복도 주셨는데 어쩌다 문제 하나가 생기게 되면 우리는 그 모자란 것 하나에만 온통 마음을 빼앗겨 불평불만의 자리에 서기 쉽습니다.

우리가 자주 부르는 찬송가 가사입니다. 받은 복을 세어 보면 감사할 것이 너무나 많은데, 못 받은 것을 생각하면 속상할 수밖에 없습니다. 하나님께서는 그분의 명령을 귀히 여기고 그 명령에 순종하는 사람에게 더 큰 복을 주시겠다는 특별한 계획을 갖고 계십니다. 그런데도 사람들은 그 순간을 참지 못하고 불평, 불만, 짜증을 부리곤 합니다. 범죄의 가능성이 바로 이런 데 도사리고 있습니다.

## 시험의 목적

하나님께서 우리에게 시험을 주시는 이유는 무엇일까요? 우리에게 복을 주시기 위함입니다. 학교에서 치르는 시험도 마찬가지입니다. 학생의 실력을 평가해 약한 부분을 보강하게 하고 잘하는 학생을 더욱 격려하기 위해서 치르는 겁니다. 낙제생을 만들려는 것은 결코 시험의 목적이 아닙니다. 저도 예전에는 이 부분에 대한 이해가 부족해 힘겨울 때가 많았습니다.

사람들은 대개 유혹이 올 때 그 유혹에 빠지지 않기 위해서 안간 힘을 씁니다. 그런데 그 노력하는 방법 자체에 문제가 있습니다. 예를 들어 과일 가게 앞에 마냥 버티고 서 있으면서 '아, 저 사과를 절대 훔치면 안 돼! 주님, 부디 저에게 저 사과를 훔치지 않을 수 있는 힘을 주시옵소서. 훔칠 생각조차 않게 하옵소서!'라고 기도해서는 안 됩니다. 훔치지 않으려면 어떻게 해야 합니까? 과일 가게 근처를 가지 않으면 됩니다. 얼씬거리지 않으면 됩니다. 운동장에 가서 농구를 하든, 책상 앞에 앉아 공부를 하든, 침대에서 잠을 자든 하면 됩니다. 어떻게 해서든 유혹이 되는 대상으로부터 피해 있고 멀리 떨어져 있어야 합니다. 과일 가게 앞에 서서 침을 꿀꺽 삼키며 '아, 절대로 훔치지 말아야지!' 하고 다짐하는 것은 너무나 어리석은 일입니다.

저도 젊었을 때는 죄를 짓지 않으려고 항상 노력하고 부단히 애를 썼습니다. 그런데 이 노력이 참으로 틀린 방법이었습니다. 사도 바울이 말했듯 예전에 남의 물건을 훔치던 사람들은 도둑질을 그치는 데서 멈추는 것이 아니라 한 걸음 더 나아가 두 손으로 열심히 일해 남을 도와야 합니다. 이렇게 적극적인 자세를 취해야만 죄 문제가 해결됩니다. 죄를 범하지 않으려고 매일 선악과 앞에 가서 '이 실과를 먹으면 하나님처럼 된다고 했지만 그건 거짓말일 거야. 무슨 일이 있어도 이 실과를 먹지 말아야 할 텐데!'라고 속으로만 다짐하며 버티고 서 있는 것은 승산 없는 게임을 하는 것과 같습니다.

미운 사람이 있으면 '성령 충만하게 하셔서 저 사람을 미워하지 않게 하옵소서!'라고 기도할 것이 아니라 그를 사랑해 버려야 합니다. 때로는 성도들이 제게 와서 "목사님, 아무리 미워하지 않으려고 해도 그게 참 안 되네요!"라고 호소합니다. 미움의 문제는 미움의 반대, 즉 사랑할 때 해결됩니다. 우리를 향하신 하나님의 뜻은 이웃을 내 몸과 같이 사랑하는 것이지 '이웃을 미워하지 않는 것'이 아닙니다. 유혹의 문제는 하나님의 명령을 적극적으로 실천하고자 할 때 해결됩니다.

시험의 목적에 대해 야고보서 1장 12절은 이렇게 말씀합니다.



여기서 시험을 참는다는 것은 시험을 이긴다는 의미입니다. 이 말씀에 따르면 시험을 이기는 자는 결국 주님을 사랑하는 자입니다. 이런 자에게 주님께서는 생명의 면류관을 주겠다고 말씀하십니다. 처음에는 아주 작고 사소한 시험이 옵니다. 이것을 통과하면 연달아 축복이 찾아오고, 이후에는 조금 더 큰 시험이 옵니다. 이 큰 시험에 합격하면 더 큰 축복이 주어집니다. 시험에 열 번 합격하면 열 번 축복을 받고, 백 번 합격하면 백 번 축복이 찾아옵니다. 이것이 바로 우리 믿는 자들에게 주어지는 시험의 목적입니다. 이 목적을 알면 인생을 살아가는 일이 신나고 행복해집니다.

주일 예배 시간 성도들 앞에 나가 대표 기도를 할 때 사람들이 빠뜨리지 않고 하는 기도 내용이 있습니다. "하나님 아버지, 지난 한 주간 동안도 죄 가운데 살다가 이렇게 아버지 하나님 앞에 나왔습니다."라는 내용입니다. 목사님들이 자꾸 이렇게 기도하다 보니 성도들도 습관이 돼서 대표 기도를 할 때면 으레 이 구절이 빠지지 않습니다. 그런데 가만 듣다 보면 온 성도들이 허구한 날 죄만 짓다가 오는 것처럼 들립니다. 물론 한 주간 살면서 죄를 지을 때도 있습니다. 그러나 예수 믿는 사람들이 어떻게 늘 죄만 짓다가 오겠습니까? 하나님이 주신 시험에 합격하고 승리하는 것이 예수 믿는 사람들의 특징이지 않습니까? 그것을 통해 복을 주시는 게 하나님의 목적인데 그것과는 정반대인 결과를 당연한 듯 내놓으니 저는 그런 기도를 들을 때마다 참 마음이 아팠습니다. '어이쿠! 40년 전부터 하던 기도를 지금까지 하고 있구나!' 하는 생각이 들어 더욱 안타까웠습니다.

이제는 우리 기도가 바뀌어야 합니다. 어려움이 닥치고 시험이 찾아올 때면 "주여, 또 한 번 성령으로 이기게 하시고 승리하게 하시니 감사합니다!"라는 고백이 나올 수 있도록 진정한 그리스도인의 삶을 살아야 합니다. 시험을 이기고 복을 받는 것이 신나는 일이지, 실패하고 돌아와 하나님께 용서받는 일이 신나는 일은 아니지 않습니까? 혼자서는 시험을 이길 수 없습니다. 우리 안에 계신 성령님을 의지해 "주님, 이렇게 또 찾아왔습니다. 한 번 더 이기게 하여 주옵소서!"라고 기도할 때 우리는 그분의 도우심으로 유혹을 물리치고 한 번 더 승리할 수 있습니다. 이렇듯 시험의 목적을 이해하면 신앙생활에 큰 도움이 됩니다.

신명기 13장 3절은 하나님께서 시험을 주시는 목적을 또 다른 방향에서 바라봅니다.

"너는 그 선지자나 꿈 꾸는 자의 말을 청종하지 말라 이는 너희의 하나님 여호와께서 너희가 마음을 다하고 뜻을 다하여 너희의 하나님 여호와를 사랑하는 여부를 알려 하사 너희를 시험하심이니라"(신 13:3).

여기에 기록된 거짓 선지자와 같은 자들이 우리 주위에 없다면 우리는 하나님을 향한 우리의 마음을 보여 드릴 방법이 없을 것입니다. 그것은 선악과의 경우도 마찬가지입니다. 만약 에덴 동산 중앙에 선악을 알게 하는 나무가 없었다면 하나님께 순종하지 못할 사람이 세상에 어디 있겠습니까? 시험도 없고 시련도 없는 세상에서 살아간다면 하나님을 향한 우리의 사랑을 보여 드릴 방법이 없습니다. 그러므로 선악과는 우리를 넘어뜨리려는 유혹거리라기보다는 하나님을 향한 우리의 사랑을 증명해 보일 수 있는 절호의 기회인 셈입니다.

하나님을 무시하고 자기가 원하는 대로 행할 때, 그 순간 타락이 시작됩니다. 인간이 자기 마음대로 행하는 것은 결국 죽음과 멸망의 길로 걸어 들어가는 것과 마찬가지입니다.

# 타락의 결과

"여호와 하나님이 뱀에게 이르시되 네가 이렇게 하였으니 네가 모든 가축과 들의 모든 짐승보다 더욱 저주를 받아 배로 다니고 살아 있는 동안 흙을 먹을지니라 내가 너로 여자와 원수가 되게 하고 네 후손도 여자의 후손과 원수가 되게 하리니 여자의 후손은 네 머리를 상하게 할 것이요 너는 그의 발꿈치를 상하게 할 것이니라 하시고 또 여자에게 이르시되 내가 네게 임신하는 고통을 크게 더하리니 네가 수고하고 자식을 낳을 것이며 너는 남편을 원하고 남편은 너를 다스릴 것이니라 하시고 아담에게 이르시되 네가 네 아내의 말을 듣고 내가 네게 먹지 말라 한 나무의 열매를 먹었은즉 땅은 너로 말미암아 저주를 받고 너는 네 평생에 수고하여야 그 소산을 먹으리라 땅이 네게 가시덤불과 엉겅퀴를 낼 것이라 네가 먹을 것은 밭의 채소인즉 네가 흙으로 돌아갈 때까지 얼굴에 땀을 흘려야 먹을 것을 먹으리니 네가 그것에서 취함을 입었음이라 너는 흙이니 흙으로 돌아갈 것이니라 하시니라" 창 3:14-19

죄를 지으면 반드시 그에 대한 결과가 따라옵니다. 앞 장에서 살펴본 죄를 뜻하는 단어 중 '라아(ra'a)'가 있었습니다. '라아'는 온전한 것을 부수고, 망가뜨려 못 쓰게 만들며, 산산조각 내 버리는 파괴적 성격을 갖고 있습니다. 이와 같이 죄를 지으면 인간은 산산조각 나게 됩니다. 완전히 깨어지고 부서집니다. 죄는 우리를 파괴합니다. 이것이 바로 타락의 결과입니다. 이 장에서는 인간의 타락에 대한 결과를 여러 각도에서 살펴보려 합니다.

## 아담과 인류에게
## 나타난 결과

아담과 인류에게 나타난 결과는 영적, 지적, 심리·정서적, 사회적, 환경적, 육체적 결과가 있습니다. 각각을 살펴보면 다음과 같습니다.

**첫째, 영적 결과입니다.** 죄는 하나님과 인간 사이를 갈라놓았습니다. 이를 '영적으로 죽었다'라고 합니다. 꽃이 줄기에서 분리되면 시들어 죽습니다. 성경에서 말씀하는 '죽음'이라는 단어의 밑바탕에는 '분리', '갈라놓음'의 의미가 짙게 깔려 있습니다. 즉, 인간이 하나님께로부터 분리되는 것이 바로 영적인 죽음입니다. 영과 육이 분리되는 것은 육적인 죽음입니다. 이렇듯 죽음에는 세 가지가 있습니다. 첫째는 영적인 죽음, 둘째는 육적인 죽음, 셋째는 영원한 죽음입니다.

이 세 가지 죽음 가운데 첫 번째가 '영적인 죽음'입니다. 이것은 인간과 하나님의 철저한 분리입니다. 창세기 3장 9절은 하나님께서 아담에게 "아담아, 네가 어디 있느냐?"라고 물으시는 장면입니다. 아담은 "내가 벗었으므로 두려워하여 숨었나이다"라고 대답합니다. 이것은 마치 아이들이 "애야, 어디 있니?"라는 엄마의 물음에 자기 눈을 가리고 "저 꼭꼭 숨어 있어요. 찾아보세요!"라고 대답하는 것과 같습니다. 하나님 앞에서는 우리가 아무리 꼭꼭 숨어도 소용이 없습니다. 숨을 수 없습니다. 사람은 죄를 범하면 아담처럼 무지하고 어리석어집니다. 하나님을 멀리하려 하고, 그분을 피하고만 싶어집니다. 성경도 읽기 싫고, 기도는 더욱 싫어집니다. 이것이 영적 파탄 상태입니다. 반대로 영적으로 강건해질수록 하나님과 더욱 친밀해지고 싶어하고, 그분을 가까이하려 합니다. 하나님께 나아가고 싶고, 하나님을 만나고 싶고, 하나님과 대화하고 싶어집니다.

죄를 지은 아담은 하나님께로부터 숨어 버렸습니다. 바로 어제까지는 하나님과 친밀하게 사귀며 즐겁게 지냈습니다. 그러나 죄를 짓고 나니 그분께 다가갈 수가 없게 되었습니다. 고린도전서 15장 22절은 "아담 안에서 모든 사람이 죽은 것같이"라고 말씀합니다. 육신은 살아 있으나 영적으로는 죽었다는 뜻입니다. 에베소서 2장 1절 "그는 허물과 죄로 죽었던 너희를 살리셨도다"라는 말씀에서도 볼 수 있듯이 영적으로 하나님과 아무런 관계가 없던 사람이 예수 그리스도를 믿음으로써 하나님과 친밀한 관계에 놓이는 자가 될 때, 이를 보고 '살았다', '영적으로 부활했다', '거듭났다'라고 말하는 것입니다.

이사야 59장 2절에서도 우리의 죄악이 우리와 하나님 사이를 갈라놓았다고 말씀합니다. 하나님과 인간 사이를 갈라놓는 데 아주 큰 죄가 필요하지 않습니다. 종이 한 장이면 됩니다. 몇 천 장 되는 두꺼운 책이 아니어도 종이 한 장이면 두 손 사이를 갈라놓듯, 죄 자체로 하나님과 인간 사이가 단절됩니다. 죄는 양이나 질보다도 '죄를 범했다는 사실' 그 자체가 가장 중요합니다. 하나님을 거역하고 하나님의 뜻을 떠나 내 마음대로 행했다는 사실 자체가 중요한 것입니다.

저도 죄의 본질을 이해하지 못했을 때는 하나님이 너무 심하다는 생각을 했습니다. 고작 먹지 말라고 하신 과일 한 입 먹었다고 그렇게 돌이킬 수 없는 죄인으로 낙인이 찍힌다는 게 잘 이해되지 않았습니다. 그러나 모든 죄는 하나님을 버리고 자기를 택하는 데서 비롯되는 것이기 때문에 어쩔 수 없이 하나님과 분리됩니다. 즉, 죄는 가지가 나무에서 스스로 떨어져 나가는 것과 같습니다. 그래서 죄를 지으면 스스로 하나님을 싫어하고 피하고 멀리합니다. 심지어 적개심마저 가집니다. 어떤 경우는 하나님 대신 그분의 피조물을 신으로 섬기는 우상 숭배까지 합니다. 오래전 들은 이야기입니다만, 주님을 믿지 않는 어떤 분이 가정에 불화가 생기자 마음에 위안을 얻고자 점쟁이를 찾아갔다고 합니다. 그런데 그 점쟁이가 하는 말이 "당신, 꼭 이혼해야 합니다!"라고 하더랍니다. 비싼 돈 주고 그런 소리 듣고 오다니 정말 기막힌 노릇입니다. 이것이 인간의 영적 어리석음입니다.

또한 타락으로 말미암아 인간은 사탄의 격렬한 적의(敵意)를 경험하게 되었습니다. 인간이 사탄의 공격 대상이 되었다는 말입니다. 베드로전서 5장 8절에서는 우리의 대적인 사탄 마귀가 우는 사자 같이 두루 다니며 삼킬 자를 찾고 있다고 말씀합니다. 사탄은 아주 작은 기회로도 어떻게든 우리를 잡아먹고 무너뜨리려고 합니다. 만약 사탄이 시커멓고 시뻘건 옷을 입고 손에 창을 든 채 무시무시한 모습으로 다가온다면 모두가 도망갈 것입니다. 그러나 사탄은 그렇게 끔찍하고 흉측한 모습으로 나타나지 않습니다. 오히려 빛의 천사로 가장해 매력적인 모습으로 다가옵니다.

"우리의 씨름은 혈과 육을 상대하는 것이 아니요 통치자들과 권세들과 이 어둠의 세상 주관자들과 하늘에 있는 악의 영들을 상대함이라" (엡 6:12).

우리의 대적은 눈에 보이지 않습니다. 육을 가진 인간은 사탄과 싸울 때 자칫하면 눈에 보이는 육에 집중하기 쉽습니다. 예를 들어 누가 나를 괴롭히면 그 사람이 미워집니다. 그래서 그 사람을 공격하고 미워하고 욕하고 싸웁니다. 혈과 육으로 싸우는 것입니다. 그러나 하나님의 백성인 나를 시험하는 것은 그 사람이 아닙니다. 그 사람을 통해 나를 낙심하게 하고 욕하게 하고 죄를 짓게 만드는, 그 너머의 악의 세력을 볼 수 있어야 합니다. 교회에서도 마찬가지입니다. 사탄 마귀가 제일 좋아하는 것이 성도들 사이를 이간질해서 서로 싸우게 만드는 것입니다. 사탄은 싸움을 붙여 놓고 가만히 구경합니다.

교회가 소란스러워지는 것은 이 싸움이 악한 영과의 싸움이라는 것을 모르고, 눈에 보이는 육에만 온 신경을 쏟기 때문입니다. 진정한 그리스도인은 교회에서든 가정에서든 직장에서든 어려움이 생겼을 때 '아하! 이것이 우리 교회(가정, 직장)를 이간질시키고 무너뜨리려는 사탄 마귀의 계략이구나!'라는 것을 깨닫고 영적으로 깨어 대처할 수 있어야 합니다.

둘째, 지적(知的) 결과입니다. 인간은 타락 이후 세상이나 자기 자신, 타인과 하나님에 대해 그분의 시각으로 바라볼 수 있는 능력을 상실했습니다. 즉, 영적인 눈이 어두워져 분별력을 잃은 것입니다. 요한복음 3장 3절에서 예수님은 "사람이 거듭나지 아니하면 하나님 나라를 볼 수 없느니라"고 말씀합니다. 아무리 자세히 설명해도 영적으로 거듭나지 않으면 영적인 진리를 이해하지 못합니다. 그저 이상한 소리, 말도 안 되는 소리로 들릴 뿐입니다.

"육에 속한 사람은 하나님의 성령의 일들을 받지 아니하나니 이는 그것들이 그에게는 어리석게 보임이요, 또 그는 그것들을 알 수도 없나니 그러한 일은 영적으로 분별되기 때문이라"(고전 2:14).

그래서 전도할 때도 상대가 복음을 잘 이해하지 못하거나 엉뚱한 질문을 하면 '아니, 대학도 나온 사람이라면서 이런 것도 못 알아듣는 거야?' 하고 답답해할 것이 아니라 상당한 인내심을 갖고 기다릴 수 있어야 합니다. 창세기 3장 7절에는 "이에 그들의 눈이 밝아져 자기들이 벗은 줄을 알고 무화과나무 잎을 엮어 치마로 삼았더라"라는 기록이 있습니다. 하나님께서 만드신 인간의 몸은 벗은 그 자체로 완전했습니다. 이상하게 여길 것이 하나도 없는 완벽한 상태였습니다. 그런데 죄를 짓는 순간, 하나님께서 아름답게 지으시고 완전하다고 여기셨던 창조의 모습에 대해 인간은 더 이상 아름다움을 느낄 수 없게 되었습니다. 하나님께서 지으신 몸에 대해 경외감과 신비가 아니라 오히려 부끄러움과 수치심을 느껴 치마를 만들어 입었습니다. 소, 돼지나 양, 참새나 독수리는 어떻습니까? 그들은 옷을 두 벌 입는 일이 없습니다. 하나님께서 창조해 주신 한 벌 옷으로 일생을 살아갑니다. 그래도 아무 탈 없습니다. 그러나 인간만은 예외가 되었습니다. 하나님의 관점에서 볼 수 있는 영적인 눈을 잃어버리고 말았기 때문입니다.

이제는 이런 사고방식을 고쳐야 합니다. 하나님의 뜻대로 생각할 수 있도록 훈련하고, 변화시키고 개혁해야 합니다. 그래서 하나님의 선하시고 기뻐하시고 온전하신 뜻이 무엇인지 분별할 수 있어야 합니다. 나의 생각, 세상의 기준, 부모나 목회자의 사고방식이 아니라 하나님의 사고방식으로 바꿔 나가는 것입니다. 우리의 마음이 새롭게 되고 변화될 때, 사고방식이 달라질 때 성화되어 갈 수 있습니다. 성화는 다른 무엇보다도 사고방식의 변화, 즉 하나님의 시각으로 생각하고 바라보는 방식을 훈련하는 데서부터 출발합니다.

아담은 죄를 짓고 난 후, 하나님의 음성을 듣고 두려워서 숨어 버립니다. 숨으면 하나님께서 못 찾으실 거라 생각했을까요? 이런 어리석은 행동은 아담의 생각이 어두워지고 짧아졌다는 증거입니다. 죄 때문에 인간의 사고에 얼마나 큰 문제가 생겼는지 알 수 있습니다. 죄를 뜻하는 단어 중 하나인 '아본'은 '휘었다'라는 의미를 지닙니다. 인간의 생각이 휘어 버렸기 때문에 어리석고 미련한 행동을 합니다. 그래서 유학을 가 박사 학위까지 받은 신학 교수라는 사람이 자유주의나 신정통주의적인 생각을 하게 되는 것입니다. 하나님께서 창조하신 만물에 대해, 하나님에 대해, 나 자신에 대해, 우리 그리스도인과 지체들에 대해 바른 생각을 갖지 못하는 것도 인간의 사고 자체가 죄로 인해 비뚤어지고 휘어 버렸기 때문입니다. 이것이 인간의 모습입니다. 이렇게 잘못된 생각을 바꿔 나가기 위해서는 우리의 휘어진 마음을 성령과 말씀으로 펴는 작업을 지속적으로 해야 합니다.

"내가 주의 영을 떠나 어디로 가며 주의 앞에서 어디로 피하리이까"(시 139:7).


이 시편 기자의 고백처럼 하나님께로부터 피할 수 있다고 생각하는 것 자체가 잘못입니다. 우리는 은밀한 지하에 들어가서 불을 끄고 몰래 악한 일을 행하면 하나님께서 모르실 거라고 착각하곤 합니다. 하나님께서 다 보고 계신다는 것을 잊어버립니다. 이처럼 우리의 사고가 하나님 뜻대로, 하나님께서 보시는 관점대로 진행되지 않습니다. 그래서 인간은 누구나 생각의 변화, 즉 사고방식의 전환이 필요합니다. 그 필요에 대해 언급한 구절이 로마서 12장 2절입니다.

"너희는 이 세대를 본받지 말고 오직 마음을 새롭게 함으로 변화를 받아 하나님의 선하시고 기뻐하시고 온전하신 뜻이 무엇인지 분별하도록 하라"(롬 12:2).

하나님의 뜻을 분별하려면 마음이 새롭게 되어야 합니다. 변화되어야 합니다. 이 작업은 대단히 중요합니다. 이 과정이 철저하고 섬세하게 이루어져야 합니다. 성경 전체가 내 사고 속에 구석구석 꼼꼼하게 입력되어 어떤 사람을 만나고 어떤 상황을 맞닥뜨린다 해도 성경적 반응이 즉각적으로 나올 수 있어야 합니다. 성경에는 무수히 많은 상황과 그에 따른 하나님의 반응, 사람들의 반응, 사탄 마귀의 개입 여부 등이 기록되어 있습니다. 이런 말씀들을 철저하게 이해하고 정확하게 파악할 때 우리 사고방식이 조금씩 변화될 것입니다. 물론 이보다 우선 되어야 할 일은 거듭나는 것, 즉 영적인 생명을 새롭게 얻는 것입니다. 우선은 영적으로 살아 있어야 사고의 변화도 이루어집니다. 예수 그리스도를 자신의 구원자와 주인으로 믿고 고백해 영원한 생명을 얻을 때, 그때부터 지적 변화가 나타나기 시작합니다.

**셋째**, 심리·정서적 결과입니다. 인간은 죄가 있을 때 정서적 불균형과 갈등을 겪게 됩니다. 창세기 3장 10절에 나타난 아담의 심리 상태는 '두려움'이었습니다. 심리적, 정서적으로 균형 잡혀 있을 때 사람은 안정된 모습을 가집니다. 그런데 심리나 정서가 한쪽으로 기울어지면 불균형 상태가 됩니다. 그러면 겁이 나거나 화가 납니다. 속이 끓고 초조해지고 긴장하게 됩니다. 이것이 인간의 문제입니다. 왜 이렇게 되었을까요? 인간 속에 있는 죄성이 발동할 때마다 우리 안에 있는 심리가 갈등을 일으키기 때문입니다. 인간의 타락이 불안, 공포, 초조, 긴장, 짜증, 우울 같은 감정들을 촉발시켰습니다. 여러 가지 정신 질환도 많아지게 되었습니다. 하나님께서는 인간 타락에 대해 어떤 형벌을 주셨나요? 하나님께서는 아담에게 이렇게 말씀하셨습니다.



그래서 모든 인간은 직장 생활을 비롯한 수많은 노동을 통해 여러 사람들과 부딪치며 살아가게 되었습니다. 모든 인간이 영적으로 건강하고 지적으로 충족되며 심리적으로 안정되어 있고 완전하다면 함께 모여 사는 게 얼마나 재미있고 행복하겠습니까? 그러나 어떤 사람은 영적으로 죽어 있고 어떤 이는 심리적으로 다 깨어져 있습니다. 또 어떤 사람은 지적, 이성적으로 완전히 무너져 있으며 어떤 이는 정서적으로 결핍되어 있습니다. 이런 불완전한 사람들이 함께 부대끼며 일까지 해야 하니 얼마나 힘들고 고단한 형벌입니까? 그래서 인간에게는 구원이 필요합니다. 예수님이 필요하고 하나님이 필요합니다. 말씀을 통한 영적 치유와 회복의 삶이 필요합니다.

그렇다면 예수님을 믿는다는 것은 무엇일까요? 예수님을 믿음으로써 인간은 정서적, 심리적 불안정 상태에서 벗어나 안정과 조화의 삶을 영위할 수 있게 되었습니다. 예수님께서는 두려워하고 겁내고 불안해하는 사람들에게 찾아오셔서 이렇게 말씀하십니다.

"평안을 너희에게 끼치노니 곧 나의 평안을 너희에게 주노라 내가 너희에게 주는 것은 세상이 주는 것과 같지 아니하니라 너희는 마음에 근심하지도 말고 두려워하지도 말라"(요 14:27).

예수님께서는 우리에게 참 평안을 주시는 분입니다. 그래서 예수님을 의지하면 의지할수록 우리의 깨어졌던 정서 상태가 점점 균형을 찾게 됩니다. 삶의 무게 중심이 바로 세워지기 때문입니다. 마음에 생기는 불안을 죄다 영적인 문제로 치부하는 사람들이 있습니다. 사실 엄밀히 따지면, 마음은 마음이고 영은 영입니다. 예수님을 간절히 찾고 사랑하는 사람인데도 몸(마음)에 불균형이 생길 수 있습니다. 신앙이 잘못되어서가 아닙니다. 예수 믿는 사람도 의기소침해질 수 있습니다. 정서적으로 침체될 수도 있습니다. 그러나 하나님께로부터 영적인 힘을 계속 공급받는다면 우리의 몸과 마음, 영혼까지도 균형을 찾게 됩니다. 하루에 세 끼를 먹어야 하는데 한 끼밖에 안 먹으면 몸의 균형이 깨지는 것과 마찬가지로, 정신적 세계에도 균형을 맞추고, 영적인 세계에도 균형을 맞출 때 우리 몸과 마음과 영혼이 평안해집니다.

**넷째, 사회적 결과입니다.** 인간의 타락으로 인해 사람들 사이에 사랑이 사라졌습니다. 사랑이 있어야 할 자리에 오해와 적대감이 자리 잡았습니다. 사회성을 잃게 된 것입니다. 열렬히 사랑해서 결혼한 부부도 결혼 석 달 만에 깨지기도 합니다. 죄성 하나만으로도 힘든데 두 죄성을 한 지붕 밑에 넣어 놓으니 몇 배로 힘들 수밖에 없습니다.

그런 측면에서 본다면 수도원에 들어가 사는 것이 가장 쉬운 인생입니다. 아무도 안 건드리고 아무도 안 보니 갈등을 일으킬 요소가 없기 때문입니다. 그러나 진정 축복받은 삶은 사람들 속에서 사랑하고 갈등하며, 이를 건강하게 해결함으로써 몸과 마음에 균형 잡힌 삶을 사는 것입니다. 그러니 스스로 사회적 관계망을 떠나 고립되거나 은둔자처럼 깊은 산속으로 들어가서 사는 사람을 '성자(聖者)'라고 부르는 것은 바람직하지 않습니다.

아담은 창세기 2장 23절에 하나님께서 창조해 주신 여인을 보고 "이는 내 뼈 중의 뼈요 살 중의 살이라"며 찬사를 아끼지 않았습니다. 그랬던 그가 죄를 범한 후에는 어떤 말을 했을까요?

"아담이 이르되 하나님이 주셔서 나와 함께 있게 하신 여자 그가 그 나무 열매를 내게 주므로 내가 먹었나이다"(창 3:12).

아담은 하와에게 책임을 전가합니다. 죄가 인간관계를 파괴시킨 것입니다. 반대로 생각하면 그리스도인들이 영적으로 성숙해질수록 서로 "이는 내 뼈 중의 뼈요 살 중의 살이라"는 고백이 이루어질 것입니다.

하나님께서는 인간을 왕처럼 창조하셨습니다. 즉, 영적인 건강, 지적인 원숙함, 심리적인 안정, 사회적인 풍성함, 환경적이고 육체적인 온전함을 소유한 존재로 창조하셨습니다. 그랬던 인간이 죄로 인해 이 모든 것을 잃어버리고 말았습니다. 왕좌를 잃게 된 것입니다. 이제 인간은 오직 예수 그리스도를 통해서만 이 깨진 부분들을 원상태로 회복시킬 수 있습니다. 죄의 파괴적이고 연쇄적인 사슬로부터 한 부분씩 해방되어 나가야 합니다. 하나님께서 본래 의도하신 영적·지적·사회적·심리적 원숙함을 회복하는 것이 '예수 믿는 삶'입니다. 예수님을 믿어 천국 가는 것만이 그리스도인의 목표가 아닙니다. 천국에 갈 때까지 우리 삶의 많은 부분을 변화시키는 것, 즉 삶의 전 영역에서 회복을 일으키고 해방 운동을 벌이며, 영적 치유와 회복과 성장을 주도하는 것, 이것이 진정한 신앙생활이요, 기독교가 추구하는 본질입니다.

마태복음 24장에서도 볼 수 있듯 말세가 가까워지고 영적으로 타락할수록 인간관계는 점점 더 깨어집니다. 미움과 질투, 적의와 분열, 갈등과 시기, 수군거림, 전쟁, 비방, 인종 차별, 노사 간의 대립, 이혼 등은 사회 전반에 걸친 파탄 상태를 적나라하게 보여 주는 일입니다. 그래서 예수님께서 사랑 운동을 일으키셨습니다.

"네 이웃을 네 자신 같이 사랑하라 하셨으니"(마 22:39).

"너희를 저주하는 자를 위하여 축복하며 너희를 모욕하는 자를 위하여 기도하라"(눅 6:28).

"악에게 지지 말고 선으로 악을 이기라"(롬 12:21).

이 말씀에도 잘 나타나 있듯이 예수님께서는 우리 믿는 자들이 선으로 악을 이기며 사랑으로 가득한 삶을 살길 바라십니다. 사랑을 친히 행하는 사람이 결국 다른 사람의 사랑을 받게 되어 있습니다.

반면, 사랑을 행하지 않는 사람은 사랑을 받지 못합니다. 어린아이들을 보십시오. 어른들에게 달라붙는 아이들이 더 귀여움을 받습니다. 사랑을 먼저 베푸는 아이들이 사랑을 받습니다. 이것이 인간이 지닌 사회성의 불변 공식입니다. 결국은 사랑이 풍성한 사람이 사회에서 인정받고 사랑받습니다. 이렇게 내 안에 사랑을 키워 가는 것이 다름 아닌 예수 믿는 삶입니다.

다섯째, 환경적 결과입니다. 인간의 타락은 자연환경까지 파괴시켰습니다. 이 세상 모든 만물은 유용성 면에서 점점 퇴화되어 가고 있습니다. 이것을 물리학 용어로는 '열역학 제2법칙'이라고 합니다. 만물은 가만히 두면 파괴되는 성질이 있습니다. 인간의 머리카락이나 피부도 가만히 두면 흐트러지고 주름살이 생깁니다. 계속 새로운 에너지를 공급해 주어야 합니다. 닦아 주고 쓸어 주어야 생명력이 유지됩니다. 시골에 버려두어 낡아빠진 집들을 보십시오. 멀쩡하던 집도 사람의 손길이 닿지 않으면 1년 만에 폐가가 되어 버립니다. 우리의 영혼, 마음, 지식, 사회 환경도 마찬가지입니다. 환경 회복 운동 역시 믿는 자들이 해야 할 일입니다.

인간의 타락이 환경 파괴로 이어진 직접적인 원인은 창세기 3장 17절에 기록되어 있습니다. 아담의 범죄 때문에 땅이 저주를 받은 것입니다. 그때부터 땅에 가시덤불과 엉겅퀴가 나기 시작했습니다. 또 돌연변이 현상과 함께 생태계가 무너지기 시작했습니다. 그러나 하나님께서는 이 파괴된 자연환경까지도 예수 그리스도를 통해서 회복하기를 원하십니다. 예수 믿는 우리 그리스도인들을 통해서 말입니다.

**여섯째, 육체적 결과입니다.** 본래 인간은 영원히 살도록 창조되었지만 죄로 말미암아 유한한 존재가 되고 말았습니다. 죄가 육체를 파괴시키고 질병과 노화와 죽음을 가져온 것입니다. 조금 더 구체적으로 이야기하면, 거주지와 노동의 변화가 인간 수명을 단축시켰습니다. 인간은 처음에 씨 맺는 모든 채소와 씨를 가진 모든 열매를 먹으며 살았습니다. 그러다가 점차 짐승까지도 잡아먹게 된 것입니다. 또한 모든 것이 부족함 없이 충만한 에덴 동산에서 쫓겨나 하루하루가 불안한 외부 세계에 살면서부터 인간의 삶이 힘겨워졌습니다. 노동의 변화도 인간의 수명을 단축시키는 데 큰 역할을 했습니다. 창조 당시 인간은 에덴 동산을 가꾸며 하루를 보냈습니다. 그 일은 즐거운 일이자 행복한 누림이었습니다. 그러나 인간의 타락 이후부터는 가시덤불, 엉겅퀴와 싸워야 했고 그 때문에 인간은 죽도록 일을 하지 않으면 안 될 상황에 놓이게 되었습니다. 땀을 흘려 수고하고 일을 해야 먹고살 수 있게 되었습니다. 그렇게 해서 수명 변화가 생긴 것입니다. 영원히 살아야 할 사람이 천 년밖에 못 살게 되었고 그 후로도 수명은 점점 줄어 지금에 와서는 평균 80년 정도까지 살게 되었습니다.

그런데 예수님께서는 부활을 통해 이러한 육체적 죽음의 문제까지도 해결하셨습니다. 때로는 질병 문제도 기적적으로 해결해 주십니다. 사람은 예수 그리스도를 제대로, 진실로 믿을 때 마음과 영혼에 평화가 찾아오고 인간관계가 풍성해지며, 자연적으로 육체적으로 건강해집니다. 물론 창조 때처럼 완벽하지는 않더라도 말입니다.

인간의 타락은 이 세상 전체에 크고 다양한 영향을 미쳤습니다. 그런데 하와를 비롯한 여성들에게 미친 영향은 아주 특수합니다. 창세기 3장 16절은 인간의 타락이 여성들에게 가져온 네 가지 결과를 말씀하고 있습니다.

"또 여자에게 이르시되 내가 네게 임신하는 고통을 크게 더하리니 네가 수고하고 자식을 낳을 것이며 너는 남편을 원하고 남편은 너를 다스릴 것이니라 하시고"(창 3:16).

**첫째, 해산의 고통입니다.** 하나님께서는 여자에게 생명을 잉태하는 고통을 크게 더하신다고 말씀하셨습니다. 어떤 자매님이 쓴 글을 보니 아기 한 번 낳는 고통이 남자가 전쟁에 열 번 갔다 오는 것보다 더 심하다고 합니다. 남자들은 여자가 겪는 해산의 고통을 절대로 알 수 없습니다. 여자는 아기를 낳으면서 죽음의 관문을 통과합니다. 과거에는 실제로 출산하다가 목숨을 잃은 어머니들이 아주 많았습니다. 어머니들은 자녀를 낳을 때마다 이렇게 극심한 고통을 겪습니다.

만약 인류가 타락하지 않았다면 여자가 아무 고통 없이 아기를 낳았을지도 모릅니다. 모든 가족들이 지켜보는 가운데 웃으면서 행복한 모습으로 아기를 낳았을 수도 있습니다. 해산의 극렬한 고통 속에서 들려오는 여자의 비명은 "주여! 우리를 구원하소서!"라고 부르짖는 인류의 애절한 목소리 같기도 합니다. 마치 우리가 뱀을 보면서 사탄을 떠올리는 것처럼 말입니다. 한 여자가 아기를 낳으며 죽음의 고통을 지나는 모습을 볼 때마다 우리는 장차 주님께서 이 모든 고통에서 해방시키시며, 아무 슬픔과 수고도 없는 하나님 나라로 인도하실 것이라는 믿음을 재확인하고, 천국에 대한 소망을 품게 됩니다.

둘째, 임신 횟수의 증가입니다. 잉태의 고통을 크게 더하시겠다는 말에는 자녀 출산의 횟수도 증가시키겠다는 의미가 포함되어 있는 것 같습니다. 학자들에 따라서는 '인간 타락 이전에는 여성이 임신할 수 있는 횟수가 지금보다 적었을 것이다!'라고 추측하는 사람도 있습니다. 자녀를 많이 출산하는 것도 어떤 측면에서는 여성에게 커다란 고통이자 형벌이기 때문입니다. 물론 자녀들을 성인이 될 때까지 다 키워 놓고 난 후에는 자녀가 많은 것이 다복하고 좋습니다. 하지만 다 키우기까지 여성이 겪는 육체적, 정신적 고통이란 이루 말할 수 없을 정도로 크고 많습니다. 과거에는 집안에 일손이 많이 필요했고 또 임신을 지금처럼 자유롭게 조절할 수 없었습니다. 그래서 1년마다 자녀를 낳는 가정도 많았습니다. 저희 어머니도 열둘을 낳으셨지만, 그중 셋을 유아 때 잃으셨습니다. 그렇게 많은 아이들을 키우느라 여자들이 얼마나 힘들었겠습니까? 이것이 바로 하와를 비롯한 여자에게 주어진 타락의 결과입니다.

셋째, 남편에 대한 의존도가 증가합니다. "너는 남편을 원하고"라는 말씀에는 두 가지 의미가 있습니다. 첫째는 정신적으로 남편을 의지한다는 의미입니다. 제가 관찰해 본 바에 따르면, 여자의 행복은 남편의 영향을 많이 받습니다. 남편이 잘하면 아내는 행복합니다. 이것은 틀림없는 사실입니다. 간혹 지나치게 물질적인 것에 욕심을 내는 아내들은 남편이 돈을 잘 벌어 오면 행복하고, 그렇지 않으면 불행하다고 느낍니다. 그러나 이는 예외적인 경우라고 할 수 있습니다. 대부분의 여자는 남편이 자신을 사랑하고 아껴 줄 때 아주 큰 행복을 느낍니다. 아무리 저택 같은 집에 살고 재산이 많다 해도 남편이 자신에게 관심을 가지지 않고, 사랑해 주지 않는다면 여자는 마음에 큰 공허함과 결핍을 안고 살아가게 됩니다.

반면, 남자의 행복은 조금 다릅니다. 결혼 전까지는 남자의 행복이 여자에게 달려 있을 수 있습니다. 하지만 어느 정도 시간이 지나고 나면 남편은 아내를 사랑하면서도 바깥세상에 대한 관심과 애정이 더 커지는 경우가 대부분입니다. 예를 들어 사업을 확장하거나 직장에서 승진하는 것, 스포츠에 몰두한다든가, 인생의 목표를 하나씩 성취한다든가 하는 등의 일에 마음을 둡니다. 물론 아내를 진심으로 사랑하지만 그 사랑 때문에 밤잠을 못 이룰 정도로 애태우지는 않습니다. 그런데 아내는 남편을 사모하고 남편이 직장에서 돌아오기를 간절히 기다리면서, 정신적으로나 정서적으로 남편을 많이 의지합니다.

그러나 타락하기 전에는 남녀의 양상이 지금과는 사뭇 달랐을 것입니다. 아내는 죄성이 없는 자로서, 남편을 좋아하고 남편에 대해 만족스러워했겠지만 타락 후처럼 남편을 사모하여 안달복달하지는 않았을지 모릅니다. 타락 이후, 여자 역시 이 땅의 삶에서 참된 만족을 찾지 못해 남편에게서라도 만족을 구하려는 것이 아닐까요?

남편을 원한다는 말씀의 두 번째 의미는 아내가 남편을 성적(性的)
인 면에서 의존한다는 뜻입니다. 여자가 느끼는 성적인 만족은 95%
정도 남자에게 달려 있습니다. 남자가 잘 도와주면 여자가 성적으로
만족감을 느낄 수 있지만, 남자가 애정과 관심을 두지 않으면 여자의
성적인 만족은 거의 없다고 보면 됩니다. 남편들은 이 사실을 깊이
깨달아 아내에게 만족을 주려고 노력해야 합니다. 남편이 노력할 때
만이 아내가 비로소 만족을 얻을 수 있습니다. 반면, 이런 측면에서
도 남자의 만족은 반드시 여자에게 달려 있지 않습니다. 남자는 남
자 스스로 성적인 만족을 얻을 수 있도록 만들어졌기 때문에 여자
가 남자를 의지하는 만큼 여자를 의지하지는 않습니다.

**넷째, 남편의 다스림을 받게 됩니다.** 남자는 그리스도의 다스림을
받고 여자는 남자의 다스림을 받습니다. 아내는 남편이 가장으로서
안정되고 든든한 리더십을 보일 때, 그 아래 거하며 큰 만족을 얻습
니다. 아내가 남편의 리더십에서 빠져나갈 경우 그 가정은 파탄 날
수 있습니다. 아내가 아무리 리더십이 있더라도 남편이 가장으로서
의 역할을 제대로 감당하지 못하면 아내는 행복할 수 없습니다.

## 뱀과 사탄에게 나타난 결과

인간의 타락은 사탄의 세계에도 영향을 미쳤습니다. 그 영향이 네
가지로 나타납니다. 다음 말씀을 보십시오.

첫째, 뱀은 모든 피조물 중에서 가장 저주를 많이 받았습니다. 뱀 장수나 뱀 연구가를 제외하고, 뱀을 좋아하는 사람은 별로 없을 것입니다. 대부분의 사람들은 공통적으로 뱀을 보면 생명의 위협을 느낍니다. 그래서 얼른 도망치거나 필사적으로 죽입니다. 저도 군대에 있을 때 뱀을 죽인 적이 있습니다. 아침에 일어나 막사 창문을 열었는데 눈앞에 뱀 한 마리가 앉아 있지 않겠습니까? 만약 개구리였다면 그렇게 놀라서 죽이지는 않았을 것입니다. 그런데 뱀을 보는 순간, 심장이 멎을 듯 놀란 저는 막대기를 들고 가서 단번에 뱀의 대가리를 쳐 죽여 버렸습니다. 이렇듯 사람은 본능적으로 뱀을 싫어합니다. 가만히 두지 않습니다. 이것이 바로 뱀이 하나님께로부터 다른 모든 짐승들보다 심한 저주를 받은 결과입니다.

둘째, 뱀과 인간 사이에 적대 관계가 생깁니다. 뱀과 인간 사이의 적대 관계는 두 가지 측면에서 생각할 수 있습니다. 첫째는 뱀이 인간을 해친다는 것입니다. 둘째는 뱀이 인간에게 해를 받는다는 것입니다. 인간은 뱀을 보면 죽이고 싶어 합니다. 그냥 가만두지 않습니다. 사람을 해치는 짐승이라는 선입견 때문에 뱀을 보고 그냥 두지 않는 것입니다.

셋째, 뱀은 인간의 타락을 기억나게 합니다. 사람들은 뱀의 실물이나 그림을 볼 때 사탄(Satan)을 연상합니다. 뱀을 보면서 인류를 타락의 길로 들어서게 하고, 지금도 여전히 사람들을 영적으로 미혹하는 악한 영을 떠올립니다. 여성이 해산의 고통 속에서 인류가 저지른 죄의 결과를 상기하고, 그리스도의 구속 사역을 다시 한번 떠올리듯이, 뱀을 보면서 인간은 도전받고 교훈을 얻습니다.

넷째, 최후의 파멸이 사탄을 기다리고 있습니다. 창세기 3장 15절을 일컬어 '원시(原始) 복음'이라고 합니다. 복음이 원시적인 형태로 처음 나타난 곳이기 때문입니다. 여자의 후손은 예수 그리스도를 가리킵니다. 이 여자 후손이 뱀(사탄)의 머리를 상하게 할 것이라고 합니다. 뱀은 머리를 치면 죽게 되어 있습니다. 사탄을 완전히 파멸시킨다는 것입니다. 하지만 뱀은 여자의 후손의 발꿈치를 상하게 할 것이라고 합니다. 발꿈치 상처는 다시 회복될 수 있습니다. 사탄이 여자 후손의 발꿈치를 상하게 한다는 것은, 예수께서 십자가에서 못 박혀 죽기까지 갖은 고초를 당하시지만 결국에는 죽은 자 가운데서 다시 살아나실 것을 의미합니다.

그러나 사탄은 여자의 후손인 예수 그리스도로 인해 완전한 파멸을 맞이합니다. 이것이 사탄의 최후입니다. 사탄은 예수님과의 싸움에서 이미 패배한 존재입니다. 예수님께서는 부활의 승리를 통해 사탄과 죽음의 세계를 무너뜨리셨습니다. 이미 패배한 사탄은 예수님께서 오실 날이 가까워올수록 자기의 시간이 얼마 남지 않은 것을 알고 더욱 강하고 격렬하게 발악할 것입니다. 그러나 장차 역사의 마지막에 하나님께서는 천사를 보내어 사탄을 결박하실 것이고 그를 영원한 지옥 불에 던지실 것입니다. 이로써 사탄의 운명은 끝납니다. 이것이 바로 인간의 타락이 뱀과 사탄에게 가져다준 결과입니다.

인간의 타락은 이처럼 다방면에 엄청난 영향을 끼쳤습니다. 인간의 삶이 수고롭고 힘겨운 것도 인간의 타락에서부터 원인을 찾아야 합니다. 죄악으로 인해 인간의 영적, 지적, 심리적, 사회적, 환경적, 육체적 부분 등 여러 영역에 문제가 생겼습니다. 사탄도 자신의 마지막 순간이 다가오는 것을 느끼며 최후의 발악을 하고 있기 때문에 인생이 마치 전쟁을 치르는 것처럼 힘겨운 것입니다. 영적 전쟁에서 승리하면 육체의 어려움이 찾아오고, 육체의 싸움을 끝내고 한숨 돌리고 있으면 심리적인 난제에 부딪히고, 또 심리적인 상태가 괜찮으면 대인 관계에서 갈등이 터지는 등 인간 타락의 결과는 우리 삶을 계속해서 침범합니다.

이 싸움을 승리로 이끌기 위해서는 육적·영적 군대의 장군이자 사령관이신 예수 그리스도를 만나야 합니다. 이 전쟁은 너무나 크고 긴 전쟁이기 때문에 우리의 힘으로는 도저히 이길 수가 없습니다. 우리의 대장이 되시는 예수 그리스도를 만나 그분을 힘입어 싸울 때, 그리고 다른 많은 영적 군사들과 함께 훈련하고 서로 격려하면서 점점 성숙해져 갈 때에야 비로소 승리할 수 있습니다. 그리스도로 말미암아 변화를 받고, 점진적인 훈련을 힘입어 강건하고 든든한 영적 군사가 될 때 영적으로 승리하게 되는 것입니다. 뿐만 아니라 하나님

의 뜻을 발견할 때도 승리하고, 내적인 평화와 기쁨과 감사를 누리
는 데도 승리하게 됩니다. 풍성한 인간관계를 맺는 일에서도 승리하
며, 건강한 육체를 유지하는 데도 승리할 수 있습니다. 우리 삶의 전
영역에 걸친 문제를 해결해 주실 분은 오직 예수 그리스도뿐입니다.

# 총체적 타락

"우리가 알거니와 무릇 율법이 말하는 바는 율법 아래에 있는 자들에게 말하는 것이니 이는 모든 입을 막고 온 세상으로 하나님의 심판 아래에 있게 하려 함이라 그러므로 율법의 행위로 그의 앞에 의롭다 하심을 얻을 육체가 없나니 율법으로는 죄를 깨달음이니라 이제는 율법 외에 하나님의 한 의가 나타났으니 율법과 선지자들에게 증거를 받은 것이라 곧 예수 그리스도를 믿음으로 말미암아 모든 믿는 자에게 미치는 하나님의 의니 차별이 없느니라 모든 사람이 죄를 범하였으매 하나님의 영광에 이르지 못하더니" 롬 3:19-23

　　　　　　　　　　'총체적 타락'이라는 말은 '전적(全的) 타락'과 동일한 말입니다. 저의 신앙이 미숙할 때는 이 교리를 들을 때마다 거부감이 들었습니다. '내가 얼마나 착한 사람인데! 내가 얼마나 성실한 사람인데 나 같은 사람을 전적으로 타락했다고 하는 거야?'라고 생각하며 '총체적 타락'에 대해 반감을 가졌습니다.

총체적 타락은 영어로 'total depravity'라고 합니다. 'the depraved'는 아주 몹쓸 인간을 뜻합니다. 그러니 목사님들이 '전적 타락'에 대해 설교할 때마다 아주 불쾌하고 받아들이기 싫었던 것입니다. 오랜 시간이 지난 후, 제가 신학을 공부하면서 총체적 타락의 의미를 제대로 깨닫고 나니 그때부터는 제가 전적으로 타락한 사람이라는 사실을 인정할 수 있었습니다.

이번 장에서는 '총체적 타락'에 대한 오해를 살펴봄과 동시에 올바른 의미를 찾아 '총체적 타락'에 대해 제대로 이해할 수 있게 도울 것입니다.

첫째, 불신자는 옳은 일을 하려는 경향이 없다고 보는 것입니다. '총체적 타락'은 '예수님을 믿지 않는 사람들은 옳은 일을 하려는 마음이 전혀 없으며 그들은 완전히 악한 존재'라는 의미가 아닙니다. 로마서 2장 14-15절에서 바울은 사람은 누구나 양심을 가진 존재임을 말하고 있습니다. 예수님을 믿지 않는 사람들 중에는 예수님을 믿는 사람보다 훨씬 더 양심적이고 선한 일을 많이 하는 사람도 얼마든지 있습니다. 다소 사람 바울도 자기 나름대로 옳은 일을 하려고 애를 썼던 정직한 사람이었습니다. 유대교와 모세를 신봉했던 그에게 예수 믿는 자를 잡아 죽이는 것은 선한 일이었습니다. 그래서 그는 그 일에 최선을 다했던 것입니다. 우리 주변에도 예수님을 믿지 않지만, 착하고 선량하게 살아가는 사람이 분명히 있습니다.

둘째, 불신자는 선한 일을 전혀 하지 않는다고 보는 것입니다. 불신자들도 선한 일을 할 수 있습니다. 뿐만 아니라 실제로 선하게 살고 있는 경우가 아주 많습니다. 그러나 여기서 한 가지 짚고 넘어가야 할 문제가 있습니다. 바로 '과연 선(善)이란 무엇인가?' 하는 것입니다.

미국에는 '마피아'라는 국제 범죄 조직이 있습니다. 이 조직은 주로 불법 마약 거래나 폭력을 통해 상인이나 사업가들에게 사기를 쳐서 먹고사는 아주 유서 깊은 깡패 조직입니다. 역설적인 것은 이들이 그렇게 사람을 해치고 악한 일을 해 가며 불법으로 돈을 벌어 합법 회사를 차린 후, 그 수익금으로 자선 사업을 한다는 사실입니다. 보이지 않는 곳에서는 마약 밀거래나 사창굴을 통해 불법적이고 부패한 돈을 벌면서 보이는 곳에서는 자선 사업이라는 허울 좋은 일을 하며 소위 '선'을 행하고 있는 것입니다.

여기서의 '선'이란 상대적인 의미에서의 선일 수밖에 없습니다. 마치 로빈 후드가 부잣집에서 돈을 훔쳐다가 가난한 사람들에게 나누어 주는 것이 가난한 사람들에게는 선한 행위로 다가오지만, 부자들에게는 더없이 악한 일로 생각되는 것처럼 말입니다. 사람들이 흔히 말하는 '선'은 이렇게 상대적인 가치를 갖는 경우가 대부분입니다. 즉, 상대적인 '선'은 예수님을 믿지 않는 사람들도 얼마든지 행하고 있는 것입니다. 반면 절대적인 '선'은 하나님 앞에서 인정받을 수 있는 선을 말합니다.

셋째, 불신자는 모든 종류의 악을 다 행한다고 보는 것입니다. 그러나 예수님을 믿지 않는 사람이라고 해서 닥치는 대로 악을 행하고, 모든 악을 다 저지르지는 않습니다.

넷째, 불신자는 시간이 흐를수록 더욱 악해져서 결국 최악의 상태까지 이른다고 생각하는 것입니다.

"악한 사람들과 속이는 자들은 더욱 악하여져서 속이기도 하고 속기도 하나니"(딤후 3:13).

이 말씀은 예수님을 믿지 않는 자들은 시간이 지날수록 그 악한 정도가 심해져서 나중에는 극악한 상태에까지 이른다는 뜻이 아닙니다. 믿지 않는 사람도 평생 동안 선하게 살다가 주변 사람들에게 인정과 존경을 받으며 세상을 떠나는 경우도 얼마든지 많이 있습니다.

다섯째, 사람은 모두 똑같은 과정을 거쳐 비슷한 정도의 악에 도달한다고 보는 것입니다. 사람마다 악한 정도가 모두 같다는 말은 옳지 않습니다. 어떤 사람은 더 악하고 어떤 사람은 덜 악하며, 어떤 사람은 더 선하고 어떤 사람은 덜 선하기도 합니다. 여기서의 선이나 악은 모두 상대적인 개념입니다.

여섯째, 사람은 모두 전적으로 악하다고 여기는 것입니다. 그렇다면 '총제적 타락'이란 모든 사람이 무조건 다 악하다는 말일까요? 그런 의미가 아닙니다. 세상에는 '착하고 좋은' 사람들도 아주 많습니다. 이때 좋다는 말 역시 상대적인 선을 내포합니다. "의인은 없나니 하나도 없으며"라는 말씀은 하나님 앞에서 내보일 만한 절대적인 선이 없다는 것이지 상대적인 선조차 없다는 뜻은 아닙니다. '예수님을 믿느냐?' 혹은 '예수님을 믿지 않느냐?'에 상관없이 인간은 누구나 하나님의 형상을 따라 창조되었기 때문에 그 속에는 양심도 있고 상대적인 선함도 있습니다. 어느 도둑이 도둑질하러 달려가다가 아이 하나가 개울가에 빠져 허우적거리는 것을 발견했습니다. 그러면 당장 가던 길을 멈추고 물가로 뛰어가 아이를 구하지 않겠습니까? 대부분의 사람은 아이를 구하고 난 다음에 도둑질하러 가는 것을 선택할 것입니다. 이렇듯 상대적인 선은 누구에게나 다 있습니다.

## 총체적 타락에 대한
## 바른 이해

**첫째,** 사람은 누구나 죄성이 있고, 죄를 지은 적이 있습니다. 로마서 3장 23절은 이렇게 말씀합니다.

"모든 사람이 죄를 범하였으매 하나님의 영광에 이르지 못하더니"(롬 3:23).

사람은 누구나 죄의 성품을 갖고 태어납니다. 즉, 사람이라면 누구든지 죄성이 있습니다. 이것이 바로 총체적 타락입니다. 정직한 사람이라면 누구든지 자기 속에 죄를 지으려는 경향이 있다는 것을 인정할 것입니다. 그리고 그 죄성 때문에 죄를 지은 적이 있다고 고백할 것입니다.

죄란 무엇일까요? 죄가 꼭 살인, 간음, 사기, 도둑질 등의 구체적인 행위만을 말하진 않습니다. 죄의 정의 중 첫 번째가 무엇이었나요? 선을 행하려고 노력했는데도 안 되는 것이 죄라고 했습니다. 죄란 곧 완전한 선을 이루지 못하는 것이요, 표적에서 빗나가는 것을 의미합니다. 즉, 하나님의 완전함에 이르지 못하는 것 자체가 바로 죄입니다.

죄의 의미를 제대로 알지 못하는 사람들은 '사람은 누구나 죄를 짓고 산다!'라는 명제에 반발할지도 모릅니다. 아마도 "내가 언제 살인을 했어?", "나는 거짓말하는 사람이 아니야!", "나는 일평생을 정직 하나로 살아온 사람이라고!"라는 말들로 자기 자신을 옹호하려 할 것입니다. 그러나 '정직'이라는 요소 하나만 보더라도 사람이 완전한 정직을 행하며 살기가 얼마나 어려운지 알 수 있습니다. 정직은 곧 진실입니다. 진실한 삶을 살려면 10을 10이라고 말해야 합니다. 9나 11이라고 말해서는 안 되는 것입니다. 그러니 누가 감히 자신이 일평생을 정직하게 살아왔다고 자신 있게 말할 수 있을까요? 모든 사람은 죄성을 갖고 있고, 죄를 지은 적이 있기 때문에 누구도 하나님 앞에 당당하게 나아갈 수 없습니다.

둘째, 죄는 인간에게 총체적으로 영향을 미쳤습니다. 성경은 죄성이 인간에게 전적으로 어떠한 영향을 미쳤는지에 대해 다음과 같이 조목조목 말씀하고 있습니다.

• 머리가 병들어 있다(사 1:5).

뇌가 상했다는 뜻입니다. 뇌 속에는 전깃줄 같은 신경이 10만 개 이상 복잡하게 연결되어 있는데 그중 한 줄만 끊어져도 몸을 제대로 움직일 수가 없다고 합니다. 뇌가 그만큼 중요합니다. 모든 신경이 뇌를 통해 중추 기관으로 연결되기 때문에 뇌에 아주 작은 손상만 입어도 온몸에 막대한 영향을 끼칩니다. 그런데 성경은 우리 인간의 영적인 뇌가 상했다고 말씀합니다. 총사령부 작전실에 문제가 생겼으니 그 아래 부대들은 혼란에 빠질 수밖에 없습니다. 뇌가 상해 버렸으니 선한 일을 하고 싶어도 안 됩니다. 화해하러 갔다가도 싸우고 돌아옵니다. 인간이 평생 동안 숱한 고통과 문제 속에서 사는 이유가 여기 있습니다.

- 눈은 음심으로 가득 차 있다(벧후 2:14).
- 입에는 저주와 악독이 가득하다(롬 3:14).
- 입술에는 독사의 독이 있고 신실함이 없다(롬 3:13, 시 5:9).
- 혀는 거짓말을 한다(롬 3:13).
- 목구멍은 열린 무덤 같다(롬 3:13).
- 목은 곧아서 뻣뻣하다(신 31:27).
- 귀는 들어도 들리지 않는다(마 13:15).
- 손에는 사악함과 뇌물이 있다(시 26:10).
- 마음은 만물 중 어느 것보다 거짓되고 부패해 있다(렘 17:9).
- 발은 피 흘리는 데 빠르다(롬 3:15).
- 머리에서 발끝까지 상하고 터져 있다(사 1:6).
- 뼈는 허약해져 있다(욥 20:11).
- 심중은 심히 약하다(시 5:9).

여기까지는 죄가 몸의 기관에 미친 영향을 표현한 것입니다. 다음은 죄가 몸이 아닌 정서적·심리적·정신적 상태에 미친 영향입니다.

- 마음이 굳어져 하나님을 싫어한다(롬 1:28, 3:18).
- 생각은 계속해서 악하다(창 6:5).
- 총명은 어두워져 있다(엡 4:18).
- 감각은 없어져 방탕에 빠진다(엡 4:19).

- 양심은 화인을 맞았다(딤전 4:2).
- 길에는 파멸과 고생이 있다(롬 3:16-17).
- 본질상 진노의 자녀이다(엡 2:3).

인간에 대해 이렇게 말씀하고 있는 성경을 보면 로마서 7장 24절에서 "오호라 나는 곤고한 사람이로다 이 사망의 몸에서 누가 나를 건져내랴"라고 말하던 사도 바울의 마음이 십분 이해됩니다. 이것이 인간의 현실이고 죄의 실상입니다. 물론 모든 사람이 이런 죄의 모습을 모두 다 갖고 있다고 할 수는 없습니다.

어떤 사람은 혀가 악하고 어떤 사람은 뇌가 상했으며, 또 어떤 사람은 심장과 양심이 부패했을 것입니다. 이렇게 인간의 실상을 보고 나면 인간이 얼마나 호락호락하지 않은 존재인지 알게 됩니다. 서로 열렬히 사랑해서 결혼했지만 나중에는 원수처럼 서로를 미워하고 마음 고생시키며 사는 건 왜일까요? 사회생활에서도 대부분 인간관계 때문에 난항을 겪습니다. 인간은 구석구석 부패하지 않은 곳이 없고, 곳곳이 악하고 무너진 존재이기 때문에 인생이 너무나 버거운 것입니다.

그래서 우리에게는 예수 그리스도가 필요합니다. 우리의 상하고 병든 몸을 치료해 주실 의사로서 예수님이 필요합니다. 만병의 치유자 되시는 예수 그리스도께서는 그분께 나아오는 모든 사람에게 하나님의 자녀가 되는 권세와 하나님의 성품을 선물로 주십니다. 십자가에서 인류의 죄를 대신 지고 돌아가신 예수 그리스도를 구세주로 영접할 때, 우리는 새 생명을 소유하게 됩니다.

셋째, 불신자가 선을 행하는 것은 대개 이기적인 동기 때문입니다. 마태복음 6장 5절에서 예수님은 외식으로 기도하는 사람들에게 이렇게 말씀하셨습니다.



이는 그들의 중심을 꿰뚫어 보셨기에 하실 수 있는 말씀입니다. 기도에만 한정 지어 얘기하자면, 오늘날에도 이런 사람들은 있습니다. 예배 시간에 대표 기도를 하는 사람들도 이런 실수를 합니다. 성도들을 대표해 꼭 필요한 기도만 하면 되는데, 그 기회를 이용해 한바탕 설교를 한다든가 교회 직분을 맡은 사람들에게 평소에 하고 싶었던 이야기를 하는 등 엉뚱한 길로 새는 일이 있습니다. 사람들에게 자기 자신을 드러내고 싶어서입니다. 사람이 이렇게 연약합니다. 성도들조차 하나님 앞에서 '기도'라는 거룩한 행위를 하면서도 이렇게 오류를 범하곤 하는데, 신전(神前) 의식이 없는 불신자들의 행동에는 얼마나 자기중심적인 동기가 많겠습니까?

넷째, 인간에게는 하나님의 가장 큰 계명인 '하나님을 향한 사랑'이 없습니다.

이는 하나님을 사랑하는 것보다 더 큰 선(善)은 있을 수 없다는 말입니다. 우리를 창조하시고 우리에게 생명을 주신 하나님을 인정하고 그분을 전심으로 사랑하는 것보다 더 크고 위대한 일이 어디 있을까요? 제일이 되는 최고의 선을 행하지 않았는데 두 번째, 세 번째 되는 선을 행하는 것이 어떤 의미가 있겠습니까? 자기 부모를 공경하지 않는 사람이 거리의 초라한 걸인에게 돈 몇 푼 적선해 줬다고 해서 착한 사람일 수는 없습니다. 이런 모습을 가리켜 인간이 전적으로 타락했다고 말하는 것입니다.

**다섯째, 죄인은 점점 더 악해집니다.**

"혹 네가 하나님의 인자하심이 너를 인도하여 회개하게 하심을 알지 못하여 그의 인자하심과 용납하심과 길이 참으심이 풍성함을 멸시하느냐 다만 네 고집과 회개하지 아니한 마음을 따라 진노의 날 곧 하나님의 의로우신 심판이 나타나는 그 날에 임할 진노를 네게 쌓는도다"(롬 2:4-5).

열심히 복음을 전해 보지만 상대방은 잘 받아들이지 않습니다. 예수님 믿고 죄 용서받아 하나님의 자녀로서 새 삶을 살자고 아무리 전도해도 기어코 싫다고 합니다. 종교의 자유니 뭐니 하며 그 나름대로의 신념을 내세웁니다. 그러나 예수 그리스도를 영접하지 않고 사는 인생은 살면 살수록 하나님의 진노를 더 높이 쌓아 가는 일이 될 뿐입니다.

여섯째, 인간의 어떤 선행도 천국에 가게 할 수 있을 만큼의 선이 되지 못합니다. 앞에서도 언급했지만 선(善)에는 상대적인 선과 절대적인 선, 두 가지가 있습니다. 인간이 아무리 선한 삶을 살겠노라 발버둥 친다 해도 인간은 천국에 갈 자격을 얻어 낼 만큼의 선한 삶을 살 수 없습니다. 인간에게는 절대 선이라는 것이 존재하지 않기 때문에 아무리 노력한다 해도 영원한 생명, 이 하나만큼은 절대로 얻을 수 없습니다. 오랜 수양을 하고 고된 노동을 해도, 속세를 떠나 머리를 깎고 깊은 산속으로 들어간다 해도 사람은 절대로 하나님이 인정하실 만큼의 완전한 선을 이룰 수는 없습니다.

그래서 종교를 크게 두 가지로 나눌 수 있는 것입니다. 하나는 자기 노력으로 구원받는 종교, 다른 하나는 하나님의 은혜로 구원받는 종교입니다. 하나님의 은혜로 구원받는 종교는 오직 기독교밖에 없습니다. 다른 모든 종교는 자기의 선한 행위를 통해 구원받아야 하므로 죄성을 지닌 인간으로서는 구원받기 어려운 시스템입니다. 그러나 감사하게도 하나님께서는 전적으로 부패한 인간에게 스스로를 구원할 능력이 없다는 것을 아시고, 아들 되신 예수 그리스도의 십자가 죽음을 통해 죄 문제를 단번에 해결해 주셨습니다. 그리하여 누구든지 그분께로 가는 자는 구원받고 영생을 얻을 수 있게 하셨습니다. 이것이 바로 예수 그리스도께서 전하신 기쁜 소식, 즉 복음입니다. 전적으로 타락한 인간이 전적인 하나님의 은혜를 입어 구원받게 된 것입니다. 이 기쁜 소식을 온 세상에 전해 더욱 많은 사람이 들을 수 있게 해야 합니다.

일곱째, 생각이나 말, 태도나 감정, 행위에서 완전한 사람은 아무도 없습니다. 아무리 원하고 노력해도 인간은 하나님의 완전한 기준에 미치지 못합니다. 인간도 때때로 착한 행동을 하고 선한 말을 합니다. 그러나 그것은 인간의 눈으로 볼 때의 선이지 하나님이 보시기에 흡족한 선은 아닐 수 있습니다. 인간의 기준에서 아무리 선하게 보일지라도 사람은 누구나 그 존재 전체가 죄성으로 물들어 있고, 구석구석 부패했기 때문에 마음이나 생각, 말이나 태도, 행동으로 죄를 지을 수밖에 없습니다.

과거에도 죄를 지었고, 현재도 죄를 짓고 있으며, 앞으로도 죄를 지을 가능성이 아주 큰 존재이기 때문에 스스로의 힘으로는 하나님의 완전한 기준에 도달할 수 없습니다. 또한 인간 스스로는 죄의 문제를 해결할 능력도 없습니다. 오직 하나님께서만 이 문제를 해결하실 수 있습니다. 하나님의 완전한 해결책이 바로 예수 그리스도입니다.

참으로 놀랍고 신나고 감격스럽지 않습니까? 인류가 지닌 가장 큰 문제는 경제도 아니고 정치도 아닙니다. 인류 최악의 난제요, 최고(最古)의 문제는 바로 죄 문제입니다. 우리는 예수 그리스도를 통해 죄 문제를 해결할 길을 발견했고, 죄에서 해방되었습니다. 우리의 죄 문제가 해결된다면, 우리가 지닌 대부분의 문제도 해결할 수 있습니다.

# 죄성의 유전

"그러므로 한 사람으로 말미암아 죄가 세상에 들어오고 죄로 말미암아 사망이 들어왔나니 이와 같이 모든 사람이 죄를 지었으므로 사망이 모든 사람에게 이르렀느니라 죄가 율법 있기 전에도 세상에 있었으나 율법이 없었을 때에는 죄를 죄로 여기지 아니하였느니라 그러나 아담으로부터 모세까지 아담의 범죄와 같은 죄를 짓지 아니한 자들까지도 사망이 왕 노릇 하였나니 아담은 오실 자의 모형이라" 롬 5:12-14

모든 사람은 죄성을 갖고 태어난다는 사실은 변치 않습니다. 이것이 우리의 현실이라면 과연 이 죄성은 어떻게 대물림되고 전달되는 것일까요? '죄성의 전달'에 대한 견해는 세 가지가 있습니다. 그중 세 번째가 성경에 근거한 올바른 견해입니다.

## 펠라기우스설
### (The Pelagian Theory)

이 '펠라기우스설'은 아담의 죄는 아담만의 문제일 뿐 후손에게는 아무 상관없다고 보는 입장입니다. 즉, 죄성은 타고나는 것이 아니며 인간이 스스로 죄를 지음으로써 죄인이 된다는 주장입니다. 이 학설은 영국의 신부 펠라기우스가 A.D. 409년에 내놓은 견해로 한때는 타당성 있는 학설로 받아들여졌지만, 1418년에 북아프리카의 카르타고에서 열린 교회 공의회에서 비성경적이라는 이유로 배척당했습니다.

동양에서도 인간의 타고난 성품을 두 가지 학설에서 바라봅니다. 우리가 잘 알고 있는 '성선설(性善說)'과 '성악설(性惡說)'입니다. '성선설'은 인간은 태어날 때부터 선하게 태어난다고 보는 견해입니다. 이 것은 펠라기우스설과도 일맥상통합니다. 즉, 인간은 태어날 때는 깨 끗한 백지와 같은 흠 없는 상태지만, 살아가는 동안 하얀 백지에 까만 점을 하나씩 더해 감으로써 결국 죄인이 된다는 것입니다.

15세기에 이탈리아의 철학자 '소시니우스(Socinius)' 형제는 펠라기우스의 주장을 적극 수용해 다시 한번 이를 유럽 세계에 널리 퍼뜨 렸습니다. 소시니우스 형제의 영향을 받아 생긴 교회가 '유니테리언 교회(Unitarian Church)'입니다. 유니테리언 교회는 인간은 선하게 태어 났으며 하나님 역시 너무도 선하신 분이어서 인간을 절대로 지옥에 보내지 않으신다고 주장합니다. 또한 하나님은 모든 인류의 아버지가 되시는 분이라는 게 그들의 입장입니다.

물론 인간을 창조하신 하나님께서 온 인류의 아버지가 되시는 것 은 명백한 사실입니다. 그러나 영적인 면에서 본다면 모든 사람이 하 나님 아버지께 속한 것은 아닙니다. 예수님께서는 바리새인들을 향 해 "너희 아버지는 마귀"라고 말씀하셨습니다.

또한 인간으로 태어난 자는 누구든지 구원을 받는다는 말도 잘 못되었습니다. 이런 구원론을 일컬어 '보편 구원론(만인 구원론)'이라고 하는데, 미국에는 이런 구원론을 신봉하는 교회가 아주 많습니다. 그 들은 예수님을 하나님의 아들로 믿지 않고 성경을 하나님의 말씀으 로 받아들이지 않습니다. 그저 여러 종교적인 책 가운데 하나라고 말 할 뿐입니다. 유니테리언 교회는 주중에 집회를 갖고, 함께 모여서는 합창도 하고 취미 활동도 함께합니다. 심지어는 자매들에게 배꼽을 내놓고 추는 춤을 가르쳐 주기도 합니다.

인간이 선하게 태어났다는 그들의 주장은 성경에 철저히 위배됩니다. 성경은 인간이 태어날 때부터 죄성을 갖고 태어난다는 것을 말씀하고 있습니다.



죄 중에서 잉태하였다는 말은 어떤 의미일까요? 이는 생명을 잉태하는 데 필수 과정인 남녀의 성적인 관계 자체가 악하다는 의미가 아닙니다. 부부의 성관계는 하나님께서 인정하신 거룩하고 아름다운 행위입니다. 다윗의 고백은 "내가 태어날 때부터 죄성을 가지고 태어났다"라는 뜻입니다.

에베소서 2장 3절에도 "본질상 진노의 자녀"라는 말이 등장합니다. 여기서 '본질상'이라는 말은 영어 'by nature'를 번역한 것으로써 '본래'라는 말로 해석하면 이해하기 쉽습니다. 깨끗하게 태어난 인간이 후천적으로 죄를 지어 진노의 자녀가 된 것이 아니라, 본래 태어날 때부터 진노의 자녀라는 뜻입니다.



이 말씀은 여느 동물이나 짐승, 개나 소, 사자도 인간만큼 부패하지는 않았다는 뜻입니다. 인간의 잔인함과 악독함은 끝이 없습니다. 세계 역사를 보십시오. 다른 어느 피조물보다 두뇌가 월등히 발달한 인간은 그 좋은 머리로 악하고 끔찍한 짓들을 무수히 자행해 왔습니다.

이렇듯 성경은 성악설을 지지합니다. 인간은 태어날 때부터 그 안에 죄성을 지니고 태어납니다. 아버지의 정자와 어머니의 난자를 현미경으로 확대하여 관찰한다고 해서 죄성의 인자(因子)가 발견되는 것은 아닙니다. 정자와 난자만 들여다보면 죄성이 나타나지 않지만, 이 둘이 결합해 한 생명이 형성되면 그때부터는 그 속에서 죄성이 발견됩니다. 죄성이 어디에 어떻게 들어가 있는지 우리가 알 도리는 없습니다. 다만 분명한 것은 태어날 때부터 인간 안에 잠재해 있던 죄성이 시간이 지날수록 조금씩 우리의 온몸을 통해 밖으로 드러난다는 사실입니다.

## 반(半) 펠라기우스설

이는 펠라기우스설과 비슷한 이론으로써 '알미니우스'라는 사람이 16-17세기에 처음 제기한 학설입니다. '인간은 누구나 하나님의 은혜에 긍정적으로 반응할 수 있는 최소한의 능력을 가지고 있다'는 것이 이 이론의 기본 바탕이라고 할 수 있습니다. 다시 말해, 인간이 부분적으로 타락하긴 했지만 하나님께서 은혜를 베푸시면 그 은혜에 동참하고 반응할 만한 능력은 여전히 갖고 있다고 봅니다. 그렇기 때문에 영적인 시선으로 바라본다면 인간은 죽었다기보다 부분적으로 병들어 있다는 것이 이들의 주장입니다. 이 학설에 따르면 구원은 전적으로 타락한 인간과 하나님의 전적인 은혜 사이에서 이루어지는 것이 아니라, 어느 정도 영적 가능성을 가진 인간과 하나님의 은혜 사이에서 이루어지는 일입니다. 이런 사상에서 나온 서양 속담이 '하늘은 스스로 돕는 자를 돕는다'입니다.

그러나 이것은 영적인 면에서 볼 때 전혀 말이 되지 않습니다. 물론 육적인 면에서는 그럴 수 있습니다. 열심히 일하는 사람을 하나님께서 축복하신다는 말은 어느 정도 타당성이 있으나, 죄의 문제를 해결하고 구원을 받는 데 인간이 어느 정도의 힘을 쓸 수 있다는 것은 전혀 성경적이지 않은 주장입니다.

반펠라기우스주의자들은 인간에게 여전히 가능성이 있다고 믿습니다. 즉, 인간 자체가 의롭지 않은 것일 뿐, 아담의 죄가 인간에게 전달된 것은 아니라고 봅니다. 그러면서도 이들은 하나님의 도움이 없이는 인간이 의롭게 될 수 없다고 보기 때문에 펠라기우스주의자들과 비슷하면서도 조금 다른 입장을 지닙니다.

"그는 허물과 죄로 죽었던 너희를 살리셨도다"(엡 2:1).

죽은 자가 스스로 살아날 수 없는 것은 당연한 이치입니다. 죽은 자가 다시 살아나는 유일한 방법은 누군가가 그를 살리는 것이고, 그 일을 할 수 있는 분은 오직 하나님 한 분뿐입니다. 마치 무덤에 누워 있던 나사로에게 예수님께서 "나사로야 나오라"고 말씀하셨을 때 나사로가 살아난 것처럼 이런 기적에는 하나님의 전적인 일하심이 있어야 합니다.

"그런즉 한 범죄로 많은 사람이 정죄에 이른 것같이"(롬 5:18).

이처럼 성경은 인간이 한 사람의 범죄, 즉 아담의 범죄로 모두 정죄의 대상이 되었음을 분명히 밝히고 있습니다.

## 인류 대표자설

'인류 대표자설'은 아담과 하와를 인류의 대표자로 봅니다. 그런 그들이 죄를 지음으로써 후손 전체가 죄의 결과에 영향을 받았다고 주장합니다. 이것은 북아프리카의 히포 어거스틴(Aurelius Augustinus, 354-430년)이 4-5세기경에 성경을 철저히 해석해 발표한 이론입니다. 어거스틴은 기독교 신학의 기초를 닦은 사람입니다. 본래 그는 어려서 수사학을 가르칠 정도로 총명한 사람이었으나, 젊은 시절에 여러 사상 안에서 방황하며 방탕한 생활을 하게 됩니다. 하지만 그의 어머니 모니카의 오랜 기도로 인해 하나님 품으로 돌아오게 되었고, 결국 기독교 신학을 정립하는 위대한 업적을 남겼습니다. 그가 쓴 『참회록』은 1,500여 년의 세월이 흐른 오늘날에도 세계적으로 널리 읽히는 스테디셀러가 되었습니다.

어거스틴의 '인류 대표자설'에서는 '원죄'가 중요한 개념으로 등장합니다. 원죄란 간단히 말해 '인간이 태어나면서부터 죄성을 가지고 태어난다'는 것입니다. 아담과 하와의 죄성을 모든 인간이 그대로 가지고 태어납니다. 어머니와 아버지의 죄성을 자녀가 그대로 가지고 태어납니다. 죄성을 갖지 않은 채로 태어나는 사람은 아무도 없습니다. 아담과 하와의 죄성이 모든 인간에게 전달되었기 때문입니다. 그래서 성경은 "의인은 없나니 하나도 없으며"라고 말씀합니다. 이렇듯 인간 스스로는 구원받을 길이 없습니다.

부모가 자녀를 키우다 보면 깜짝깜짝 놀랄 때가 있습니다. 착한 줄 알았던 내 자녀가 말도 안 되는 악한 일을 저질렀을 때 그렇습니다. 자녀가 친구들과 어떤 나쁜 일이라도 저지르면, 부모들은 너 나 할 것 없이 "우리 애는 원래 그런 짓을 할 애가 아닌데, 얘가 친구를 잘못 사귀더니 이렇게 되었다!"라고 말합니다. 그러나 죄성을 갖고 태어난 인간은 누구든 악한 일을 행할 가능성이 있습니다. 예수님을 믿어 우리 속에 새로운 생명이 들어오지 않는 이상, 우리 힘으로는 이 죄성을 다스릴 수 없습니다. 사람들은 몽둥이, 감옥, 징역, 형벌 등의 위협 수단을 통해 죄성을 통제하려고 하지만 그것으로는 인격의 근본적인 변화를 기대하기 힘듭니다.

인류의 대표자인 아담이 죄를 지음으로써 그 죄성이 모든 인간에게 전달되었으니 결과적으로는 인류 전체가 그와 함께 죄를 지은 것이나 마찬가지입니다. 그래서 결국 죽음이 모든 인간에게 임하게 되었습니다. 인간이 끝내는 죽을 수밖에 없는 것은 바로 죄 때문입니다. 노인이 되면 저절로 몸에서 생명력이 빠져나갑니다. 그러다가 결국 심장이 멈추게 됩니다. 의학으로는 이 섭리를 설명하지 못합니다. '인간은 왜 죽는가?' 하는 문제는 의학이 아니라 신학이 답을 줄 수 있습니다. 인간 속에 있는 죄성이 사망을 가지고 왔기 때문에 인간은 결국 죽을 운명에 처하게 된 것입니다. 이 문제를 해결해 주실 분은 오직 하나님 한 분뿐, 다른 길은 없습니다. 하나님께서 예수 그리스도를 통해 인간의 근원적인 문제를 해결하시고 다시 부활하게 하셨습니다. 우리는 장차 예수님께서 다시 오시면 죄성이 없는 새 생명으로 부활하게 됩니다. 그리고 그때 천국이 이루어질 것입니다. 예수님을 믿지 않는 자들에게 우리가 전해야 할 소식이 바로 이것입니다.

"그러므로 한 사람으로 말미암아 죄가 세상에 들어오고 죄로 말미암아 사망이 들어왔나니"(롬 5:12).

"그는 허물과 죄로 죽었던 너희를 살리셨도다"(엡 2:1).

이 말씀에서도 볼 수 있듯이 인간은 반펠라기우스주의자들이 주장하는 것처럼 단순히 영적으로 병든 게 아니라 죽어 있는 것입니다. 천국에 갈 수 있을 만큼의 절대적인 선을 행할 수 있는 사람은 단 한 명도 없습니다. 영적으로 죽은 사람에게는 단순한 변화가 아닌 성령의 힘으로 살아나는 기적이 필요합니다. 하나님께서 그 죽은 영혼에 새로운 생명을 넣음으로써 살려 주셔야 합니다.

하나님께서 흙으로 인간을 빚으시고 그 속에 생명을 불어넣어 생령이 되게 하신 것처럼, 생명이 없는 영혼에 하나님의 영을 넣어 주실 때 그 사람은 영적으로 살아날 수 있습니다. 이것이 거듭남입니다. 우리가 예수 그리스도를 구주로 믿고 입으로 고백하는 순간, 하나님께서는 성령을 보내셔서 그 속에 새로운 생명을 불어넣는 기적을 행하십니다.

"육으로 난 것은 육이요 영으로 난 것은 영이니 내가 네게 거듭나야하겠다 하는 말을 놀랍게 여기지 말라 바람이 임의로 불매 네가 그 소리는 들어도 어디서 와서 어디로 가는지 알지 못하나니 성령으로 난 사람도 다 그러하니라"(요 3:6-8).

죽어 있던 영혼이 하나님의 영으로 거듭나는 것은 임의로 바람이 불어오는 것과 같은 신비입니다.

8

## 죄의식

"그런즉 너희의 자유가 믿음이 약한 자들에게 걸려 넘어지게 하는 것이 되지 않도록 조심하라 지식 있는 네가 우상의 집에 앉아 먹는 것을 누구든지 보면 그 믿음이 약한 자들의 양심이 담력을 얻어 우상의 제물을 먹게 되지 않겠느냐 그러면 네 지식으로 그 믿음이 약한 자가 멸망하나니 그는 그리스도께서 위하여 죽으신 형제라 이같이 너희가 형제에게 죄를 지어 그 약한 양심을 상하게 하는 것이 곧 그리스도에게 죄를 짓는 것이니라 그러므로 만일 음식이 내 형제를 실족하게 한다면 나는 영원히 고기를 먹지 아니하여 내 형제를 실족하지 않게 하리라"

고전 8:9-13

사람이 죄를 짓게 되면 반드시 죄의식이 생겨납니다. 죄의식의 정도는 상황에 따라 다르지만, 죄의식 자체는 사람을 상당히 괴롭게 합니다. 죄의식이란 과연 무엇일까요? 죄의식을 한 문장으로 정의하면 '잘못을 저질렀을 때 생겨나는 죄책감과 수치심에서 오는 고통스러운 느낌이며, 자기 자신을 향해 일어나는 억눌린 분노의 감정'이라고 말할 수 있습니다. 인간 속에는 하나님께서 넣어 두신 양심이 있기 때문에 잘못을 저지르거나 죄를 지으면 양심이 소리를 지릅니다. 그때 회개하고 용서받으면 아무 문제가 없습니다. 회개란 '자백(confession)'과도 상통하는 말이기 때문에 자기 잘못을 그대로 노출시킨다는 의미가 있습니다. 어떤 사람들은 정신과를 찾아가 자신의 괴로운 속마음을 정신과 의사에게 털어놓습니다. 그러나 죄는 도덕적, 윤리적인 문제이기 때문에 의사나 과학자가 해결할 수 없습니다. 하나님 앞에서 고백할 때만이 죄의식의 고통에서 해방될 수 있습니다.

종교적 행위에는 엄청난 힘이 있습니다. 아프리카 원시인들도 잘못한 일이 있을 때면 나무에게로 뛰어가 나무 기둥을 붙잡고 회개합니다. 그들은 이 행위를 '토해 낸다'라고 표현합니다. 일단 나무를 붙잡고 흔들면서 자기 잘못을 자백하고 돌아오면 마음이 다소 편안해지는 것입니다.

인간은 죄를 짓고는 가만히 있지 못합니다. 아무렇지 않게 살 수 없습니다. 하나님께서는 우리가 하나님 앞에서 죄를 고백하고 용서를 구할 때, 예수 그리스도의 보혈로 우리 죄를 깨끗이 씻어 주시고 용서하시며, 다시는 기억하지 않겠다고 약속하십니다. 우리는 하나님이 하시는 용서의 약속에 귀를 기울일 필요가 있습니다. 우리가 날마다 회개하는 이유가 여기 있습니다. 마음에 죄의식을 담아 둔 채 살다 보면 몸과 마음과 영혼이 병들기 때문입니다.

나이가 아주 어릴 때는 '죄'가 무엇인지 모른 채로 잘못을 저지릅니다. 사실 어린아이들의 눈에 비춰지는 세상은 참으로 희한한 곳일 겁니다. 자기는 조그마한 물건도 무거워서 못 드는데 아빠는 커다란 의자를 번쩍번쩍 들어서 옮깁니다. 어디선가 무서운 소리가 나서 얼른 엄마에게 달려가 다리를 붙잡고서 엄마 얼굴을 올려다보면 엄마 얼굴이 63빌딩처럼 높아 보이는 것입니다. 이것이 아이들의 세계입니다. 아이들은 자기도 모르는 사이에 죄성으로 인해 문제를 일으킵니다. 의식하지 못한 채 잘못을 저지르고, 어른에게 혼나고, 또 죄를 짓고, 또 혼나는 과정을 반복하다 보면 어떻게 될까요? 아이 안에 죄의식이 남게 됩니다. 그러다 조금 자라면 고의로 엄마 서랍에서 동전을 꺼내어 군것질을 하고, 들켜서 꾸지람을 듣습니다. 시간이 갈수록 점점 더 그 강도를 높여서 몰래 나쁜 짓을 반복하면서 자기도 모르게 죄의식이 쌓여 갑니다. 십대가 되면 그 강도는 더욱 심해지고, 어른이 되어도 죄는 계속해서 반복됩니다. 하지만 지금까지 이를 해결하지 않고 살았기 때문에, 즉 회개도 하지 않고 용서도 받지 않고 다시는 그런 짓 안 하겠다는 결심도 하지 않았으며 죄를 짓는 데 제동을 걸 만한 힘을 공급받지도 못했기 때문에 결국 죄의식이 쌓이고 쌓여 소위 죄짐이 되어 버립니다.

사람들은 대부분 겉으로는 멀쩡해 보이고 다들 별문제 없이 잘 사는 것 같아 보입니다. 하지만 사람 속에는 저마다 말로 표현할 수 없는 죄의식의 그림자가 짙게 드리워져 있습니다. 수십 년 동안 쌓인 죄의식이 때로는 행동이나 신체 리듬을 깨뜨리기도 합니다. 이 죄의식은 반드시 해결되어야 합니다. 사람의 죄의식은 복음을 듣고 예수님을 만나 자신이 죄인임을 깨닫고 회개할 때라야 비로소 우리에게서 떨어져 나갑니다. 존 번연(John Bunyan)이 저술한 스테디셀러『천로역정(Pilgrim's Progress)』을 보면 순례자가 죄짐을 지고 갖은 고생을 하다가 죄짐이 떨어져 나가면서 영적인 해방감과 말할 수 없는 기쁨을 누리는 장면이 나옵니다. 이것은 성도가 그리스도 안에서 누릴 수 있는 정신적 건강이자 해방이며 자유입니다.

## 죄의식의 근원

죄의식의 근원은 두 가지로 구분할 수 있습니다.

**첫째,** 단체적 죄의식입니다. 꼭 자기 자신의 잘못이 아니더라도 자기 부모나 자녀가 죄를 지었을 때도 죄의식을 느끼지 않습니까? 이처럼 자신이 속한 조직이나 공동체, 사회, 국가가 잘못했을 때 느끼는 죄의식이 '단체적 죄의식'입니다. 일본인들은 36년 동안 한국에 고통을 주었던 과거사에 대해 습관적으로 잘못을 빌곤 했습니다. 비록 그것이 진심에서 우러나오는 진정한 사과가 아니라 해도 말입니다. 저도 예수님을 믿는 일본인들에게 종종 그런 식의 사과를 받곤 했습니다. 엄밀히 따지고 보면 조상들의 잘못입니다. 자신들의 직접적인 잘못이 아님에도 불구하고 일본인들은 일제 강점기 36년에 대해 한국인들에게 집단적인 죄의식을 갖고 있습니다. 그런 면에서 본다면 한국 교회도 아직 해결되지 않은 죄의식이 있습니다. 바로 신사 참배에 대한 죄의식입니다. 물론 일제의 탄압에 못 이겨 강압적으로 행한 일이긴 하지만, 한국의 많은 그리스도인들에게는 이것이 단체적 죄의식으로 남아 있게 되었습니다.

둘째, 개인적 죄의식입니다. 이것은 말 그대로 자기 자신이 잘못을 저질렀을 때 느끼는 죄의식입니다.

## 죄의식의
## 두 가지 종류

첫째, 분명한 도덕률에서 오는 참된 죄의식입니다. 이것은 하나님의 명령을 어길 때 생기는 불편한 내적(內的) 의식을 말합니다. 이 죄의식을 일으키는 것은 부분적으로는 성령님이고(요 16:8 참조) 나머지는 자신의 양심입니다. 이 죄의식은 예수님을 믿는 사람이든 믿지 않는 사람이든 모두 느끼게 되어 있습니다. 죄의식을 느끼지 않는 사람은 없습니다. 느끼지 않는 척하는 것일 뿐, 잘못을 저지른 사람은 이미 고개를 똑바로 들고 다니지 못하는 죄의식에 반응하게 마련입니다.

**둘째, 사회적 통념에서 오는 잘못된 죄의식입니다.** 실제로는 잘못된 행동이 아닌데 사회적으로 잘못했다고 보는 분위기나 시선이 지배적이기 때문에 죄의식이 생기는 경우입니다. 그래서 사람들은 종종 하나님의 명령을 어긴 것도 아니고 책임져야 할 부분이 전혀 없는데도 죄의식을 느끼곤 합니다.

"부딪칠 것이나 거칠 것을 형제 앞에 두지 아니하도록 주의하라"(롬 14:13).

이는 쓸데없이 법을 만들어 무고한 사람들이 필요치 않은 죄의식을 느끼게 한 사회와 사람들에게 경고하는 말씀입니다.

오래전 제가 미국 신학교에 교수로 있을 때 일입니다. 한 학생이 잘못을 저질러 퇴학을 당한 일이 있었습니다. 학교에서는 그를 퇴학 시킨 후 학칙에 새로운 항목을 하나 추가했습니다. 그 학생이 저지른 잘못과 동일한 잘못을 했을 경우 크게 처벌하겠다는 규정이었습니다. 사실 그때까지 그런 잘못을 저지른 학생은 전체 학생 500명 중 세 명에 불과했습니다. 그런데 그 세 명 때문에 새로운 법을 만든 것입니다. 저는 그 학칙을 만드는 데 반대했습니다. 누구나 흔히 저지르는 잘못이라면 모를까 어쩌다 한 번 있었던 일인데 그것 때문에 새로운 학칙을 정해 놓으면 무고한 학생들까지 죄의식을 느끼게 되기 때문입니다. 그 학교에는 남학생의 옆머리가 귀 위쪽을 덮으면 안 된다는 학칙도 있었습니다. 그러니 남학생들은 머리카락이 조금만 자라도 죄의식을 느끼게 되지 않겠습니까?

사회는 이런 식으로 불필요한 죄의식을 유발시켜 사람들을 자꾸 죄인으로 만들곤 합니다. 법을 만든다고 해서 사람들이 도덕 혹은 윤리적으로 깨끗해지거나 정결해지는 것은 아닙니다. 사람 자체가 새로워져야지 법만 만들어 놓는다고 사람이 변화되지는 않습니다.

유교에서는 '예(禮)'라는 것으로 사람들의 일거수일투족을 규정해 왔습니다. 이로 인해 사람들은 크고 작은 얽매임 속에서 살아왔습니다. 물론 사회적 통념이나 규율을 무시하고 살 수는 없습니다. 그러나 이 같은 불건전한 죄의식에서 벗어나기 위해서는 자기 자신이나 상대에게 너무 많은 잣대를 들이밀어서는 안 됩니다.

## 죄의 여부를 판단하는 근거

어떤 행동이나 생각에 대해 죄의 여부를 판단할 때는 다음 경우들 중 어디에 속하는가를 따져 신중히 판단해야 합니다.

**첫째**, 분명히 계시된 하나님의 말씀일 경우입니다. '살인하지 말라', '간음하지 말라', '도둑질하지 말라' 등과 같이 성경의 계명들이 우리의 기준이 되어야 합니다.

둘째, 불분명한 계시입니다. 이 경우는 성경에 기록되어 있긴 하지만 확실하지 않으면 이렇게 생각할 수도 있고 저렇게 생각할 수도 있는 것들입니다.

셋째, 비계시적인 사항입니다. 이는 성경에 전혀 나와 있지 않은 것들을 말합니다. 우리가 갈등하고 문제로 삼는 것의 대부분은 비계시적인 사항입니다. 이는 아주 신중하고 조심스럽게 다가가야 합니다. 성경을 통해 하나님께서 분명하게 계시하신 것은 우리 삶에서 절대적인 기준이 될 수 있지만, 하나님께서 분명히 밝히지 않으신 것은 사람들의 상대적인 가치관이 반영되기 때문입니다. 즉, 주관적인 개인의 견해에 불과하다는 말입니다. 나의 견해가 하나님의 분명한 계시에 합한 것이 아니라면, 다른 사람에게 나의 생각을 강요할 수 없으며 그렇게 해서도 안 됩니다.

'장로들의 전통'이라는 것 역시 일부 사람들의 주관적인 생각을 법령화해서 사람들을 옭아맸다는 이유로 예수님께 책망을 받았습니다(막 7장 참조). 성경에서 명시하지 않는 경우에는 아무리 그럴듯한 주장이라 하더라도 다른 사람에게 강요해서는 안 됩니다. 대화를 나눌 때도 항상 "저는 이렇게 생각합니다!"라든가 "제 생각은 이렇습니다."라고 해야 합니다. "절대로 그래서는 안 됩니다!"라는 식으로 말해서는 안 됩니다.

비계시적인 사항에 대해서는 서로에게 자유를 주어야 합니다. 이를 신학 용어로 '그리스도인의 자유'라고 합니다. 즉, 이렇게 해도 죄가 아니고 저렇게 해도 죄가 아닙니다. 단지 어느 것이 더 덕스럽고 은혜로운가 하는 차이입니다. 덕을 덜 끼친다고 해서 그것을 죄라고 할 수는 없습니다. 대부분의 사람들은 자신의 주관적인 견해 때문에 상대방의 자유를 억압하고 죄의식을 느끼게 만들곤 합니다. 이것은 자기중심적인 사고가 만들어 낸 태도입니다. 상대방의 주관적인 생각을 이해하고 존중하며 받아들일 줄 알아야 합니다. 근본적이고 본질적인 사항이 아닌 일로 자기 생각만 고집한다면 문제는 확대되고 관계는 상할 뿐입니다.

우리는 개개인의 의견과 하나님의 절대적인 계시를 분별할 수 있어야 합니다. 자신의 의견보다는 하나님의 말씀을 말하고자 노력해야 합니다. 자녀를 교육할 때도 참된 죄의식은 갖도록 해야 하지만 잘못된 죄의식은 심어 주지 않도록 마음을 써야 합니다.

"그런즉 너희의 자유가 믿음이 약한 자들에게 걸려 넘어지게 하는 것이 되지 않도록 조심하라"(고전 8:9).

이는 예수님을 믿는 성도는 믿음으로 무슨 일이든 할 수 있는 자유가 있지만, 그 자유가 믿음이 연약한 사람에게 시험거리가 되지 않도록 조심하라는 말씀입니다.

## 잘못된
## 죄의식의 배경

하나님 말씀에 어긋난 행동을 했을 때 느끼는 죄의식은 반드시 필요한 것입니다. 참된 죄의식입니다. 이는 하나님 앞에서 회개하고 용서받음으로써 해결할 수 있습니다. 그러나 그 외의 죄의식은 불건전하며 불필요합니다. 반드시 청산되어야 합니다. 그렇다면 잘못된 죄의식은 어떤 배경에서 비롯되는 것일까요?

**첫째, 완벽주의입니다.** 어린아이가 성인이 될 때까지 부모로부터 지나치게 심한 비난이나 비판, 저주를 받았을 때, 또한 아이에게 혼자 힘으로 달성할 수 없는 과한 능력을 기대하거나 아이가 무리한 기준과 압박감에 짓눌려 있을 경우에 죄의식을 경험하게 됩니다. 아이의 능력은 다섯인데 열을 해내라고 하면 그 아이는 평생 죄의식 속에 살게 될 가능성이 큽니다.

제가 미국에서 처음 목회를 할 때, 교회 건너편에 여학생 한 명이 살고 있었습니다. 이 여학생은 교회만 오면 좀처럼 집에 가기를 싫어했습니다. 하루는 왜 집에 가지 않느냐고 물었더니 집에 들어가기가 무섭다는 대답을 했습니다. 이유를 들어 보니 엄마가 항상 집안에 먼지 하나 없도록 강박적으로 청소를 하고, 모든 물건을 반듯하게 정돈해 놓아야 하는 지나치게 깔끔한 성격이었던 것입니다. 이 여학생은 아주 어려서부터 물건을 건드린다고 혼나고, 어지럽힌다고 꾸중을 듣다 보니 이제는 아예 집안에 들어가기조차 싫게 된 것입니다. 엄마의 완벽주의 때문에 자녀가 주눅 들고 힘든 경우입니다.

오래전 저에게도 이런 완벽주의 성향이 있었습니다. 특히 '교수'라는 직업이 이 완벽주의를 더욱 부추겼습니다. 나이가 들면서는 점점 약해지긴 합니다. 하지만 처음에는 학생들에 대해 '용서'라는 개념이 전혀 없었습니다. 특히 논문 심사 때는 학생들의 피를 말렸습니다. 한 페이지 안에서 오타가 세 개만 나와도 다시 해 오라고 했고, 점 하나만 잘못 찍어도 빨간 줄로 표시하며 퇴짜를 놓다 보니 나중에는 남의 약점을 찾는 데 혈안이 되어 있었습니다. 그러다가 어떤 책을 통해 제가 완벽주의자라는 것을 깨닫고부터는 조금씩 자제하게 되었습니다. 완벽주의자는 우선 자기 인생을 괴롭게 만들고, 다른 사람에게는 가짜 죄의식을 심어 주며 무척 힘들게 합니다.

둘째, 격려, 칭찬, 감사, 축하가 부족할 때입니다. 보통 사람들은 상대방의 덕을 칭찬하거나 격려하기보다는 실수나 잘못을 지적하는 게 더 익숙합니다. 부모도 대체로 그렇습니다. 그러니 사고뭉치인 어린아이들은 부모가 매일 야단만 친다고 생각할 수도 있습니다. 칭찬과 책망이 적절히 균형을 이뤄야 하는데 칭찬은 마음속으로 하고, 책망은 아이들에게 직접적으로 하는 경우가 많습니다. 그러니 아이들이 '우리 엄마, 아빠는 날 사랑하지 않나 봐!'라고 생각하기가 쉽습니다. 자칫하면 이런 책망은 자녀에게 상처로 남게 됩니다. 이 상처는 '내가 부족하기 때문에 부모님이 나를 사랑하지 않는 거야!'라고 여기는 죄의식으로까지 이어집니다.

죄의식은 여러 가지 부정적인 결과를 가져옵니다. 불안정감, 비관적인 시선, 소외감 등을 동반하기도 하지만, 우선은 자기 자신의 가치를 낮게 평가해 버립니다. 즉 '나는 형편없어! 나는 도대체 왜 이럴까? 나는 이런 내가 너무 싫어! 나는 아무것도 못해!'라는 식의 부정적인 감정을 갖게 만드는 것입니다. 스스로를 가치 없는 존재로 여기게 합니다. 자기 자신을 가치 없다고 느끼는 사람은 건강한 삶을 영위할 수가 없습니다.

사람은 본능적으로 자기 자신을 중요한 존재로 여기고 싶어 합니다. 다른 사람이 자신을 인정해 주길 원합니다. "정말 훌륭하군요!", "당신은 우리에게 꼭 필요한 존재예요!", "넌 너무나 소중해!"라는 말을 듣고 싶어 합니다. 감사하게도 우리에게 항상 이런 말을 해 주시는 분이 계십니다. 바로 예수님이십니다. 예수님께서는 죄인인 우리를 '하나님의 자녀'로, 즉 성도라고 말씀하십니다.

죄의식의
정도

죄의식의 정도는 상황에 따라 다를 수 있습니다. 첫째, 모르고 지은 죄가 알고 지은 죄보다 죄의식을 덜 갖게 합니다. 둘째, 자신의 연약함 때문에 지은 죄가 고의로 지은 죄보다 죄의식을 덜 갖게 합니다. 셋째, 인간의 본성 때문에 지은 죄가 개인적인 죄보다 죄의식을 덜 갖게 합니다. 내 성품이 나빠서 지은 죄에 대해서는 죄의식을 크게 느껴도, 누구나 저지를 수 있는 잘못에 대해서는 크게 죄의식을 느끼지 않을 수 있습니다. 넷째, 미성숙한 양심의 죄가 성숙한 양심의 죄보다 죄의식을 덜 느끼게 합니다. 양심이 무뎌진 사람이 죄의식을 덜 느끼는 것은 당연합니다. 대체로 예수님을 믿지 않는 사람보다는 예수님을 믿는 사람이 죄에 대해 더 민감하게 반응하고 같은 죄에 대해서도 더욱 강한 죄의식을 갖습니다.

예수님을 믿으면 평안하면서도 동시에 힘겹고 괴롭습니다. 영혼이 깨끗하고 거룩해질수록 작은 잘못에도 죄의식을 느끼기 때문입니다. 예수님을 믿는 사람은 죄의 결과가 얼마나 치명적이고 괴로운지 잘 알기 때문에 점점 더 죄를 짓지 않으려 애쓰게 됩니다.

## 죄의식을 해결하는 방법

하나님의 말씀을 어기고 죄를 지었을 때는 내적 불안이 생깁니다. 이것이 참된 죄의식입니다. 반드시 해결해야 하는 문제입니다. 참된 죄의식을 해결하는 방법에는 '용서'와 '처벌' 두 가지 방법이 있습니다.

**첫째, 용서입니다.** 잘못한 일에 대해서는 반드시 용서를 구하고, 용서받아야 합니다. 사람은 누구든지 어려서부터 오랫동안 쌓아 온 자기만의 죄짐이 있습니다. 그러므로 누구나 하나님께로부터 완전한 용서를 받아 죄의식에서 해방되는 놀라운 경험을 할 필요가 있습니다.

죄의식에서 해방되는 경험이란 어떤 것일까요? 첫 번째는 예수 그리스도의 죽으심을 나의 죄를 대신한 죽음으로 받아들이고, 일생 동안의 죄의식을 벗어 버리는 일입니다. 죄인이었던 사람이 그리스도 안으로 들어옴으로써 처음으로 받아 누리게 되는 용서이자, 말로 형언할 수 없는 기쁨입니다. 두 번째는 자신의 연약함이나 무지함 때문에 저지른 죄 또는 고의적으로 저지른 죄에 대해 속히 회개하고 용서받는 경험입니다. 이는 예수님을 영접한 이후 날마다 경험하게 되는 용서입니다. 우리는 이렇듯 용서를 받을 때 죄의식에서 벗어날 수 있고 영육 간의 건강과 평안을 누릴 수 있습니다.

성경에서는 사람이 죄를 고백하면 죄 사함을 받는다고 분명히 말씀합니다. 하나님 앞에서 고백한 죄는 영원히 용서해 주십니다. 용서를 받은 자가 할 일은 하나님께서 주신 용서를 참되게 누리는 것입니다. 그리고 그분께서 주시는 평강 속에서 안식하는 것입니다(히 4:1-9 참조). 하나님께서는 분명 용서하셨는데 정작 자기 자신은 스스로를 용서하지 못해 평강을 누리지 못하는 것은 너무나 어리석고 못난 태도입니다. 사람들 사이에서도 서로 용서를 구하고 용서해 주며 살아야 죄의식으로부터 해방감을 누리고 진정한 평화를 만들어 나갈 수 있습니다. 하나님께서는 당신의 자녀들이 죄의식 가운데 허우적거리며 살기를 원치 않으십니다. 예수님께서 십자가에 못 박혀 돌아가신 것은 우리를 죄의식의 고통에서 건져 내어 하나님과의 참된 교제 속으로 초청하고자 하심이었습니다.

**둘째, 처벌을 받는 겁니다.** 사람은 자기가 지은 죄에 대한 대가를 지불할 경우, 즉 죄에 합당한 처벌을 받았을 경우 죄의식으로부터 자유로울 수 있습니다. 용서도 받지 않고 처벌도 받지 않은 상태라면 깊은 불안과 공포감에 시달릴 수 있습니다.

아이들도 마찬가지입니다. 아이가 잘못을 했을 때 부모가 그 즉시 가볍게 엉덩이 한 대 툭 때리면서 다시는 그렇게 하지 말라고 타이르면 아이들도 속으로 '휴, 끝났구나! 다행이다.' 하고 안심합니다. 그런데 아이가 잘못을 했는데도 어른이 가만히 바라보고만 있거나 아무

말도 하지 않는다면, 아이들 입장에서는 확실한 용서도 처벌도 받은 게 아니기 때문에 심한 불안과 두려움에 사로잡힐 수 있습니다.

9
—

## 죄의 대가

"여호와 하나님이 그 사람에게 명하여 이르시되 동산 각종 나무의 열매는 네가 임의로 먹되 선악을 알게 하는 나무의 열매는 먹지 말라 네가 먹는 날에는 반드시 죽으리라 하시니라" 창 2:16-17

사람이 죄를 지으면 그에 따르는 대가를 치르게 됩니다. "죄의 삯은 사망이요"(롬 6:23)라는 말씀에서 그 사실을 분명하게 알 수 있습니다. 우리가 어떤 일을 했다면 그 일에 대한 임금을 받는 것처럼, 죄를 지으면 반드시 받게 되는 대가가 있습니다. 그것은 다름 아닌 사망입니다. 앞에서 언급한 것처럼 인류의 죄는 인류의 영혼, 정신, 심리, 사회, 환경, 육체를 파탄시켰습니다.

이번 장에서는 죄와 죄의 대가인 형벌 사이에는 어떤 관계가 있으며, 형벌의 성격은 어떠한지 살펴보려 합니다. 이를 통해 우리가 죄의 대가인 형벌에 대해 어떤 태도를 취해야 할지도 함께 생각해 보면 좋겠습니다.

## 형벌의 의미

'형벌'은 실제로 지은 죄 혹은 상상 속에서 지은 죄를 통해 느끼게 되는 고통이나 손해를 뜻합니다. 상담학 서적을 읽다 보니 실제 현실에서는 잘못을 저지르지 않았는데 자신의 상상 속에서 범죄를 가장

해 고통을 당하는 사람들이 생각보다 많다는 것을 알게 되었습니다. 똑같은 상황을 놓고도 생각을 잘못함으로써 정신적 고통을 당하는 경우도 있었습니다.

이런 정신적 고통을 치료하기 위해 의학적으로 몇 가지 방법을 동원하기도 합니다. 그중 하나가 당면한 상황에 대한 자신의 생각을 종이에 적은 후, 그 외에 가능한 생각들을 또 열거해 되도록 자신에게 고통을 덜 주는 방법을 선택하도록 훈련하는 방법입니다. 사람들은 어떤 사건에 대해 자기만의 일정한 방식으로 반응하고 생각합니다. 따라서 그의 사고방식이 잘못되었을 경우 생각 자체가 그에게 유해한 영향을 미치게 됩니다. 그러므로 올바른 생각을 갖는 것이 참으로 중요합니다. 이것은 '인지 치료(cognitive therapy)' 방법 중의 하나입니다.

한번은 어느 집사님이 제게 와서 아무개 집사님 댁을 심방해 달라고 부탁했습니다. 무슨 특별한 이유라도 있는지를 물었더니 그 집사님이 교회를 떠나려 한다는 것이었습니다. 저는 그 집사님이 교회를 떠나시려는 이유를 다시 물었습니다. 뜻밖에도 목사님이 자기를 싫어하기 때문이라고 하더랍니다. 저로서는 뜻밖의 이야기라 참으로 난감했습니다. 전혀 그런 마음이 아니었는데 집사님은 철저히 오해하고, 석 달 동안 이 문제로 고민하다가 교회를 떠나기로 결정한 것이었습니다. 저는 그다음부터 그 집사님만 보면 일부러 따라가서 인사하고 안부를 묻고 관심을 표했습니다. 그랬더니 점점 집사님의 표정이 풀어지고 마음도 나아지시는 듯했습니다. 나중에 알고 보니 예전에 집사님이 저와 마주쳤을 때 제게 인사를 건네셨는데 제가 집사님이 계신 줄도 모르고 옆으로 지나쳐 갔다고 합니다. 집사님은 제가 집사님을 싫어해서 일부러 피한다고 생각하셨던 것입니다.

물론 그 단순한 사건 하나가 교회를 떠나려는 이유의 전부는 아니었습니다. 그러나 작은 사건이 큰 오해를 불러온 것이었습니다. 이는 집사님이 생각을 잘못함으로써 스스로 큰 고통을 겪었던 일입니다. 사람은 객관적으로 사고할 수 있어야 합니다. 이것이 무엇보다 중요합니다. 또 다른 사람의 이야기를 당사자에게 듣지 않고, 한 다리 건너서 전해 듣게 됨으로써 오해가 생기는 경우가 참 많습니다. 예수님을 믿는다는 것은 이런 잘못된 생각들을 바르게 고쳐 나가는 과정이기도 합니다. 그릇된 생각과 태도를 조금씩 바꾸어 나갈 때 이전과는 다른 내적 평안과 기쁨을 맛볼 수 있을 것입니다.

## 형벌의 종류

형벌의 종류는 네 가지로 나눌 수 있습니다.

**첫째,** 죄 속에 들어 있는 형벌입니다. 이것은 죄를 지은 후 하나님께서 징계로 내리신 형벌이 아닙니다. 죄 그 자체에 이미 형벌의 씨앗이 심겨져 있는 경우입니다. 예를 들어 우리가 '후천성 면역 결핍증'이라고 부르는 에이즈(AIDS)는 일정 부분 '성적 문란'이라는 범죄가 낳은 결과이자 형벌이라고 할 수 있습니다. 알코올 중독도 마찬가지입니다. 술을 즐겨 마시다 보면 알코올 중독에 걸리게 되고, 이로 인해 고통받게 됩니다. 갖가지 성병(性病)이나 음주 운전 및 졸음 운전으로 인한 교통사고도 그렇습니다. 교통 법규를 어기면 교통사고가 나는 건 당연한 수순입니다. 또한 자식일 때 부모에게 반항하고 부모님 속을 썩이면, 그가 훗날 부모가 되었을 때 자기 자식 때문에 몸 고생, 마음 고생하는 형벌을 받게 되어 있습니다.

거짓말도 예외는 아닙니다. 거짓말은 한 번 시작하기는 어렵지만 일단 한 번 하고 나면 습관이 되는 경우가 많습니다. 이것도 일종의 질병입니다. 거짓말하는 사람은 아무렇지 않게 크고 작은 거짓말을 달고 삽니다. 그러니 사람들 사이에서 당연히 신뢰를 잃을 수밖에 없고, 사람들이 그를 상대하지 않으며, 인간관계도 무너지게 됩니다. 이것이 거짓말이 품고 있는 형벌의 씨앗입니다.

이렇듯 죄 속에 이미 형벌이 들어 있는 경우가 있습니다. 죄를 지으면 우리 안에 있는 양심 때문에 불안감이 들고 초조해집니다. 자기도 모르게 얼굴색과 눈빛이 달라지고, 마음이 불안하니 말하는 것도 평소와는 달라집니다. 이처럼 많은 사람들이 죄로 인한 정신적 고통과 육체의 고통을 당하며 살아가게 됩니다.


둘째, 자기 스스로 부과하는 형벌입니다. 자기 스스로를 정죄하는 감정이 '자책감(自責感)'입니다. 자책하며 자신을 비하시키고 스스로의 가치를 낮게 평가하는 것이 이 경우에 해당합니다. 스스로를 비난할 뿐 아니라 경우에 따라서는 자신의 몸을 고통스럽게 학대하기도 합니다. 또 마음에 자책감이 생기니 그 스트레스를 해소하기 위해 닥치는 대로 폭식을 합니다. 음식을 마구 먹고 불어난 몸으로 고통을 받음으로써 스스로에게 벌을 주는 것입니다.

이와는 반대로 아예 모든 음식을 거부하는 경우도 있습니다. 표면상의 이유는 식욕을 느끼지 못해서라고 하지만, 실제로는 죄의식이나 자책감 때문에 음식을 거부하는 것입니다. 사람은 음식을 먹어야만 살아갈 수 있는데, 음식을 아예 먹지 않음으로써 자기 자신을 몹시 괴롭히는 것입니다. 특히 십대 청소년들에게서 이런 거식증이 심심치 않게 발견됩니다. 심지어 폭식을 하고서는 목구멍에 손가락을 집어넣어 일부러 구토를 해서 점점 말라 가는 청소년들도 있습니다. 자책감과 죄의식 또는 정신적 결핍이나 질환이 이런 안타깝고 기이한 행동을 불러오는 것입니다. 스스로를 이런 식으로 괴롭히면 소화도 안 되고 잠도 제대로 못 자며 몸도 점점 쇠약해져 갑니다. 아주 극단적인 경우 자살로 이어지기도 합니다.

"종일 신음하므로 내 뼈가 쇠하였도다"(시 32:3).

이는 죄의식 때문에 뼈가 마른다는 다윗의 고백입니다. 과음도 마찬가지입니다. 술을 기분 좋을 정도로 적당히 마시는 것이 아니라 마치 원수 갚는 것처럼 퍼붓는 사람들이 있습니다. 그들 대부분은 스스로에게 정신적으로 복수를 하는 것입니다. 이 모든 행동은 결국 자기 자신에게 고통을 주는 형벌로써 선택한 방법입니다.

죄에 대한 형벌은 하나님께 맡겨야 합니다. 인간이 스스로 할 일이 아닙니다. 해서도 안 되는 일입니다.

"내 사랑하는 자들아 너희가 친히 원수를 갚지 말고 하나님의 진노하

자기 잘못에 대해 스스로를 괴롭혀서는 안 됩니다. 하나님께서 죄에 대한 형벌을 주시면 감사히 받고, 묵묵하게 견디며 전심으로 회개하면 됩니다. 이번 기회를 통해 다시는 같은 죄를 짓지 않도록 주의하면 됩니다.

반대로 하나님께서 처벌하지 않고 용서해 주신다면 주님의 긍휼하심과 자비하심을 더욱 깊이 느끼며 스스로를 한 번 더 살펴보고 각성하는 기회로 삼으면 됩니다. 즉, 하나님께서 처벌하시기 전에 스스로를 처벌하는 일은 없어야 합니다. 자기 잘못으로 다른 사람에게 물적, 육체적, 정신적 피해를 입혔다면 그에 상응하는 배상을 해 주어야 하지만, 스스로를 처벌하며 괴롭히는 일은 없어야 합니다.

셋째, 사람이나 기관, 정부 등 외부로부터 오는 형벌입니다. 우리는 대개 '형벌'이라고 하면 이 경우를 떠올립니다. 교통 법규를 위반하면 벌금을 물어야 합니다. 다른 사람의 물건을 훔치면 그에 해당하는 형(刑)을 받아야 합니다. 이것은 외부로부터의 형벌입니다. 자녀가 잘못하면 부모에게 처벌 받고, 학생이 잘못하면 선생님에게 처벌 받는 것도 이 경우에 해당합니다.

넷째, 하나님으로부터 오는 형벌입니다. "동산 중앙에 있는 나무의 열매는 하나님의 말씀에 너희는 먹지도 말고 만지지도 말라 너희가 죽을까 하노라 하셨느니라"(창 3:3)에서 보듯, 죄를 지은 인간에게 하나님께서 주시는 형벌은 '사망'입니다(롬 6:23). 사람이 죄를 지으면 반드시 죽게 되어 있습니다. 5장에서도 잠깐 언급했지만, 죽는다는 말에는 세 가지 뜻이 있습니다.

### 육신의 죽음

육신의 죽음은 육신과 영혼이 분리되는 현상입니다. 앞에서 사람이 나이가 들어 죽는 것에 대해 아직 의학계에서도 원인을 규명하지 못하고 있다고 했습니다. 결국 죽음은 죄의 결과라고 보아야 합니다. 하나님께서는 에덴 동산 중앙에 있는 선악을 알게 하는 나무를 만드셨습니다. 그리고 이 나무의 열매를 먹는 날에는 반드시 죽으리라고 아담에게 말씀하셨습니다.

"선악을 알게 하는 나무의 열매는 먹지 말라 네가 먹는 날에는 반드시 죽으리라 하시니라"(창 2:17).

아담과 하와가 하나님의 명령을 어긴 그 순간, 육신의 죽음이 시작되었습니다. 죄를 지은 그 자리에서 당장 죽지 않았기 때문에 이를 의식하기는 힘들지만, 인간의 죽음은 그때부터 시작되었습니다. 성경에서 969년을 살았다고 기록된 '므두셀라' 이야기가 신화나 전설처럼 느껴질 정도로 현재 인간의 수명은 몹시 짧아졌습니다. 하지만 969년이라는 기간도 하나님 나라의 '영원'이라는 개념에 비하면 아주 짧은 순간에 불과합니다.

### 영적인 죽음

이것은 인간의 영혼이 하나님으로부터 분리된 상태를 말합니다. 죄를 짓게 되면 하나님과 영적으로 분리될 수 밖에 없습니다.


### 영원한 죽음

이것은 하나님과 인간의 영원한 분리를 말합니다. 죄 때문에 하나님과 영적으로 분리된 인간이 육신의 죽음을 맞이하게 됩니다. 이 분리 상태가 영원토록 지속되는 것이 영원한 사망, 즉 둘째 사망입니다.

하나님께서는 때때로 무지한 우리를 깨우쳐 주시기 위해 현실적인 방법으로 처벌하시기도 합니다. 그러나 삶의 모든 고통이 하나님께로부터 오는 형벌이라고 생각해서는 안 됩니다. 간혹 성도들 중에 가정에 우환이 생기거나 신변에 작은 어려움이라도 생기면 하나님께서 자기를 징계하시거나 형벌을 내리신다고 생각하는 분들이 있습니다. 자기가 과속을 해서 교통사고를 내고 "하나님께서 왜 나에게 이런 어려움을 주시는지 모르겠습니다!"라고 울부짖기도 합니다.

본래 하나님은 우리를 향해 아주 오래 참으시는 분입니다. 수많은 기회를 주시는 분입니다. 만약 우리가 죄 지을 때마다 처벌하셨다면 우리는 벌써 죽었거나 지금쯤 만신창이가 되어 제대로 살지 못하고 있을 것입니다. 하나님께서는 사람들이 서로를 대하듯 그렇게 쉽게 인간을 처벌하고 징계하시는 분이 아닙니다. 하나님 앞에서 죄를 지은 가나안 땅에 대해서도 오랫동안 참으신 분이 하나님이십니다.

대부분 형벌을 초래하는 장본인은 우리 자신인 경우가 많습니다.

우리가 지은 죄 자체에 형벌이 들어 있고, 자신의 범죄에 대해 자책하고 스스로를 괴롭히며, 자기 잘못 때문에 외부로부터의 형벌을 받는 것입니다. 하나님께서 우리 뒤를 따라다니시며 처벌하지 않으십니다. 하나님은 우리가 죄를 지으면 얼른 회개하고 돌이키기를 원하십니다. 그런 하나님께서 사사건건 우리 과실과 죄에 대해 처벌하시겠습니까? 그러니 우리가 직면한 문제나 어려움에 대해 하나님 탓을 하기보다는 먼저 스스로를 돌아볼 줄 알아야 합니다.

## 형벌의 지속성

죄의식은 시간이 지나면서 없어질 수 있지만, 죄에 대한 형벌은 계속될 수 있습니다. 반드시 그렇다는 것은 아니지만, 충분히 그럴 수 있다는 뜻입니다. 어떤 때는 분명히 크게 잘못을 해서 하나님으로부터 징계의 채찍을 맞아야 마땅한데, 하나님께서 가만히 두고 보시는 경우가 있습니다. 그러면 '하나님께서 언젠가 징계의 채찍을 드시겠지?'라는 생각에 더 불안해집니다. 죄를 짓고 나서 용서를 받거나 혹은 합당한 처벌을 받지 않은 상태의 두려움은 처벌 받을 때의 두려움보다도 훨씬 더 큽니다. 만약 하나님께서 징계의 채찍을 내리지 않으신다면 감사함으로 받아들이고 열심히 전진하면 됩니다.

오래전 저희 주일학교 선생님 한 분은 아이들에게 "죄는 시한폭탄과 같다! 일단 죄를 지으면 언젠가는 터지는 거야!"라고 가르치셨습니다. 그래서 한동안은 쓸데없는 죄의식과 불안감으로 마음고생을 많이 했습니다. 이것은 아주 잘못된 가르침입니다. 하지만 하나님 앞에서 회개하고 용서를 빌 때 죄의식은 없어질 수 있어도 죄의 결과는 계속될 수 있다는 것도 사실입니다.

그 좋은 예가 다윗입니다. 다윗은 사울의 미움을 받고 도망자 신세에 있었습니다. 그때는 하나님을 가까이하며 아주 잘 섬겼습니다. 그러나 사울이 죽고 자신이 왕위에 오르자 간간이 죄를 짓기 시작합니다. 신하의 아내를 빼앗아 간음하는가 하면 그 신하를 죽이기까지 합니다. 시편 32편과 51편은 다윗이 그런 끔찍한 죄악을 저지르고 난 뒤 괴로움에 시달리는 자신의 심정을 하나님 앞에서 회개 기도와 함께 쏟아 놓은 시입니다. 그는 자기 죄악의 과중함을 깨닫고 눈물로 자기 침상을 적셨다고 고백합니다.

그러나 하나님 앞에서 신음하며 회개하는 것으로 그 죄악의 형벌은 끝나지 않았습니다. 다윗의 생애를 살펴보면 그가 죄를 지은 이후 노쇠하여 죽을 때까지 자그마치 열네 번의 재난이 그를 덮칩니다. 다윗이 저지른 죄악의 대가는 실로 엄청났습니다. 다윗의 고통스러운 생애를 보며 저는 '죄는 지을 가치가 없다!'라는 결론을 내렸습니다.

하나님께서는 죄의 영원한 대가를 없애고 우리를 완전히 용서해 주셨습니다. 그에 따른 죄의식도 해결해 주셨습니다. 그럼에도 불구하고 우리가 현실에서 실제로 저지른 죄악의 결과는 죽을 때까지 계속될 수 있음을 명심해야 합니다.

죄를 범한다는 것은 이처럼 대단히 위험하고 무서운 일입니다. 아담과 하와를 떠올려 보십시오. '죄'라는 것이 얼마나 엄청난 결과를 초래했습니까? 그들이 죄를 지음으로 인해 온 인류와 모든 피조물과 자연환경이 악영향을 받았습니다. 그 죄악의 상태에서 인류를 구원하기 위해 죄 없으신 하나님의 아들 예수 그리스도까지 오셨고, 가난하고 고생스러운 인생을 살다가 결국 십자가에서 고통스럽게 죽으셔야 했으니, 이 '죄'라는 것이 얼마나 잔인하고 무서운 것입니까?

죄에는 무시무시한 파괴력이 있습니다. 한 번 잘못했을 때 돌이키고 정신을 가다듬어야 합니다. 그렇지 않고 계속해서 잘못된 길로 나가면 결국은 자기 자신뿐만 아니라 주변 사람들까지 산산조각 나고 맙니다. 만약 죄를 짓게 되면 곧장 회개하고 돌이키는 것이 정신 건강과 습관과 인격과 주변 사람을 위해서도 좋습니다. 돌이키지 않으면 결국 자신의 못된 성격과 행동 때문에 다른 사람이 고통을 당하고, 시간이 지날수록 습관과 품성이 나빠지게 됩니다. 우리 주변에도 연세는 지긋하신데 사람들에게 크고 작은 고통을 주는 어르신들이 있습니다. 이런 분들은 사람들이 싫어하고 피하려 합니다. 젊었을 때부터 나쁜 습관을 고치지 않았기 때문입니다. 잘못된 생각을 심으면 잘못된 행동이 나오고, 잘못된 행동을 계속 심으면 잘못된 습관이 형성됩니다. 이 잘못된 습관은 결국 잘못된 인격을 낳습니다. 자신의 성품과 습관, 태도와 말과 생각에 잘못된 것이 발견되면 그 즉시 하나님 앞에 나와 씨름해야 합니다. "하나님 아버지! 성령의 은혜로 저를 도와주시옵소서!"라고 기도하며 용서를 구하고 도움을 청해야 합니다. 죄의 고리는 발견하는 즉시 바로바로 끊어야 합니다.

우리가 전심으로 회개하고 새로워질 때 점차적으로 예수님을 닮아 가게 됩니다. 예수님을 닮아 갈수록 우리 삶에는 참 평안과 기쁨이 생깁니다. 설령 남보다 비싼 음식을 먹지 못하고 더 넓은 집에 살지 못한다고 해도 괜찮습니다. 이미 내 마음이 평안하고 만족스러우니 충분히 행복할 수 있습니다. 아무리 으리으리하고 넓은 집에 살고, 비싸고 진귀한 음식을 먹고 산다 해도 마음에 평안이 없고 매일 갈등과 고통 속에서 살아간다면 그 인생이 어찌 행복하다고 말할 수 있겠습니까?

우리는 변화되어야 합니다. 이것이 바로 성화(聖化)입니다. 예수님 안에서 점점 예수님을 닮아 가며 변화해 나갈 때 우리는 언제 어디서든 복의 근원이 될 수 있습니다. 예수님을 믿는 삶은 바로 이런 것입니다.

# 죄의 처리 방법

"그가 빛 가운데 계신 것 같이 우리도 빛 가운데 행하면 우리가 서로 사귐이 있고 그 아들 예수의 피가 우리를 모든 죄에서 깨끗하게 하실 것이요 만일 우리가 죄가 없다고 말하면 스스로 속이고 또 진리가 우리 속에 있지 아니할 것이요 만일 우리가 우리 죄를 자백하면 그는 미쁘시고 의로우사 우리 죄를 사하시며 우리를 모든 불의에서 깨끗하게 하실 것이요 만일 우리가 범죄하지 아니하였다 하면 하나님을 거짓말하는 이로 만드는 것이니 또한 그의 말씀이 우리 속에 있지 아니하니라"

요일 1:7-10

사람은 살면서 많은 죄를 짓습니다. 이번 장에서는 우리가 어쩔 수 없이 죄를 지었을 때, 구체적으로 대응할 수 있는 방법들을 살펴보려 합니다.

## 기억해야 할 진리

**첫째**, 사탄이 죄 용서를 방해한다는 사실을 알아야 합니다. 사탄은 절대로 우리의 구원을 빼앗아 갈 수 없습니다. 하나님의 은혜를 입고 그분을 믿음으로써 의롭다 하심을 받았기에 우리가 받은 구원은 영원합니다. 그러나 하나님께서 주신 새로운 성품과 더불어 옛 성품을 지니고 있는 사람은 예수님을 영접한 후에도 여전히 죄를 지을 수 있습니다. 우리는 죄가 얼마나 끔찍하고 괴로운 결과를 초래하는지 잘 알고 있습니다. 그러니 죄를 짓고 싶은 마음이 전혀 없음에도 불구하고, 우리 안에 아직 남아 있는 죄성 때문에 어쩔 수 없이 죄를 짓게 되는 것입니다.

사탄은 이런 기회를 놓치지 않습니다. '이번에는 하나님도 용서하지 않으실 거야. 너 벌써 몇 번째야? 벼룩도 낯짝이 있다는데 그런 네가 하나님의 자녀 맞아? 교회 집사, 권사, 장로, 목사라면서 어떻게 또 용서해 달라고 빌 수가 있지?'라는 식으로 하나님 앞에 회개하러 나아가는 우리의 발걸음을 주춤하게 만듭니다. 그러나 사탄은 하나님께서 주신 구원과 영생, 하나님의 자녀라는 특권을 빼앗아 갈 수 없습니다. 그런 권세가 없기 때문입니다. 하지만 하나님께 나아가지 못하도록 방해 공작은 마음껏 펼칠 수 있습니다.

만약 우리 마음에서 '내가 아무리 회개한다 해도 용서받지 못할 거야. 나 같은 사람을 하나님께서 어떻게 사랑하시겠어?'라는 식의 자기 비하가 시작된다면, 이것이 사탄의 계략인 것을 알아채야 합니다. 그리고 담대한 마음으로 "사탄아 물러가라! 하나님께서는 나를 사랑하신다! 내가 비록 부족하고 연약하여 지금까지 수없이 실수하고 죄를 지었지만, 그래도 예수님은 나를 위해 돌아가셨고 하나님께서는 이렇게 부족한 나를 여전히 사랑하시는 분이다!"라고 선포해야 합니다. 사탄의 부정적인 목소리에 귀를 기울이고 교묘한 책략에 말려들게 되면 우리는 의기소침해지고 자신감을 잃습니다. 결국 하나님과 멀어져 영혼이 시들해지고 영적 생명력이 휘청거리게 됩니다.

다시 한번 강조합니다. 사탄은 우리의 구원 자체를 건드릴 수는 없지만, 우리를 쓸모없고 비참한 그리스도인으로 만들어 버릴 수는 있습니다. 사탄이 예수님을 믿는 사람에게 지속적으로 죄의식과 죄책감을 갖게 해 무력한 성도로 만들려는 이유가 무엇일까요? 이는 죄 용서함을 받은 온전한 그리스도인의 역량과 힘이 그만큼 강하고 위대하기 때문입니다. 한 사람이 죄를 용서받고 정결해진 마음으로 다시 주님께 나아가며, 이웃을 사랑하고 전도하며 양 떼를 돌본다면 사탄은 엄청난 위기감을 느낍니다. 그래서 사탄은 어떻게 해서든 우리 그리스도인을 죄의식과 죄책감으로 옭아매려는 것입니다. 우리가 설령 잘못을 했더라도 절대 사탄에게 휘둘릴 필요가 없습니다. 사탄의 계략에 속아 그들을 기쁘게 하지 마십시오.

둘째, 우리의 모든 죄가 십자가에서 완전히 해결되었음을 믿으십시오. '의롭다 하심'을 입었다는 것은 죄가 없다고 인정받았다는 뜻입니다. 예수 그리스도를 나의 구주로 믿고 고백하며 그분의 십자가가 바로 나를 위한 것이라고 믿는 그 순간, 우리의 죄가 단번에 없어졌습니다. 우리가 입으로 고백한 죄만 없어진 것이 아니라 기억나지 않아 고백하지 못한 죄까지도 모두 용서받았습니다. 우리가 예수 그리스도 안으로 들어가는 순간, 예수님의 보혈로 우리의 모든 죄가 덮어진 것입니다. 우리의 과거뿐 아니라 현재와 미래의 죄까지 단번에 용서받았습니다. 예수님을 믿는 그 순간 우리의 위치는 '사망에서 생명으로' 옮겨졌습니다. 우리가 감정적으로 그렇다고 느끼느냐 혹은 느끼지 못하느냐 하는 것은 중요하지 않습니다. 그런데 구원받은 사람이 죄를 짓게 되면, 그 순간 하나님께로부터 멀어진 것처럼 느껴집니다. 이것이 문제입니다. 우리가 죄를 지었을 때도 하나님께서는 늘 그 자리에 계십니다. 그런데도 우리는 자기 자신의 죄 때문에 하나님께서 자신을 미워하고 사랑하지 않으실 거라 생각하고 그렇게 믿어버립니다. 죄를 지었다 하더라도 예수님을 믿는 사람의 정체성은 여전히 '그리스도 안에서 완전히 의롭다고 인정받은 자'입니다.

2천 년 전, 예수님께서는 십자가 위에서 "다 이루었다"라고 말씀하셨습니다. 그 순간 우리의 모든 죄의 대가가 다 지불되었습니다. '다 이루었다'라는 말은 헬라어로 '테텔레스타이(tetelestai)'입니다. 이는 주로 장사하는 사람들이 쓰는 용어로, 원래 '지불 완료'라는 뜻을 지닙니다. 다시 말해 우리 죄에 대한 대가를 예수님께서 다 치르셨다는 뜻이 예수님의 "다 이루었다"라는 말에 들어 있는 것입니다. 그러나 목욕을 한 사람이라도 매일 손과 발은 씻어야 하듯 매일의 삶에서 지은 죄에 대해서는 순간순간 회개해야 합니다. 그래야 항상 평안과 기쁨을 누리며 살 수 있습니다.

셋째, 자신의 죄를 하나하나 구체적으로 고백하십시오. 우리는 자기 죄를 속히 인정하고 하나님께 용서를 구해야 합니다. 죄를 오래 품고 있거나 죄의식을 계속해서 붙잡고 있어서는 안 됩니다. '자백하다'라는 단어에는 있는 사실을 그대로 이야기한다는 뜻이 있습니다. 물론 전지전능하신 하나님께서는 우리가 일일이 말하지 않아도 우리 죄가 무엇인지 다 알고 계십니다.

"만일 우리가 우리 죄를 자백하면 그는 미쁘시고 의로우사 우리 죄를 사하시며 우리를 모든 불의에서 깨끗하게 하실 것이요"(요일 1:9).

이 말씀처럼 "하나님, 제가 오늘 죄를 지었습니다. 그 죄가 무엇인지 다 아시는 하나님, 저를 용서해 주십시오!"라고 기도해도 하나님은 용서해 주실 것입니다. 그러나 문제는 그런 기도로는 자기 자신이 치유되지 않는다는 것입니다. 그래서 여전히 죄의식에 사로잡혀 방황하고 번민하고 고통을 당하게 됩니다. 스스로 고통에서 벗어나기 위해서라도 구체적으로 자백하고 회개해야 합니다.

심한 병에 걸린 환자라면 스스로 어디가 어떻게 아픈지 말해야만 병을 고칠 수 있습니다. 즉, 죄를 지은 사람은 자기 죄에 대해 하나님 앞에 낱낱이 고백할 때 영혼이 치유받을 수 있습니다. 대부분의 사람들은 자기 죄를 있는 그대로 인정하지 않습니다. 심한 속앓이를 하면서도 시치미를 뚝 떼고 아니라고 변명합니다. 이렇게 되면 영적으로 병들고 침체됩니다. 아무리 아니라고 부인한다 해도 자기 양심은 알고 있습니다. 하나님께서도 다 알고 계십니다. 사실대로 자백하면 깨끗하게 된다고 성경은 말씀합니다. 죄를 구체적으로 고백하고 "예수 그리스도의 이름으로 기도합니다!"라고 말하는 순간 완전한 용서와 치유가 이뤄집니다.

사람들은 종종 '죄를 자백하면 용서해 주신다'라는 하나님의 분명한 말씀과 자신의 기분을 혼동합니다. 자기 마음에 용서받았다는 느낌이 없으면 하나님께 용서받지 못했다고 생각하는 것입니다. 이는 분명한 착각입니다. 내 기분과 느낌은 아무 상관없습니다. 내가 그 사실을 믿든지 혹은 믿지 않든지, 용서를 구했다면 용서받은 것입니다. 죄를 고백하는 순간 하나님께서 다 용서하셨다고 믿는 것, 이것이 믿음입니다. 하나님은 결코 거짓을 말씀하시는 분이 아닙니다. 또한 사정에 따라 마음을 바꾸시는 분도 아닙니다.

우리가 죄를 자백하면 용서해 주실 뿐 아니라 우리를 모든 불의에서 깨끗케 하신다고 말씀합니다. 이는 우리의 죄성을 점점 깨끗하게 만들어 가시는 것입니다. 그리스도의 보혈로 우리를 점점 거룩하게 빚어 가신다는 뜻입니다. 불의는 곧 구부러진 죄성입니다. 아무리 과녁을 향해 총을 잘 겨누고 쏜다 해도 총대가 구부러져 있으면 명중할 수 없습니다. 그러나 우리가 죄를 자백할 때 하나님께서 우리의 이 구부러진 죄성을 펴 주신다고 말씀합니다.

그런데 문제는 사람이 하나님 앞에서 자기 죄와 잘못을 인정하는 것이 굉장히 힘들다는 사실입니다. 하나님께 자백하기에 앞서 스스로를 죄 속에 가둬 놓고 며칠 동안 끙끙 앓습니다. 그러나 죄는 그 즉시 고백하고, 구체적으로 자백할수록 좋습니다. 이는 심리학적으로도 입증된 사실입니다. 많은 심리학자들이 문제를 안고 있는 사람들과 대화하면서 어떤 작업을 하는 것일까요? 바로 사람들의 가슴 깊은 곳에 숨어 있는 것들을 계속 두드리며, 말하게 하고, 꺼내는 일입니다. 한 달이든 두 달이든 계속해서 두드리고 질문합니다. 그럴 때 많은 사람들이 가진 마음의 병이 낫는다고 합니다. 그러나 저명한 심리학자들보다도 훨씬 먼저 이 이론을 정립하신 최고의 심리학자가 바로 하나님이십니다. 하나님께서는 우리가 찾아가서 자백하고 회개하면 언제든 용서해 주시고 우리를 새롭게 만들어 주십니다.

살다 보면 자기도 모르게 자신의 구부러진 성품이 드러나 주변 사람들에게 고통을 줄 때가 있습니다. 주변 사람들이 나의 휘어진 모습을 지적할 때 "내가 언제 그랬어?" 하며 자기방어에 급급할 것이 아닙니다. 즉각 자신의 잘못을 인정하고 하나님께 고쳐 달라고 간구해야 합니다. 자신의 죄성이 발견될 때마다 즉각적으로 처리하지 않으면 평생 다른 사람에게 피해를 주거나 주변 사람들에게 환영받지 못하는 존재로 살아가야 할지도 모릅니다.

넷째, 고백한 후에는 죄를 용서받았음을 믿고 다시는 그 죄를 기억하지 마십시오. 어떤 때는 자신의 죄가 잊히지 않을 수 있습니다. 그럴 때는 내 죄를 잊으려고 애쓰기보다 하나님의 용서에 집중하십시오. 초록빛 들판을 바라보면서 초록색을 잊기 위해 애쓰기보다는 고개를 들어 푸른 하늘을 바라보는 것이 초록색을 잊는 데 도움이 되듯 말입니다. 나는 비록 연약하고 부족하지만 하나님은 나를 용서하시는 분이요, 자비로우신 분이요, 2천 년 전 십자가에서 단번에 나의 모든 죄를 사해 주신 분임을 기억하는 것입니다. 그 하나님을 수시로 생각하고 떠올릴 때, 집요하게 나를 따라다니는 죄의 기억을 떨칠 수 있습니다.

다시 한번 강조합니다. 중요한 것은 용서받았다는 우리의 '느낌'이 아니라, 용서하겠노라 약속하신 하나님의 '말씀'입니다.

다섯째, 하나님께 감사와 찬양을 드리고 이후로는 하나님 앞에 신실하십시오. 하나님께 자백하고 난 후에는 그분의 용서의 손길을 믿고 이렇게 기도하십시오. "하나님 아버지, 감사합니다. 제 죄를 모두 용서해 주신 것 감사합니다. 하나님의 약속을 믿고 죄를 자백했더니 약속대로 이렇게 용서해 주셔서 감사합니다. 주님은 정말 참 좋으신 분입니다. 이것이 벌써 열다섯 번째인데도 저를 용서해 주시니 참으로 감사합니다. 이제 저를 변화시켜 주셔서 주님 앞에 신실한 자녀로 살아갈 수 있도록 해 주시옵소서." 그리고 죄 문제는 오직 성령께서만 해결하실 수 있음을 믿어야 합니다. 이후로는 성령을 의지해 죄의 유혹을 물리칠 수 있기를 간절히 바랍니다.

여섯째, 하나님께 성령으로 충만하게 채워 주실 것을 간구하고, 구한 대로 채워 주셨음을 믿으며 그 능력을 의지해 살아가십시오. 많은 성도들이 성령 충만이 단번에 일어나는 사건이라고 생각합니다. 그렇지 않습니다. 어떤 뜨거운 체험을 한 후, 그것이 성령 충만이라고 생각하기도 합니다. 사실 성령 충만은 지속적이고 반복적인 현상입니다. 성경에서도 성령 충만을 받으라고 말씀하셨는데, 그 말씀의 시제는 과거나 미래가 아닌 현재형입니다.

"술 취하지 말라 이는 방탕한 것이니 오직 성령으로 충만함을 받으라"
(엡 5:18).

우리가 성령님을 의지하지 않고 스스로의 노력만으로 죄와 싸워 이기려 하면 백이면 백, 실패할 수밖에 없습니다. 죄와 싸워 이기려면 싸우는 그 순간, 성령님의 도우심을 구해야 합니다. '내가 예수 믿는 사람인데 날 어떻게 보고 이렇게 공격하느냐? 내가 이기나 네가 이기나 어디 해보자!'라는 식으로 맞섰다간 보기 좋게 쓰러지고 맙니다. 죄를 용서받은 자가 반드시 기억하고 행해야 할 일은 오직 '성령님의 도우심을 구하며 사는 것'입니다.

일곱째, 죄를 떠나지 않으면 주님께서 회개하도록 징계하신다는 것을 기억하십시오. 죄를 회개하지 않고 계속해서 자기 죄를 고수하면 어떻게 될까요? 하나님께서는 그 생명을 빼앗으실 수도 있습니다.

"누구든지 형제가 사망에 이르지 아니하는 죄 범하는 것을 보거든 구하라 그리하면 사망에 이르지 아니하는 범죄자들을 위하여 그에게 생명을 주시리라 사망에 이르는 죄가 있으니 이에 관하여 나는 구하라 하지 않노라"(요일 5:16).

"주의 몸을 분별하지 못하고 먹고 마시는 자는 자기의 죄를 먹고 마시는 것이니라 그러므로 너희 중에 약한 자와 병든 자가 많고 잠자는 자도 적지 아니하니"(고전 11:29-30).

이 말씀은 성찬 음식을 함부로 먹어 하나님께 생명을 빼앗긴 자가 있음을 이야기합니다. 이 땅에서 하나님께서 허락하신 날수대로 살다가 하늘나라에 가기 원한다면, 자기 죄를 쓸데없이 고집해서는 안 됩니다. 하나님께서는 우리가 연약한 존재임을 너무나 잘 알고 계십니다. 이 사실을 깨닫고 하나님께 용서를 구하고, 주님의 도우심 아래서 성령 충만하게 살아간다면 우리는 날마다 예수 그리스도의 형상을 닮아 갈 수 있을 것입니다.

# 2부

# 큰 구원의 은혜

# 구원의 3단계

"삭개오가 서서 주께 여짜오되 주여 보시옵소서 내 소유의 절반을 가난한 자들에게 주겠사오며 만일 누구의 것을 속여 빼앗은 일이 있으면 네 갑절이나 갚겠나이다 예수께서 이르시되 오늘 구원이 이 집에 이르렀으니 이 사람도 아브라함의 자손임이로다 인자가 온 것은 잃어버린 자를 찾아 구원하려 함이니라" 눅 19:8-10

예수께서는 우리를 구원하기 위해 이 땅에 오셨고, 십자가에서 돌아가셨습니다. 사도 바울은 이를 '위대한 구원'이라고 말합니다. '구원론'의 뿌리가 되는 성경 말씀을 살펴보며 우리는 사도 바울이 말한 구원의 의미를 이해할 수 있을 것입니다.

"인자가 온 것은 잃어버린 자를 찾아 구원하려 함이니라"(눅 19:10).

"아들을 낳으리니 이름을 예수라 하라 이는 그가 자기 백성을 그들의 죄에서 구원할 자이심이라 하니라"(마 1:21).

우리가 구원받는 단계는 크게 세 가지로 나눌 수 있습니다.

첫째, 구원의 예비 단계입니다. 예비 단계에는 구원받기 전에 일어나는 세 가지 사건이 포함됩니다. 바로 '은혜, 선택, 소명'입니다. 우리의 구원은 철저히 하나님의 은혜에서 출발합니다. 구원의 단계는 처음부터 끝까지 전부 하나님의 은혜입니다. 그 속에 선택도 있고 소명도 있습니다. '선택' 안에는 예지(미리 알고)와 예정(미리 정하고)과 택정

(골라서 선택하는)이 포함됩니다. 하나님께서 누구든 다 오라고 부르시는 것이 바로 '소명'입니다. 그분은 우리를 부르실 뿐만 아니라 그 부르심이 효력을 발하게도 하십니다.

둘째, 구원의 시작 단계입니다. 우리가 구원받을 때 일어나는 사건들이 있습니다. 부르심의 음성을 듣고 난 후에는 자연스럽게 회개가 뒤따릅니다. 하나님께서 은혜로 우리를 선택하고 불러 주신 사실을 깨닫고 나면 그동안의 삶을 회개하게 됩니다. 그러면서 주님을 믿는 것입니다. 이 믿음은 삶의 변화를 불러옵니다. 회심과 동시에 거듭남이 이루어집니다.

셋째, 구원의 지속 단계입니다. 구원받은 후 영화로운 존재로 이어지기까지의 단계입니다. 영적으로 거듭난 사람은 믿음으로 의롭다 함을 받습니다. 또한 그리스도와 영원히 하나가 되고 하나님의 양자로 살아가는 특권을 얻게 됩니다. 그때부터 하나님께서는 우리를 변화시켜 주십니다. 이것이 성화(聖化)입니다. 하나님께서는 우리를 지속적으로 보호하시고 영원히 보존시키다가 마침내는 영화롭게 만들어 주십니다. 여기에서 '거듭남'과 '의롭게 됨'과 '그리스도와 하나 됨'과 '양자 됨'은 일회적인 사건인 반면, '성화'와 '영원한 보존'과 '영화'는 지속적인 과정입니다.

시편 84편 11절은 "여호와께서 은혜와 영화를 주시며"라고 말씀합니다. 구원의 출발점은 하나님의 은혜이며, 구원의 종착역은 영화입니다. 은혜로 출발해서 영화로움에 이릅니다. 죄로 인해 타락하고 결국에는 멸망할 수밖에 없는 우리를 하나님의 은혜로 선택하시고 변화시킨 후, 마지막에 영화롭게까지 하신 것입니다.

구원론을 요약하면 '여호와께서 은혜와 영화를 주시는도다'입니다. 은혜로 시작해 영화에 이르는 구원 여정을 살펴보는 것이 구원론을 이해하는 첫걸음입니다.

# 은혜

"참 빛 곧 세상에 와서 각 사람에게 비추는 빛이 있었나니 그가 세상에 계셨으며 세상은 그로 말미암아 지은 바 되었으되 세상이 그를 알지 못하였고 자기 땅에 오매 자기 백성이 영접하지 아니하였으나 영접하는 자 곧 그 이름을 믿는 자들에게는 하나님의 자녀가 되는 권세를 주셨으니 이는 혈통으로나 육정으로나 사람의 뜻으로 나지 아니하고 오직 하나님께로부터 난 자들이니라 말씀이 육신이 되어 우리 가운데 거하시매 우리가 그의 영광을 보니 아버지의 독생자의 영광이요 은혜와 진리가 충만하더라" 요 1:9-14

의를 베푸신 것입니다. 중간에 돌려보내지 않으시고 우리를 끝까지 돌보시며 흠도 없이 깨끗하게 변화시켜 영화롭게 해 주신 그 손길이 바로 은혜입니다.

성경은 은혜에 대해 다음과 같이 말합니다.
- 인간을 향한 하나님의 넘치는 부요함(엡 2:7).
- 구원이 주는 모든 축복을 누리며 경험할 수 있음(행 13:43).
- 인간을 대신해 구원을 가져다주시는 하나님의 사역(딛 2:11).
- 하나님께서 대가를 지불해 우리를 구속하셔서 구원을 이루심(롬 3:24).
- 인간이 믿음으로 들어가 그 안에 거할 수 있게 하는 하나님의 문(롬 5:2).
- 그리스도의 선물의 분량을 따라 우리에게 베푸신 하나님의 선물(엡 4:7).
- 하나님을 열심히 섬기도록 하나님께서 친히 부여하신 동기(고전 15:10).
- 신약 성경에서는 '축복'과 거의 동일한 의미로 쓰임(롬 16:20, 고후 13:13, 골 4:18).

하나님은 본질상 사랑이시기 때문에 그분의 자녀들에게 은혜 베풀기를 즐거하십니다. 우리의 모든 것이 하나님의 은혜입니다. 하나님의 은혜가 아니면 우리는 그리스도인이 될 수 없고, 그리스도인의 삶을 살 수도 없습니다.

## 은혜의 원천과
## 매개자

성부(聖父), 성자(聖子), 성령(聖靈)께서 우리들에게 은혜를 주십니다. 성부는 그리스도 안에 있는 우리를 부르사 자신의 영광으로 들어가게 하시는 은혜의 하나님이십니다(벧전 5:10). 은혜는 하나님 아버지로부터 옵니다. 모든 종류의 은혜는 전부 다 하나님께로부터 온 것입니다. 또한 고린도후서 8장 9절 "우리 주 예수 그리스도의 은혜를 너희가 알거니와"라는 말씀에서도 알 수 있듯 성자 예수님께서도 은혜를 주십니다. 요한복음 1장 14절에서는 "말씀이 육신이 되어 우리 가운데 거하시매 우리가 그의 영광을 보니 아버지의 독생자의 영광이요 은혜와 진리가 충만하더라"고 말씀합니다. 예수 그리스도를 통해 우리에게 은혜가 나타났다는 것입니다. 성령님도 '은혜의 성령'이십니다(히 10:29).

이처럼 성부와 성자와 성령, 삼위(三位) 하나님은 모두 우리에게 은혜를 주시기 위해 역사하십니다. 은혜의 원천은 성부 하나님이시요, 아들이신 예수님 안에서 은혜가 베풀어지며, 은혜를 베푸시는 분은 성령님입니다.

## 은혜의 포괄적
## 사역

'은혜'는 인간이 죄로 인해 잃어버린 모든 것들을 회복시켜 줍니다

(롬 5:15, 19-21). 죄 때문에 잃어버린 바 되었던 인간을 완전히 회복시켜 주는 것이 바로 은혜입니다. 우리는 본래 왕 같은 존재들이었습니다. 그러나 에덴 동산에서 일어난 원죄로 인해 인간은 타락하고 본래의 영광을 모두 잃어버리게 되었습니다. 원래는 영적인 것, 지적인 것, 심리적인 것, 육체적인 것, 사회적인 것, 환경적인 것 등에 놀라운 하나님의 은혜가 있었으나 죄 때문에 모든 은혜를 잃고 말았습니다. 그래서 인간은 머리끝부터 발끝까지 성한 데 하나 없이 구석구석 상처를 입고 온통 죄로 가득 차게 된 것입니다.

"그들의 목구멍은 열린 무덤이요 그 혀로는 속임을 일삼으며 그 입술에는 독사의 독이 있고 그 입에는 저주와 악독이 가득하고 그 발은 피 흘리는 데 빠른지라"(롬 3:13-15).

하나님의 은혜는 인간을 구원합니다. 흠 많고 타락한 영혼을 깨끗이 씻어 하나님과의 관계를 회복시킵니다. 또 인간과 인간의 관계를 열어 서로 사랑하게 만듭니다. 불안과 공포 속에서도 평화를 누리게 하고, 연약한 육체를 믿음으로 강건케 하고, 환경과 여건을 새롭게 만듭니다. 마침내 새 하늘과 새 땅을 우리에게 주시는 놀라운 능력입니다. 은혜는 죄의 파괴력으로 인해 잃어버린 모든 것을 그리스도 안에서 회복시켜 줍니다. 아담의 원죄는 사망을 가져왔지만, 은혜는 생명을 선물로 주었습니다.

하나님께서는 여러 형태로 우리에게 은혜를 주십니다.

- 택하심(롬 11:5): 택하심을 통해 우리가 예수님을 믿게 되었으니 택함 자체가 은혜입니다.
- 부르심(갈 1:15): 하나님께서는 택한 자를 불러 주십니다.
- 복음(행 20:24): 하나님의 사랑과 죄 사함, 영원한 생명에 대한 소식이 바로 은혜입니다.
- 믿음(행 18:27): 우리는 하나님의 은혜가 있어야만 믿음을 가질 수 있습니다. 믿음도 은혜입니다.
- 구원(엡 2:8): 구원 자체가 은혜입니다.
- 하나님의 자비하심(딛 3:7): 자비하심으로 인하여 은혜가 나타 납니다.
- 영원한 생명(롬 5:21): 영생은 은혜의 결과입니다.
- 용서하심(엡 1:7): 단번에 용서하신 것도 은혜요, 날마다 용서하 시는 것도 은혜요, 지속적으로 용서하시는 것도 다 하나님의 은혜입니다.
- 강건함(고후 12:8-9): 연약한 데서 강건해질 수 있는 것도 은혜 입니다.
- 영적 사역(엡 3:8): 교회에서 주님을 위해 일하고 섬기는 것이 하 나님의 은혜입니다. 하나님의 은혜가 아니면 그런 일들을 할 수 없고, 하고 싶은 마음도 생기지 않습니다.

- 하나님을 섬김(히 12:28): 하나님을 섬기고 여러 사역의 기회를 주시는 것도 은혜입니다.

- 신앙의 성장(벧후 3:18): "주님, 제가 오늘부터 열심히 성장하겠습니다."라고 외치고 노력한다고 해서 신앙이 갑자기 성장하는 것이 아닙니다. "주여, 제가 말씀 읽을 때 깨닫게 해 주시고 저를 변화시키셔서 제 영혼이 성장하게 하옵소서."라고 기도해야 합니다. 그리고 "감사할 수 없는 상황이지만 주님께서 범사에 감사하라고 하시니 저에게 은총을 베푸시어 감사할 능력을 주옵소서."라고 하나님께 매달릴 때 우리 삶은 조금씩 변화하게 됩니다. 하나님의 은혜가 아니면 우리는 아무 일도 할 수 없습니다. 하나님께 지속적으로 부어 달라고 해야 은혜가 나타납니다. 하나님께서는 그 은혜로 우리의 부족함을 덮어 주십니다. 하나님의 은혜를 계속 구하십시오. 하나님은 은혜 베풀기를 좋아하십니다. 은혜가 우리의 신앙을 성장시킵니다.

- 우리의 존재 자체(고전 15:10): '나의 나 된 것은 하나님의 은혜'입니다.

- 하늘의 상급(딤후 4:8): 모든 축복은 처음부터 끝까지 은혜입니다. 그러므로 "여호와께서 은혜와 영화를 주시며"(시 84:11)라는 말씀을 따라, 모든 선한 것이 나타날 때마다 하나님께 감사해야 합니다. 또한 모든 선한 것은 하나님께 구해야 합니다. 자신의 노력으로 하려고 할 때도 "주여, 제가 이 일을 열심히 할 수 있도록 은혜를 베풀어 주옵소서."라고 구해야 합니다. 만약 주님께 구하지 않고 스스로의 힘으로 할 때는 은혜가 아니라, 본인

의 열심과 노력을 드러내는 자랑과 교만이 남습니다. 자신의 영광만 드러납니다. 나의 나 된 것 그 자체가 하나님의 은혜라는 사실을 잊게 되는 것입니다. 하나님의 은혜를 깊이 깨달으면 우리 삶에 감격이 생기고, 하나님을 전적으로 의지하며 모든 영광을 주님께 드리는 삶을 살 수 있습니다.

## 은혜와 그리스도인의 관계

그렇다면 은혜와 그리스도인은 어떤 관계가 있을까요? 은혜 안에서 우리는 어떤 삶을 살게 되는 것일까요?

첫째, 우리는 은혜 안에서 자랍니다(벧후 3:18). 베드로는 교인들을 향해 예수 그리스도의 은혜와 그를 아는 지식에서 자라가라고 명령합니다.

둘째, 우리는 은혜 안에 서 있습니다(벧전 5:12). 우리는 은혜 속, 그리스도의 은혜 속, 성령님의 은혜 속에 서 있습니다. 은혜 속에 우리가 존재합니다. 그러므로 우리는 걱정하지 않고 밝은 미래를 바라볼 수 있습니다.

셋째, 우리는 은혜 안에서 세움을 받습니다(행 20:32). 세움을 받는다는 것은 점점 온전한 형상으로 완성되어 간다는 뜻입니다.

**넷째, 우리는 은혜 안에서 강건케 됩니다**(딤후 2:1). 아주 어려운 상황에 처한 사람이 있습니다. 그가 혼자서 무거운 인생의 짐을 다 지려고 한다면 어떻게 되겠습니까? 아마 도저히 감당하지 못해 결국 지쳐 쓰러지고 말 겁니다. 이럴 때 하나님께 은혜를 구해야 합니다. "하나님이여, 저에게 은혜를 베푸셔서 강건케 하여 주옵소서."라고 기도하면 됩니다. 그러면 하나님의 은혜가 나타나 그를 강하게 만들 것입니다. 주어진 인생의 짐을 넉넉히 질 수 있게 되는 것입니다. 내가 약하고 지쳐 있을 때는 인생의 짐을 혼자 다 질 수 없습니다. 인생이 무거워 발걸음이 휘청거릴 때면, 내게 더 큰 힘이 필요하다고 느낄 때면 바로 하나님께 은혜를 구하십시오. 그러면 하나님께서 새로운 힘을 주십니다. 아주 크고 무거운 짐도 힘 있는 사람에게는 문제가 되지 않습니다. 그러니 하나님께 은혜를 구하기 바랍니다. 그 어떤 영적 전쟁도 싸워 이길 힘이 생길 것입니다.

**다섯째, 우리는 은혜 안에서 온전케 됩니다**(벧전 5:10). 온전케 된다는 것은 영적으로 성숙해진다는 뜻입니다.

**여섯째, 우리는 은혜로 죄의 지배에서 해방됩니다**(롬 6:14). 인간의 방법과 노력으로는 죄에서 벗어날 수 없습니다. 그럴 때는 하나님의 은혜를 구해야 합니다.

알코올 중독자 치료협회(Alcoholic Anonymous, 약자로 A.A.)라는 모임이 있습니다. 실제로 알코올 중독자들은 술을 끊기 위해 술병을 버리기도 하고 온갖 약속과 다짐을 합니다. 별별 노력을 다해 보지만 번번이 실패하고 맙니다. 그래서 A.A.에서는 이런 방법을 사용한다고 합니다. 우선은 회원들이 모여 대화하면서 자기 자신의 힘과 능력으로 할 수 없다는 것을 인정하게 합니다. 그러면 내 밖에 있는 어떤 큰 힘(곧 하나님)에게 도움을 청해야 한다고 생각하며 "하나님, 저는 도저히 못 하겠으니 하나님께서 도와주옵소서."라고 요청하게 되는 것입니다.

A.A. 회원들에게 우선 "하나님께 도움을 청해서 오늘 하루만 술을 안 마실 수 있겠습니까?" 하고 물어보면 "그건 할 수 있다!"고 대답합니다. 그러면서 "하나님, 도와주세요!" 하며 하루는 참고 안 마십니다. 그다음 날 "당신은 오늘 하루 술을 안 마실 수 있습니까? 하나님의 도움으로요."라고 물어보면 "하루는 할 수 있습니다."라고 답합니다. 서너 번 그렇게 하다 보면 점점 술에서 멀어지게 됩니다.

오늘부터 평생 동안 술을 절대 안 마시기로 결심해야 한다면 얼마나 힘들겠습니까? 알코올 중독에서 헤어나지 못하는 사람은 '내가 오늘 하루는 안 마실 수 있지만 어떻게 평생을 안 마시고 살 수 있겠나?' 하면서 포기하는 것입니다. A.A. 회원들처럼 필요할 때마다 도움을 청하면 하나님께서는 우리를 죄에서 해방시켜 주실 것입니다. "오늘 저에게 은혜를 주옵소서." 하면 오늘의 맞춤형 은혜가 나타납니다. 그리고 내일이 되면 "오늘도 오늘의 은혜를 주옵소서." 하고 기도하면 됩니다. 은혜를 구하지 않으면 쓸데없이 고민하고 걱정과 근심에 사로잡혀 살게 됩니다. 날마다 은혜를 구하는 삶을 살기 바랍니다.


일곱째, 은혜를 통해 율법의 속박에서 자유로워집니다(갈 5:1-4).

여덟째, 은혜로 하나님의 뜻을 행할 만한 동기를 갖게 됩니다(고후 8:9). 예수님이 먼저 우리를 위해 가난해지셨습니다. 우리를 위해 먼저 낮아지셨기에 우리도 하나님의 뜻을 행하겠다는 마음이 듭니다.

아홉째, 그리스도인으로 사는 힘과 능력을 받게 됩니다(고후 12:9). 하나님은 우리의 약한 부분에 그리스도의 은혜를 머물게 하십니다.

열 번째, 실족했을 때에도 회복의 길을 찾습니다(히 4:16). '은혜의 보좌'로 나아가야 합니다. 하나님께서는 언제나 은혜의 보좌에 앉아 계십니다. 우리는 나아가기만 하면 됩니다. 많은 그리스도인들이 하나님께 죄송해서 못 나아갑니다. 여러 번이나 똑같은 죄를 저지르고 어떻게 은혜의 보좌 앞에 나아가느냐고 생각합니다. 그러나 보좌 자체가 은혜입니다. 우리는 담대하게 나아가야 합니다.

열한 번째, 은혜로 삶의 궁극적인 목표에 대한 확신을 갖습니다(행 20:32). 그리스도인은 은혜 속에서 완전하고도 풍요로울 수 있습니다. 이것은 대단히 중요한 기독교 교리입니다. 하지만 우리는 어린 시절부터 은혜로 사는 방법을 훈련하지 않습니다. 세상에서는 은혜를 경험하지 못했기 때문입니다. 우리가 사는 세상에는 '은혜'라는 개념이 거의 없습니다. 어릴 때부터 어른들 앞에서 재롱부리면 칭찬받고, 찡그리거나 울면 야단맞습니다. 공부 잘하면 상 받고, 못하면 낙제입니다. 무엇이든 제대로 하지 못하면 벌 받고 혼나며 살아갑니다. 이렇듯 세상에서는 은혜를 입거나 은혜로 무엇인가를 받는 경험을 많이 하지 못합니다. 그래서 많은 성도들이 하나님의 은혜를 잘 이해하지 못합니다. 깊이 와 닿지 않기 때문입니다.

그러나 하나님께서 앉아 계신 보좌 자체가 은혜의 보좌입니다. 연약한 우리가 언제든지 담대하게 나아가 은혜를 구할 수 있고, 그 은혜 가운데 거할 수 있음을 기억해야 합니다.

# 예지

"예수 그리스도의 사도 베드로는 본도, 갈라디아, 갑바도기아, 아시아와 비두니아에 흩어진 나그네 곧 하나님 아버지의 미리 아심을 따라 성령이 거룩하게 하심으로 순종함과 예수 그리스도의 피 뿌림을 얻기 위하여 택하심을 받은 자들에게 편지하노니 은혜와 평강이 너희에게 더욱 많을지어다" 벧전 1:1-2

우리가 '하나님'이나 '영원'에 대해 어떻게 알 수 있을까요? 하나님과 영원에 대해 우리가 알 수 있는 방법은 단 한 가지입니다. 바로 하나님께서 직접 알려 주시는 것입니다. 인간은 죄로 물들었고, 현실 세상에 서 있으며, 흘러가는 역사 속에 살아가는 유한한 존재입니다. 이런 존재가 영원 전부터 계신 하나님의 세계와 그분의 계획을 다 헤아릴 수는 없습니다. 우리 스스로 하나님을 알 도리는 없는 것입니다. 우리가 하나님에 대해 알 수 있는 길은 오직 하나님의 계시뿐입니다. 하나님께서 직접 가르쳐 주셔야 합니다. 천국, 영원한 하나님의 세계, 그리고 우리의 구원이 어떻게 이루어지는지 하나님께서 먼저 알려 주셔야 합니다.

프랑스의 철학자 데카르트는 어느 겨울날 한 달 동안 난로 속에 들어가 있었습니다. 그러면서 깨달은 것이 '난 아무것도 모르겠다.'와 '나는 생각한다. 그러므로 존재한다.' 이 두 가지였습니다. 유명한 철학자조차 인간은 자기 스스로 생각한다는 것, 그 사실 한 가지만을 깨달았던 것입니다. 인간이 아무리 깊이 생각하고 회의(懷疑)한다 해도 진리를 깨닫기는 힘듭니다. 하나님께서 가르쳐 주실 때라야 비로소 확실한 진리를 알 수 있습니다.

죄로 물들어 타락한 인간의 마음은 본질상 전지전능하시고 무소부재하며 영원불변하신 하나님과는 상반됩니다. 즉, 하나님께서 계시해 주시고 알려 주셨기에 우리가 '성삼위(聖三位) 하나님'이나 '생명책'을 비롯한 모든 영적인 일들을 알 수 있게 된 것입니다. 이렇듯 전적으로 하나님께서 우리에게 가르쳐 주시는 것이 바로 예지(豫知)입니다. 우리는 그 계시를 믿는 것입니다. 영원 전에 하나님께서 하신 일을 우리가 어떻게 알 수 있을까요?

## 예지의 의미

예지(foreknowledge)란, 하나님께서 '미래에 일어날 일을 미리 아신다'는 의미가 아닙니다. 하나님께서 인간과 하나님 사이에 특별한 사랑의 관계를 '미리 설정해 놓으신 것'이 바로 '예지'입니다. 미리 안다는 것은 곧 미리 사랑했다는 뜻입니다. 우리가 아니라 하나님께서 먼저 우리를 향한 특별한 사랑의 관계를 이루어 놓으셨습니다. '안다'는 것은 단순한 인지가 아닙니다. 사랑하는 관계를 말합니다.

마태복음 1장 25절 "동침하지 아니하더니"와 창세기 4장 1절 "아담이 그의 아내 하와와 동침하매"의 '동침'을 원어로 보면 '알다'라는 단어입니다. 이때 '알았다'는 것은 머리로 알고 이해한 것이 아니라 아주 친근한 사랑의 관계를 뜻합니다. 성경에는 이처럼 '안다'가 사랑의 의미로 쓰인 경우가 많습니다.

"내가 너를 모태에 짓기 전에 너를 알았고"(렘 1:5).
"아들을 낳기까지 동침하지 아니하더니"(마 1:25).

또한 심판의 날, 많은 이들이 "내가 주의 이름으로 귀신도 쫓아내고 예언도 하고 권능도 행사했다."고 외칩니다. 하지만 주님께서는 "나는 도무지 너희를 알지 못하니"(마 7:23)라고 말씀하십니다. 하나님께서는 모르시는 게 없습니다. 귀신 쫓아내는 모습도 보셨을 것입니다. 즉, 여기서 '알지 못한다'는 것은 '나는 너와 상관없다'라는 뜻입니다. 사랑의 관계가 아님을 단언하신 것입니다.

"나는 내 양을 알고 양도 나를 아는 것이"(요 10:14).
"하나님이 미리 아신 자들을 또한… 미리 정하셨으니"(롬 8:29).

미리 알았다는 것이 '예지'이므로 이것을 번역해 보면 '하나님이 사랑하신 자를 미리 정하셨다'는 뜻이 됩니다.

"주께서 자기 백성을 아신다"(딤후 2:19).
"정하신 뜻과 미리 아신 대로"(행 2:23).
"일찍부터 나를 알았으니"(행 26:5).
"미리 아신 자기 백성을 버리지 아니하셨나니"(롬 11:2).
"하나님 아버지의 미리 아심을 따라… 택하심을 입은"(벧전 1:2).
"그는 창세 전부터 미리 알린 바 되신 이나"(벧전 1:20).

우리는 생각지도 못했는데 하나님께서 벌써, 미리 우리를 사랑하셨던 것입니다. 우리는 훗날 이 소식을 듣고 그 사랑을 깨닫습니다.

예지는 예연(豫戀), 즉 이미 사랑했다, 미리 사랑했다는 뜻입니다. 예지의 교리는 신학적 논쟁거리로 취급할 것이 아니라, 우리를 향한 하나님의 특별한 사랑에 대한 깊은 감사와 감격으로 대해야 합니다. 하나님께서 깊으신 뜻과 계획에 따라 우리가 태어나기 전부터, 당신의 영광을 위해 우리를 독자적으로 먼저 사랑하셨습니다. 요즘 말로 바꾸면 오랫동안 짝사랑하신 것입니다. 나는 마음이 없었으나 오랫동안 나를 좋아하는 사람의 존재를 알고 감동받아 결혼으로 이어지는 인연도 있습니다. 이렇듯 하나님께서 오래전부터 나를 사랑해 오셨다는 사실을 깨달으면 "하나님의 사랑에 감사하며 찬양합니다."라고 고백하게 될 것입니다.

# 14

## 작정

"너희는 그 은혜에 의하여 믿음으로 말미암아 구원을 받았으니 이것은 너희에게서 난 것이 아니요 하나님의 선물이라 행위에서 난 것이 아니니 이는 누구든지 자랑하지 못하게 함이라 우리는 그가 만드신 바라 그리스도 예수 안에서 선한 일을 위하여 지으심을 받은 자니 이 일은 하나님이 전에 예비하사 우리로 그 가운데서 행하게 하려 하심이니라"

엡 2:8-10

'작정(foreordination)'이란 넓은 의미에서 만물을 다 포함한 예정으로, 하나님의 절대적인 뜻에 따라 모든 것을 미리 정하신다는 뜻입니다. 우리말로는 '작정' 외에 다른 단어로 표현하기가 어렵습니다. 헬라어 중에는 '프로에토이마조(proetoimazo)'와 '프로그라포(prographo)'가 이에 해당합니다.

'프로에토이마조'는 '작정하다'라는 의미로 "선한 일을 위하여 지으심을 받은 자니 이 일은 하나님이 전에 예비하사 우리로 그 가운데서 행하게 하려 하심이니라"(엡 2:10)에 쓰입니다. '전에 예비하셨다'는 '미리 정하셨다'는 의미입니다. '프로그라포'는 '미리 결정짓다', '미리 줄을 그어 놓다'라는 뜻으로 유다서 1장 4절에 쓰였습니다.

작정이란, 하나님께서 앞으로 나타날 일들을 영원 전부터 미리 정하시고, 선택하고 선포하고 임명하셨다는 뜻입니다. 작정은 하나님의 영원하신 결정이 하나씩 펼쳐지는 것입니다.

하나님께서는 모든 것을 작정하십니다. 선한 행위를 작정하시고(엡 2:10) 영원한 심판을 작정하시고(유 1:4) 이 세상에 존재하는 전부, 즉 인간만이 아니라 천사, 사건, 사물, 역사, 자연 등 모든 만물을 작정하십니다.

'작정(foreordination)'이라는 단어는 쉽게 말하면, 우주보다 먼저 존재하신 하나님이 미리 정하신 대로 삼라만상이 펼쳐진다는 것입니다. 설계도에 따라 어떤 인부를 쓰고, 어디에 어떤 자재를 사용할지, 공간과 쓸모를 생각해서 보이지 않는 구석까지 모든 일이 세밀하고 꼼꼼하게 진행되듯, 하나님의 설계도에 따라 건물 전체가 만들어진다는 의미입니다. 세계와 인간의 역사 전체가 하나님의 청사진대로 전개되고 있다는 것입니다.

# 예정

"찬송하리로다 하나님 곧 우리 주 예수 그리스도의 아버지께서 그리스도 안에서 하늘에 속한 모든 신령한 복을 우리에게 주시되 곧 창세 전에 그리스도 안에서 우리를 택하사 우리로 사랑 안에서 그 앞에 거룩하고 흠이 없게 하시려고 그 기쁘신 뜻대로 우리를 예정하사 예수 그리스도로 말미암아 자기의 아들들이 되게 하셨으니" 엡 1:3-5

'예정론(predestination)'은 2천 년 전부터 오늘날까지 논쟁거리가 되어 왔습니다. 신학자와 신학생들은 끊임없이 이를 놓고 논쟁합니다. 본래 예정론은 신학적으로 논쟁하라고 주어진 것이 아닙니다. 구원받은 사람들에게 영적인 축복을 알려 주기 위해 주어진 것입니다(엡 1:3-5). 이는 대단히 중요한 개념입니다. 하나님께서 특별히 구원받은 사람들에게 주신 것이 '예정론'입니다. 그러므로 누군가에게 복음을 전할 때 '예정론'부터 언급해서는 안 됩니다. '예정하다'로 번역된 헬라어는 '프로오리조(proorizo)'라는 단어인데, 원래 뜻은 '미리 표시해 놓다'입니다. 지금부터 이 단어가 명확하게 나와 있는 성경 말씀 두 곳을 살펴보겠습니다.

"하나님이 미리 아신 자들을 또한 그 아들의 형상을 본받게 하기 위하여 미리 정하셨으니… 미리 정하신 그들을 또한 부르시고"(롬 8:29-30).

"하나님이 미리 아신 자들"이란 '하나님이 미리 사랑하신 자들'을 말합니다. 29절에서 보듯 예정의 본래 목적은 하나님 아들의 형상을 본받게 하는 것입니다. 우리가 점점 변화해 예수 그리스도를 닮아 간다면 하나님의 예정대로 되어 가는 것입니다. 또한 예정은 하나님께서 우리를 미리 사랑의 대상으로 정하셨다는 의미입니다. 하나님의 짝사랑이 나와 하나님의 관계를 일방적으로 지정했습니다. 그렇게 정해진 사람은 구원을 받습니다. 구원받고 나면 하나님께서 미리 정하신 대로 예수 그리스도를 닮아 가야 합니다. 우리가 일생 동안 지속적으로 예수 그리스도를 닮아 가면 하나님의 예정대로 되는 것입니다. 예정의 목적은 성화(聖化), 곧 거룩하게 변해 가는 것임을 기억하십시오. 로마서에 기록된 '예정'은 '그 아들의 형상을 본받게 하기 위하여'라는 목적을 지녔기 때문에 구원 자체보다 성화에 더 가깝습니다. 즉, 예수를 닮아간다는 것은 구원받고 변화되어 가는 과정이므로 성화와 더 밀접한 관계가 있습니다.

"그 기쁘신 뜻대로 우리를 예정하사 예수 그리스도로 말미암아 자기의 아들들이 되게 하셨으니… 그의 영광을 찬송하게 하려 하심이라"(엡 1:5, 14).

이 말씀처럼 예정의 목적은 하나님의 영광을 찬미하는 데 있습니다. 로마서 8장에서 살펴본 예정의 목적은 예수님을 닮는 것이었습니다. 성경은 예정의 목적이 '우리를 구원해 양자로 삼고 예수 그리스도를 닮게 만들 뿐 아니라 영원토록 하나님의 영광을 찬송하게 하기 위함'이라고 말합니다. 즉, 구원받은 사람은 예수를 닮아 가며 하나님의 영광을 찬양하기 위해 예정되었다고 말하는 것이 비교적 정확합니다. 예정의 목적은 예수 그리스도를 닮는 것(롬 8:29)과 양자 삼는

것(엡 1:5), 그리고 하나님의 영광을 찬송하는 것(엡 1:14)입니다. 지금
까지 살펴본 예지, 작정, 예정 등은 모두 비슷한 단어입니다. 이 중에
서 가장 광범위하게 사용되고 있는 단어는 '작정'입니다.

# 택정

"하나님이 우리를 구원하사 거룩하신 소명으로 부르심은 우리의 행위대로 하심이 아니요 오직 자기의 뜻과 영원 전부터 그리스도 예수 안에서 우리에게 주신 은혜대로 하심이라 이제는 우리 구주 그리스도 예수의 나타나심으로 말미암아 나타났으니 그는 사망을 폐하시고 복음으로써 생명과 썩지 아니할 것을 드러내신지라" 딤후 1:9-10

성경에는 '택정(election, 擇定)'과 비슷한 단어가 두 개 나옵니다. '택하다', '작정하다'입니다. '택하다'는 "창세 전에… 우리를 택하사… 그 앞에 거룩하고 흠이 없게 하시려고"(엡 1:4)라는 말씀에 나옵니다. 하나님이 우리를 선택하신 목적은 '거룩하고 흠이 없게 하기' 위함입니다. 즉, 구원보다 성화입니다. '작정하다'는 "영생을 주시기로 작정된 자는"(행 13:48)이라는 말씀에 언급됩니다.

영원 전부터 하나님의 구속에 대한 청사진이 있었습니다. 하나님께서 독자적으로 그리신 설계도에 따라 구원 역사가 하나씩 펼쳐졌습니다. 그 가운데 우리가 대한민국에 태어나 주님을 믿고, 하나님의 구원에 참여하게 되었습니다.

'택정'이라는 개념은 여러 대상에 적용됩니다. 이때 택정의 대상은 개인 그 자체입니다. 다시 말해, 바로 그 한 사람을 택하는 것이지 그 사람의 믿음이나 환경을 보고 택하지 않는다는 뜻입니다. 하나님께서 택하셨기 때문에 우리가 믿게 된 것입니다. 인간을 비롯한 만물의 예정 혹은 선택은 모두 하나님께서 이미 행하신 것입니다. 우리가 보태거나 뺄 수 없습니다. 예지, 예정, 택정 등에 대해 우리는 전혀 걱정하지 않아도 됩니다. 또한 '택정론'은 믿는 사람에게 해당되는 것이지 믿지 않는 사람과는 전혀 상관이 없습니다. 택정론은 구원받은 사람들에게 하나님의 크신 사랑과 긍휼과 놀라운 은총을 깨달으라고 주신 교리입니다. 믿지 않는 사람에게 택정론을 이야기하며 구원의 여부를 따져서는 안 됩니다.

하나님께서 택하신 대상에는 우선 그리스도(벧전 1:20, 2:6)가 있습니다. 하나님께서는 이 세상의 구속 사역을 이루시려고 자기 아들을 택하셨습니다. 또 천사(딤전 5:21), 이스라엘 백성(사 45:4), 그리스도인(엡 1:4-5), 어떤 개인(행 9:15, 요이 1:1)이 있습니다. 이들은 모두 인격적인 존재입니다. 하나님께서는 이런 대상을 택하셨습니다. 믿음을 보고 택하신 게 아닙니다. 하나님의 절대 주권으로 택하셨습니다.

이런 선택의 교리는 어떻게 깨달을 수 있을까요? 오직 하나님께서 알려 주실 때만 가능합니다. 이런 교리는 성경에 있으니 믿는 것이지 우리가 이해하기 때문에 믿는 게 아닙니다.

하나님께서 우리를 짝사랑하고 선택하셨음을 알게 되면 감격하고 감동합니다. 우리가 무엇을 잘해서가 아니라, 전적으로 하나님께서 행하셨음을 깨달아 감격할 때 비로소 우리는 주님을 위해 진정한 그리스도인으로서의 삶을 살 수 있게 됩니다.

## 택정의 원리에 관한 성경적 근거

**첫째, 택정의 원리는 성경적 개념입니다.** 로마서 8장과 에베소서 1장 말씀에 따르면 하나님께서는 주권적 은혜로 우리를 구원하시려고 택하셨습니다.

둘째, 택정의 원리를 예수께서 간접적으로 가르치셨습니다. 마태는 "그가 자기 백성을 그들의 죄에서 구원할 자이심이라"(마 1:21)고 기록했습니다. 이 세상에 수많은 사람들이 있는데 그중에 예수님이 구원할 자기 백성이 있다는 뜻입니다. "아버지께서 아들에게 주신 모든 사람에게 영생을 주게 하시려고"(요 17:2)라는 말씀에도 나와 있듯, 아버지께서 예수님께 준 사람들이 있습니다. 이 선택과 예정의 교리는 믿는 사람에게만 해당됩니다. 믿지 않도록 선택했다는 말은 성경에 나와 있지 않습니다.

하지만 가끔 "이 성중에 내 백성이 많음이라"(행 18:10)는 말씀을 보면서, 우리 중 누군가는 '주님께 선택받았는데 왜 힘들게 밖으로 나가서 전도해? 가만히 앉아 있어도 저절로 구원받을 텐데.'라고 생각할지 모릅니다. 이 선택의 교리가 전도를 방해한다고 여기는 사람도 있습니다. 사실은 반대입니다. 누군가 믿을 것을 알기 때문에 우리는 전도하고 싶어집니다.

사도 바울이 처음으로 고린도에 갔을 때, 하나님께서는 "이 도시 안에 내 백성이 많이 있으니 이제부터 전도를 시작하라."고 말씀하셨습니다. 이 도시에서 전도하면 반드시 믿는 사람이 나온다는 것입니다. 그러니 '이 사람들이 안 믿으면 어떻게 하지? 아마 안 믿을 거야.' 하고 낙심하는 게 아니라, '하나님의 사람들이 나를 기다리고 있으니 내가 복음을 전하면 반드시 누군가 믿을 거야.'라고 확신했습니다. 이처럼 택정의 원리는 전도할 때 오히려 힘과 용기를 줍니다.

셋째, 예수께서는 구약의 예를 들어 말씀하셨습니다. "오직 시돈 땅에 있는 사렙다의 한 과부에게 뿐이었으며 또… 많은 나병 환자가 있었으되 그 중의 한 사람도 깨끗함을 얻지 못하고 오직 수리아 사람 나아만뿐"(눅 4:25-27)이라는 말씀을 아십니까? 많은 나병 환자들 중 나아만 장군만이 은총을 입었고, 수많은 과부 중 사렙다의 한 과부만이 예수님의 은혜를 입었습니다.

예수님 시대에도 병든 사람들이 다 나음을 입은 게 아니었습니다. 예수님은 이스라엘에 있는 모든 병자들을 다 낫게 하지는 않으셨습니다. 하나님의 은혜로 손을 뻗었던 사람들만 나았습니다. 우리도 하나님의 은혜로 주님을 믿게 된 것입니다.

넷째, 사도 바울도 구약의 예를 들어 택정의 원리를 옹호했습니다.

"그 자식들이 아직 나지도 아니하고 무슨 선이나 악을 행하지도 아니한 때에 택하심을 따라 되는 하나님의 뜻이 행위로 말미암지 않고 오직 부르시는 이로 말미암아 서게 하려 하사… 내가 야곱은 사랑하고 에서는 미워하였다 하심과 같으니라"(롬 9:11, 13).

리브가의 복중에서부터 하나님께서는 한 사람은 야곱으로, 한 사람은 에서로 작정하셨습니다. 왜 하나님이 야곱은 사랑하고 에서는 사랑하지 않으셨을까 하는 질문은 하나님 외에는 누구도 답할 수 없습니다. 한 가지 분명한 사실은 성경이 예수를 믿는 성도에게 "당신은 택함받았다."라고 말씀하시는 것입니다.

다섯째, 택정의 원리는 하나님의 주권에 근거한 것입니다. 마태복음 19장 30절부터 20장 16절에는 품꾼의 비유가 나옵니다. 9시, 12시, 3시, 4시, 이렇게 다른 시간에 불러들인 품꾼들에게 주인은 똑같은 삯을 지불합니다. 먼저 일을 시작한 품꾼이 "왜 다른 사람들과 똑같이 주십니까?"라고 따지자 주인은 "네가 무슨 상관이냐? 내 돈인데!"라고 대답합니다. 사실 주인은 처음 일하러 올 때 정했던 만큼만 주면 되는 것입니다. 택정이나 예지나 예정의 교리는 하나님의 절대적 주권에 속했으므로 우리가 상관할 영역이 아닙니다. 우리의 일은 가서 복음을 전하는 것입니다.

하나님께서는 공의로우시지만 은혜와 자비로 우리를 대하십니다. 우리를 공의로 먼저 대하셨다면 모두가 지옥으로 가야 합니다. 하나님의 공의, 그 기준으로는 누구도 구원받을 수 없기 때문입니다. 하나님이 불공평하다고 말하는 사람들이 있습니다. 절대로 하나님께 "공의대로 해 달라, 의롭게 해 달라, 공평하게 해 달라."고 요구하지 마십시오. "공정하게 하자! 왜 저 사람은 저렇고 나는 이러냐?"고 따져서는 안 됩니다. 하나님께서 공의의 잣대를 들이대시면, 우리는 더이상 피할 곳도, 물러설 데도 없습니다.

우리는 공의 대신 은혜와 자비를 구해야 합니다. 언제든 주님께 "은혜를 베풀어 주옵소서."라고 기도하십시오. 은혜가 아니면 우리는 하나님 앞에 설 수 없는 존재임을 잊지 마십시오.

하나님께서 우리를 택정하신 목적은 무엇입니까?

**첫째, 하나님께 영광의 찬송을 드리기 위해서입니다**(벧전 2:9). 하나님께서 우리를 택하시고 하나님의 자녀로 정하신 목적은 무엇입니까? 죄인은 죄성으로 인해 죄를 지을 수밖에 없습니다. 그런 우리를 하나님이 미리 택하셨습니다. 그리스도를 통해 구원받게 하시고 새 생명을 받은 성도로 만드셨습니다. 따라서 우리는 그 구원의 은총을 깨닫고 하나님께 영광을 돌려야 합니다. 하나님을 찬양해야 합니다. 우리는 하나님의 영광을 위해 창조된 존재들이기 때문입니다.

**둘째, 성화를 위해서입니다**(엡 1:4). 하나님은 죄에 물들어 있던 우리를 구원하셨습니다. 하늘에 속한 모든 신령한 복을 주어서 우리를 하나님의 아들의 성품으로 거룩하게 변화시키셨습니다. 하나님의 자녀들로서 하나님의 놀라운 계획과 은혜를 깨닫고 하나님을 찬송하게 하려는 목적이 있으셨기 때문입니다. 이 계획은 만세 전부터 우리를 향해 하나님이 세우신 계획이었습니다.

**셋째, 아들이신 예수 그리스도의 형상을 본받게 하기 위해서입니다**(롬 8:29). 죄로 물들어 있던 우리를 은혜로 구원하셔서 흠 없는 하나님의 자녀를 만드시는 것이 창세전부터 하나님이 계획하신 목적입니다. 이는 또한 우리가 예수 그리스도를 만나 그분과 함께 살면서 그분의 성품과 언어, 행동과 섬김을 닮은 인격체가 되어 하나님께 영광을 드리는 존재가 되게 하려는 것입니다.

**넷째, 세 가지 열매를 맺기 위해서입니다.** 이 세 가지 열매는 회심자(롬 1:13), 성령의 열매(갈 5:22), 거룩한 행위(롬 6:21-22)입니다.


선택과 예정 교리는 그 자체만 놓고 이야기하면 논쟁이 생깁니다. 반드시 그 목적과 함께 이야기해야 합니다. 택정은 주님을 믿는 자들에게 축복을 주기 위한 것입니다. 논쟁이나 분열을 위해서가 아닙니다. 또한 복음 전도를 격려하기 위해서입니다. 결코 낙담시키기 위한 것이 아닙니다. 우리가 전도하러 나가면 기다렸다는 듯이 누군가는 예수님을 영접할 것입니다. 그러므로 우리는 확신을 가지고 땅 끝까지 가서 복음을 전할 수 있습니다. 어느 나라, 어떤 문화, 어느 지역이든 우리가 복음을 전하면 예수를 영접할 사람이 반드시 있습니다. 주님께서 우리가 기쁜 소식을 전해 주기만을 기다리는 자들을 준비해 두셨습니다.

저는 복음을 전하러 이곳저곳을 다녔습니다. 집회나 예배에 가서 복음을 전한 후, 예수를 영접할 사람은 손을 들거나 일어나라고 요청한 적이 많습니다. 그럴 때 한 사람도 손을 안 들거나 일어나지 않은 적이 없었습니다. 그들은 복음을 기다리고 있었습니다. 많은 사람들이 주님을 믿으려고 대기하고 있었던 것입니다.

하나님의 택정은 인간의 믿음이 아니라, 하나님의 은혜로우신 주권에 따라 이루어집니다. 하나님께서 미리 은혜로 택하시고 불러 주셨기 때문에 우리가 예수님을 믿게 된 것입니다.

택정 교리에 대한 성경 구절은 아주 많습니다. 택정은 신학자들이나 목사들이 만들어 낸 교리가 아닙니다. 성경을 통해 하나님께서 반복적으로 말씀하시는 확실한 교리입니다. 우리는 하나님의 말씀을 믿습니다. 성경을 성령으로 영감된 하나님의 말씀이라 믿고 받아들입니다. 예수를 믿고 구원받고 나니까 우리가 믿기도 전에, 심지어 태어나기도 전에 하나님은 우리를 아셨고 보셨고 사랑하셨고 선택해 주신 은혜의 대상이었다는 사실을 알게 된 것입니다. 우리가 구원받아 거룩하게 변하고 있는 것은 하나님께서 우리를 선택하신 증거입니다. 아래 성경 구절들을 하나씩 읽어 보면 우리가 하나님을 택한 것이 아니라 하나님께서 우리를 택하시고 구원하셔서 하나님의 아들, 예수 그리스도를 본받도록 이미 결정하셨음을 알게 됩니다. 이 놀라운 축복을 알고 감사하게 됩니다.

"옛적에 여호와께서 나에게 나타나사 내가 영원한 사랑으로 너를 사랑하기에 인자함으로 너를 이끌었다 하였노라"(렘 31:3).

"내 아버지께서 모든 것을 내게 주셨으니 아버지 외에는 아들을 아는 자가 없고 아들과 또 아들의 소원대로 계시를 받는 자 외에는 아버지를 아는 자가 없느니라"(마 11:27).

"만일 주께서 그 날들을 감하지 아니하셨더라면 모든 육체가 구원을 얻지 못할 것이거늘 자기가 택하신 자들을 위하여 그 날들을 감하셨느니라"(막 13:20).

"너희가 내 양이 아니므로 믿지 아니하는도다 내 양은 내 음성을 들으며 나는 그들을 알며 그들은 나를 따르느니라 내가 그들에게 영생을 주노니 영원히 멸망하지 아니할 것이요 또 그들을 내 손에서 빼앗을 자가 없느니라"(요 10:26-28).

"너희가 나를 택한 것이 아니요 내가 너희를 택하여 세웠나니 이는 너희로 가서 열매를 맺게 하고 또 너희 열매가 항상 있게 하여 내 이름으로 아버지께 무엇을 구하든지 다 받게 하려 함이라"(요 15:16).

"아버지께서 아들에게 주신 모든 사람에게 영생을 주게 하시려고 만민을 다스리는 권세를 아들에게 주셨음이로소이다"(요 17:2).

"이방인들이 듣고 기뻐하여 하나님의 말씀을 찬송하며 영생을 주시기로 작정된 자는 다 믿더라"(행 13:48).

"두아디라 시에 있는 자색 옷감 장사로서 하나님을 섬기는 루디아라 하는 한 여자가 말을 듣고 있을 때 주께서 그 마음을 열어 바울의 말을 따르게 하신지라"(행 16:14).

"아볼로가 아가야로 건너가고자 함으로 형제들이 그를 격려하며 제자들에게 편지를 써 영접하라 하였더니 그가 가매 은혜로 말미암아 믿은 자들에게 많은 유익을 주니"(행 18:27).

"그 자식들이 아직 나지도 아니하고 무슨 선이나 악을 행하지 아니한 때에 택하심을 따라 되는 하나님의 뜻이 행위로 말미암지 않고 오직 부르시는 이로 말미암아 서게 하려 하사 리브가에게 이르시되 큰 자가 어린 자를 섬기리라 하셨나니 기록된 바 내가 야곱은 사랑하고 에서는 미워하였다 하심과 같으니라 그런즉 우리가 무슨 말을 하리요 하나님께 불의가 있느냐 그럴 수 없느니라 모세에게 이르시되 내가 긍휼히 여길 자를 긍휼히 여기고 불쌍히 여길 자를 불쌍히 여기리라 하셨으니  그런즉 원하는 자로 말미암음도 아니요 달음박질하는 자로 말미암음도 아니요 오직 긍휼히 여기시는 하나님으로 말미암음이니라"(롬 9:11-16).

"이사야는 매우 담대하여 내가 나를 찾지 아니한 자들에게 찾은 바 되고 내게 묻지 아니한 자들에게 나타났노라 말하였고"(롬 10:20).

"그러나 하나님께서 세상의 미련한 것들을 택하사 지혜 있는 자들을 부끄럽게 하려 하시고 세상의 약한 것들을 택하사 강한 것들을 부끄럽게 하려 하시며 하나님께서 세상의 천한 것들과 멸시 받는 것들과 없는 것들을 택하사 있는 것들을 폐하려 하시나니 이는 아무 육체도 하나님 앞에서 자랑하지 못하게 하려 하심이라"(고전 1:27-29).

"나는 심었고 아볼로는 물을 주었으되 오직 하나님께서 자라나게 하셨나니 그런즉 심는 이나 물 주는 이는 아무 것도 아니로되 오직 자라게 하시는 이는 하나님뿐이니라"(고전 3:6-7).

"하나님의 뜻으로 말미암아 그리스도 예수의 사도 된 바울은 에베소에 있는 성도들과 그리스도 예수 안에 있는 신실한 자들에게 편지하노니 하나님 우리 아버지와 주 예수 그리스도로부터 은혜와 평강이 너희에게 있을지어다 찬송하리로다 하나님 곧 우리 주 예수 그리스도의 아버지께서 그리스도 안에서 하늘에 속한 모든 신령한 복을 우리에게 주시되 곧 창세 전에 그리스도 안에서 우리를 택하사 우리로 사랑 안에서 그 앞에 거룩하고 흠이 없게 하시려고 그 기쁘신 뜻대로 우리를 예정하사 예수 그리스도로 말미암아 자기의 아들들이 되게 하셨으니 이는 그가 사랑하시는 자 안에서 우리에게 거저 주시는 바 그의 은혜의 영광을 찬송하게 하려는 것이라 우리는 그리스도 안에서 그의 은혜의 풍성함을 따라 그의 피로 말미암아 속량 곧 죄 사함을 받았느니라 이는 그가 모든 지혜와 총명을 우리에게 넘치게 하사 그 뜻의 비밀을 우리에게 알리신 것이요 그의 기뻐하심을 따라 그리스도 안에서 때가 찬 경륜을 위하여 예정하신 것이니 하늘에 있는 것이나 땅에 있는 것이 다 그리스도 안에서 통일되게 하려 하심이라 모든 일을 그의 뜻의 결정대로 일하시는 이의 계획을 따라 우리가 예정을 입어 그 안에서 기업이 되었으니 이는 우리가 그리스도 안에서 전부터 바라던 그의 영광의 찬송이 되게 하려 하심이라"(엡 1:1-12).

“주께서 사랑하시는 형제들아 우리가 항상 너희에 관하여 마땅히 하나님께 감사할 것은 하나님이 처음부터 너희를 택하사 성령의 거룩하게 하심과 진리를 믿음으로 구원을 받게 하심이니 이를 위하여 우리의 복음으로 너희를 부르사 우리 주 예수 그리스도의 영광을 얻게 하려 하심이니라”(살후 2:13-14).

“하나님이 우리를 구원하사 거룩하신 소명으로 부르심은 우리의 행위대로 하심이 아니요 오직 자기의 뜻과 영원 전부터 그리스도 예수 안에서 우리에게 주신 은혜대로 하심이라”(딤후 1:9).

“그가 그 피조물 중에 우리로 한 첫 열매가 되게 하시려고 자기의 뜻을 따라 진리의 말씀으로 우리를 낳으셨느니라”(약 1:18).

“예수 그리스도의 사도 베드로는 본도, 갈라디아, 갑바도기아, 아시아와 비두니아에 흩어진 나그네 곧 하나님 아버지의 미리 아심을 따라 성령이 거룩하게 하심으로 순종함과 예수 그리스도의 피 뿌림을 얻기 위하여 택하심을 받은 자들에게 편지하노니 은혜와 평강이 너희에게 더욱 많을지어다”(벧전 1:1-2).

위의 성경 구절들에서 분명히 나타난 대로 하나님께서 우리를 영원 전부터 사랑하시고 택하셨습니다. 우리를 하나님의 자녀로 삼으시고 하늘의 신령한 모든 것을 알려 주셨습니다. 우리가 이런 하나님의 은혜와 사랑을 알게 되어 하나님을 영원히 찬송하게 하신 것이 바로 '큰 구원의 은혜'인 것입니다.

17

# 부르심

“명절 끝날 곧 큰 날에 예수께서 서서 외쳐 이르시되 누구든지 목마르거든 내게로 와서 마시라 나를 믿는 자는 성경에 이름과 같이 그 배에서 생수의 강이 흘러나오리라 하시니 이는 그를 믿는 자들이 받을 성령을 가리켜 말씀하신 것이라 (예수께서 아직 영광을 받지 않으셨으므로 성령이 아직 그들에게 계시지 아니하시더라)” 요 7:37-39

'부르심(calling)'이란, 모든 사람을 하나님께서 그분 앞으로 초대하는 것입니다. 미리 사랑하신 자들을 하나님께로 이끄시는 것입니다. 우리를 '초대하실 뿐만 아니라 나아오도록 이끌어 주시는 것', 이 두 가지 모두가 부르심입니다.

"또 미리 정하신 그들을 또한 부르시고 부르신 그들을 또한 의롭다 하시고"(롬 8:30).

하나님이 예정하신 후에, 먼저 사랑한 그 사람들이, 자기 아들을 닮도록 정해 놓으시고, 그다음에는 그들을 부르셨다고 했습니다. 그리고 그 부름에 응한 사람들을 의롭다고 인정하십니다.

미리 아시고, 예정하시고, 부르시고, 의롭다 하시고, 양자 삼으셔서 그리스도와 하나 되게 하시어 결국 우리를 성화시켜 주십니다. 마지막에는 영화롭게 하십니다. 이것이 구원의 단계입니다.

구원은 영원한 생명을 받는 것입니다. 이 속에는 여러 가지가 포함되어 있습니다. 넓은 의미의 구원은 인간이 구원받는 모든 과정을 다 포함합니다. 좁게는 죄 사함을 받아 영생을 얻게 되는 일 자체만을 뜻하기도 합니다. '구원'이 넓은 의미인지, 좁은 의미인지, 일반적인 의미인지, 특수한 의미인지 잘 구분할 필요가 있습니다.

'부르심'에는 두 가지가 있습니다. 사람들을 누구나 초대하시는 것은 '일반 소명(召命)'이라 합니다. 그 사람을 이끌어 오게 해 주시는 것은 '특수 소명'입니다. 예수를 구주로 믿고 구원의 확신 속에서 하나님의 자녀가 된 사람은 일반 소명과 특수 소명을 함께 받은 사람입니다.

## 일반 소명

**첫째, 모든 사람이 하나님께 나아오도록 초대하십니다.**

"너희 모든 목마른 자들아 물로 나아오라"(사 55:1).

목마르면 누구든지 와도 됩니다. 그저 나아오기만 하면 됩니다. '목마른 자들'은 영적으로 갈급한 사람을 말합니다. 마음이 움직이지 않는 사람도, 냉랭하고 딱딱하게 굳은 마음을 가진 사람도 하나님께서는 그저 다 나아오라고 하십니다. 참 감사한 일입니다.

"수고하고 무거운 짐 진 자들아 다 내게로 오라 내가 너희를 쉬게 하리라"(마 11:28).

이 초청을 받고 주님께 오는 사람은 구원을 얻습니다. 하나님께서 오라고 청하는데도 '싫다', '바쁘다', '시집가고 장가가야 한다', '밭 갈아야 한다'라며 거절한다면 어떻게 하겠습니까? 이 일반 소명의 초청은 누구에게나 열려 있습니다.



이 말씀은 이사야 55장 1절 말씀과 비슷합니다. 구약 성경에서 하나님께서 하신 말씀을 신약 성경에서는 예수님 자신이 직접 하셨습니다. 결국 예수님의 '목마른 자는 다 내게로 오라'는 말씀은 예수님 자신이 하나님이심을 보여 주시는 것입니다.



구약과 신약 성경, 특별히 성경의 마지막 책인 요한계시록까지도 하나님의 초청을 이야기합니다. 이런 초청을 '일반 소명'이라고 하는데 이 전체적 초청은 누구에게나 다 해당됩니다.

둘째, 믿음과 회개를 통해 그리스도를 영접하도록 부르시는 것입니다. 어떤 신학자는 회개를 믿음 앞에 두기도 합니다. 회개가 먼저든 믿음이 먼저든 하나님을 믿으면 됩니다. 믿음으로 회개가 생기기도

하고, 회개를 하며 믿음이 생기기도 합니다. 하나님께서는 믿음과 회개를 통해 그리스도를 영접하도록 부르십니다. "너희는 하나님과 화목하라"(고후 5:20)는 말씀처럼 자신이 죄로 인해 하나님과 원수 되었음을 깨닫고, 회개하고, 하나님과의 화목을 위해 주님께로 돌아오면 회개와 믿음을 둘 다 얻는 것입니다.

셋째, 하나님의 부르심은 그 초대에 응하는 사람들을 위한 조건적 약속입니다.

"누구든지 주의 이름을 부르는 자는 구원을 받으리라"(롬 10:13).

주님의 구원 약속에는 조건이 있습니다. 바로 초청에 응하는 것입니다. 요한복음 3장 16절 말씀에서 "하나님이 세상을 이처럼 사랑하사"는 일반 소명이며 "독생자를 주셨으니 이는 그를 믿는 자마다"는 특수 소명입니다. 우리가 자발적으로 나아올 때 이 조건이 충족됩니다. 누구든지 주의 이름을 부르는 자, 그를 믿는 자는 누구라도 구원을 받게 됩니다. 하나님께서 영원한 생명을 선물로 주실 때 감사함으로 받아들이는 것이 믿음입니다. 믿음은 영적인 손입니다. 예수께서 십자가에서 돌아가심으로 모든 인류의 죄를 다 사하시고, 하늘 문을 열어 누구든지 들어가게 하셨다는 이 기쁜 초청에 감사로 응답하는 것이 믿음입니다. 이처럼 구원받는 것은 어찌 보면 대단히 쉽습니다. 하나님께서 이미 다 성취하신 것이기 때문입니다.

넷째, 하나님의 부르심을 거절할 수도 있습니다. 마태복음 22장 1-6절에서는 사람들이 이런저런 핑계를 대며 혼인 잔치 초청을 거절합니다. 마태복음 23장 37절에서는 예수께서 예루살렘으로 올라가시던 언덕 위에서 "예루살렘아 예루살렘아 선지자들을 죽이고 네게 파송된 자들을 돌로 치는 자여 암탉이 그 새끼를 날개 아래에 모음같이 내가 네 자녀를 모으려 한 일이 몇 번이더냐 그러나 너희가 원하지 아니하였도다"라고 외치며 눈물을 흘리십니다. 그들은 하나님의 부르심을 원치 않을 뿐 아니라, 심지어 그들을 데려오라고 보낸 사람까지 돌로 쳐 죽였습니다. 이렇듯 하나님이 부르셔도 어떤 사람은 이를 매몰차게 거절하기도 합니다.

다섯째, 하나님의 부르심을 거절하는 것은 거절한 사람의 책임이며 그에 따른 형벌을 피할 수 없습니다. 마태복음 22장에서 "임금이 노하여 군대를 보내어 그 살인한 자들을 진멸하고 그 동네를 불사르고"(7절)라는 말씀을 보십시오. 왕의 초청을 거절한 자들의 최후가 어찌 되었습니까? 그런 사람들은 진멸당하고 동네는 불살라졌습니다.

"너희가 그것을 버리고 영생을 얻기에 합당하지 않은 자로 자처하기로"(행 13:46)와 "하나님을 모르는 자들과 우리 주 예수의 복음에 복종하지 않는 자들에게 형벌을 내리시리니"(살후 1:8)라는 말씀도 보십시오. 하나님의 부르심을 거절하면 그에 따르는 결과인 형벌을 피할 수 없습니다.

사람은 누구나 자기 자신을 대단한 존재로 여깁니다. 사실 인간은 그렇게 위대하고 대단한 존재는 아닙니다. 한 사람 한 사람을 하나님과 비교해 보면 더욱 그렇습니다. 그런데 온 세계와 우주를 창조하신 하나님께서 우리를 살리시기 위해 자기 아들을 주셨습니다. 예수를 십자가에 못 박으셔서 우리 죄의 대가를 전부 지불하셨습니다. 그리고 하늘 문을 열어 누구든지 들어오라고 초청하십니다. 그런데도 만약 우리가 끝까지 거절한다면 그때는 어찌할 도리가 없습니다.

초청에는 기한이 있습니다. 우리가 살아 있는 동안, 즉 자기 인생을 사는 동안에만 기회가 있습니다. 죽은 후에는 하나님의 간절한 초청을 거절한 책임을 피할 수 없습니다.

## 특수한 소명의 복음

예수를 믿는 사람은 '특수 소명'을 받고 긍정적으로 받아들인 사람입니다. 하나님의 특수 소명을 여러 가지 측면에서 좀 더 살펴보겠습니다.

첫째, 하나님은 죄인들을 예수의 품으로 직접 이끌어 주십니다. 로마서 8장 28-30절에서 "그의 뜻대로 부르심을 입은 자들에게는 모든 것이 합력하여 선을 이루느니라"고 말씀합니다. 우리는 하나님의 부르심을 받았습니다. 믿는 사람은 곧 부르심을 입은 사람이며 구원받은 사람입니다. 30절을 보십시오.

"또 미리 정하신 그들을 또한 부르시고 부르신 그들을 또한 의롭다 하

하나님께서 우리를 구원하시기 위해 은혜로 하시는 일은 이렇게 여러 단계를 거칩니다. 하나님께서는 이처럼 믿는 사람들을 친히 이끌어 주십니다.

둘째, 하나님께서 믿는 자들을 부르신 것은 의롭다고 인정해 주시고 성화시켜 결국은 영화롭게 해 주기 위해서입니다. 고린도전서 1장 23-27절에 따르면 하나님은 모든 사람을 다 부르십니다. "부르심을 받은 자들에게는 유대인이나 헬라인이나"(24절)를 보면 더욱 그렇습니다. 사도 바울은 믿는 자들에게 "형제들아 너희를 부르심을 보라… 하나님께서 세상의 미련한 것들을 택하사"(26-27절)라고 말합니다. 하나님께서 특별히 은총을 주신 것입니다. 마태복음 22장 14절에서도 "청함을 받은 자는 많되 택함을 입은 자는 적으니라"고 말씀합니다. 이 택정의 교리는 이미 주님을 믿는 사람들에게 해당됩니다.

셋째, 특수 소명은 누군가를 통해서 전해집니다.

"나를 보내신 아버지께서 이끌지 아니하시면 아무도 내게 올 수 없으니"(요 6:44).

저도 전도할 때 가끔 이런 말을 합니다. "하나님께서는 선생님을 특별히 사랑하시는 것 같습니다. 제가 참 바쁜 사람인데 수많은 사람들 중에 선생님 댁에 오게 되었으니까요. 제가 다른 집에 갔으면 선생님은 제가 전하는 복음을 못 들으셨을 테지요. 제가 이 집에 온 것을 보니 하나님께서 선생님을 특별하게 이끌어 주시는 것이 확실합니다. 하나님의 특별한 사랑이 이 집에 있고, 오늘이 바로 선생님과 이 가정이 구원받는 날이군요!" 믿는 사람들이 구원의 좋은 소식, 즉 복음을 전해 줄 때, 그 기회를 하나님의 은혜로 알고 감사하며 주님께로 나아와야 합니다.

넷째, 특수 소명은 우리를 향한 하나님의 영원하신 목적 때문에 존재합니다.

"하나님이 우리를 구원하사 거룩하신 소명으로 부르심은 우리의 행위대로 하심이 아니요 오직 자기의 뜻과 영원 전부터 그리스도 예수 안에서 우리에게 주신 은혜대로 하심이라"(딤후 1:9).

우리가 때때로 하나님을 미워하고, 믿는 자들을 조롱할지라도 하나님께서는 우리를 은혜로 감싸서 불러 주십니다. 이는 우리를 향한 주님의 뜻이 있기 때문입니다. 그런데 하나님께서는 우리의 어떤 면을 보고 우리를 부르셨을까요? 하나님께서는 한 사람 한 사람을 선택하시고, 부르시고, 이끌어 주시는 것을 너무도 좋아하시기 때문입니다. 하나님께서 그렇게 하셨기에 우리가 예수를 믿고 구원을 얻게 된 것입니다. 이 얼마나 감사한 일입니까?

다섯째, 특수 소명은 인간에게도 책임이 있습니다. 바울은 "너희 부르심과 택하심을 굳게 하라"(벧후 1:10)고 합니다.

우리의 부르심과 택하심을 확인하라는 말입니다. 부르심과 택하심은 하나님께 달린 일입니다. 하나님께서 나를 불러 주셨고 택해 주셨습니다. 이는 객관적인 사실입니다. 그런데 나를 부르고 택하셨는데도 불구하고, 어떤 때는 '내가 선택받은 사람인가?' 하는 의심이 생깁니다. 하나님의 자녀가 된 이후에도 의심은 생길 수 있습니다. 왜 택한 자가 교통사고를 당하고 병에 걸리게 되는지, 왜 대학 입시에 떨어지고 사업에 실패하게 되는지, 그런 때에 하나님을 의심할 수도 있습니다. 그래서 자기 자신에게 부르심과 택하심을 확신시키라는 것입니다. 확신하는 것은 주관적이고 개인적인 일입니다. 이는 나에게, 우리에게, 여러분에게 달린 일입니다.

만일 누군가가 자기 구원에 확신이 없고 자기의 택하심과 부르심에 자신이 없다면 이는 자기 속의 죄 문제를 해결하지 않아서일 수도 있습니다. 그 죄의 문제가 아주 클 수도 있고 작을 수도 있습니다. 어떤 사람은 아주 작고 사소한 일로도 자신감을 잃습니다. 한 사례가 바로 담배를 피우는 행위입니다. 주님을 믿기 전에 지속되었던 담배 피우는 습관은 쉽사리 끊기 힘든 것입니다. 어느날 목사님을 만나자 눈치가 보이고 하나님 눈치도 보게 되면서 믿음 생활을 주저하게 됩니다. 물론 담배 피우는 것은 몸에 해로운 것이지, 구원과는 직접적으로 상관이 없습니다. 그러나 성령의 도움을 받으면 반드시 끊을 수 있습니다. 그런데 "남자가 한번 끊는다면 끊는다!"는 식으로 자신의 의지력을 믿고 자기 방식대로 하다 보니 실패를 합니다. 성령님께

구하고 기도하면 주님의 힘으로 끊을 수 있는데 인간적인 노력으로 하려니 잘 안 됩니다. 그리고 이런 문제 때문에 자신의 구원과 택함과 부르심 등을 의심합니다. 나의 구원을 확신하는 일은 나에게 달린 문제입니다. 구원 자체는 이미 객관적으로 완료된 사실임을 기억하십시오. 구원은 은혜로 받는 것입니다.

베드로후서 1장 5-7절을 보십시오. "그러므로 너희가 더욱 힘써 너희 믿음에 덕을, 덕에 지식을, 지식에 절제를, 절제에 인내를, 인내에 경건을, 경건에 형제 우애를, 형제 우애에 사랑을 더하라"고 말씀합니다. 이 말씀 속의 덕목들을 성령님의 도우심을 받아 잘 계발하고 다듬어 간다면 구원의 확신이 점점 커질 것입니다. 영적으로 성장하고 성숙할수록 구원의 확신은 더 강해집니다.

믿음, 덕, 지식, 절제, 인내, 경건, 형제 우애, 사랑 등을 잘 계발하면 마음이 든든하고 우리 영혼이 건강해집니다. 나의 부르심과 택하심을 확신하게 됩니다. 신앙 안에서 우리가 성장하면서 믿음이 강해지고 덕과 지식이 생기며, 절제, 인내, 경건 같은 덕목들이 축적되기 때문입니다. 신앙의 덕이 쌓일수록 주관적으로 더 확신을 갖게 됩니다. 반면 우리가 타인을 사랑하지 않고 형제와 우애하지도 않으며, 경건과 절제에 힘쓰지 못한다면 부르심과 택하심에 대해 자신이 없어집니다. 그러므로 이러한 특수 소명을 받은 우리에게도 책임과 몫이 있는 것입니다. 디모데전서 6장 12절도 같은 맥락입니다.

"영생을 취하라"(딤전 6:12).

영생은 하나님의 은혜로 받습니다. 그러나 우리는 그 영생을 취해야 합니다. 여기서 '취하라'는 말은 꼭 붙잡으라는 뜻입니다. 아무런 노력도 없이 어중간하게 서 있는 사람은 구원에 대해 확신이 없습니다. 그러므로 자기 스스로를 격려할 필요도 있습니다. 다윗도 낙심되었을 때 스스로를 격려했다고 했습니다(삼상 30:6). 좌절하고 낙심했을 때 우리 스스로에게 "너 정신 차려. 너 왜 그러고 있어? 하나님이 계신데 무슨 걱정이야? 하나님께서 돌봐 주실 거야. 걱정마. 괜찮아."라고 격려하며 다시 일어서면 됩니다. 만약 우리가 스스로에게 "너는 이제 끝이야. 완전히 틀렸어. 너는 왜 이 모양 이 꼴이야? 그럴 줄 알았어. 너 같은 사람이 무슨 하나님 자녀야?"라고 질타하게 되면 우리 영혼은 더욱 깊은 수렁으로 빠지게 됩니다. 내가 나 자신을 낙심시킬 수도 있고 격려할 수도 있음을 잊지 마십시오.

요한계시록 17장 14절 "그와 함께 있는 자들 곧 부르심을 받고 택하심을 받은 진실한 자들"이라는 말씀을 보면 부르심을 받고 하나님께서 빼내어 선택한 자들은 진실하다고 했습니다. 즉, 하나님 앞에서 진실하게 살면 확신을 가질 수 있습니다. 그러나 자꾸 거짓되고 불성실하고 불충성하면, 택하심과 부르심은 사실이라 해도 스스로의 삶에서 자신 없어지고 생명력 없는 인생을 살게 됩니다.

한 번 구원받은 사람은 영원히 구원받은 것입니다. 한 번 태어나면 영원히 그 부모의 자식입니다. 그런데 어떤 신학에서는 그렇지 않다고 가르칩니다. 큰 강물 위의 통나무 다리를 어떤 사람은 휘파람을 불고 노래하며 건너가는데, 어떤 사람은 바들바들 떨고 불안해하며 건너갑니다. 이처럼 예수 믿는 사람도 두 부류로 나눌 수 있습니다.

자신감 있고 신나게 천국까지 가는 사람이 있고, 어떤 사람은 걸음마다 걱정, 근심과 불안으로 짓눌린 채 갑니다. 여러분은 어디에 속합니까?

## 소명의 수단은 복음

소명의 수단은 복음입니다. 데살로니가후서 2장 14절을 보십시오.



복음은 놀랍고도 기쁜 소식입니다. 하나님께서는 "내가 너를 사랑한다. 네가 아무리 노력해도 스스로 죄의 문제를 해결할 수 없을 것이다. 이미 내 쪽에서 내 아들 예수 그리스도를 보내어 네 죄의 대가를 다 지불했다. 죄의 문제는 깨끗이 해결되었으니 이제 너는 그냥 오기만 하면 된다."라고 말씀하시는 것이 바로 복음입니다. 하나님께서는 "죄 사함과 구원을 받아들이고 영원한 생명을 얻어 나의 자녀가 되어라."라고 말씀하십니다. 이 좋은 소식을 들고서 우리를 부르십니다. 우리는 이를 믿음으로 값없이 구원받을 수 있습니다. 이 놀랍고 귀한 복음에 감격하며 감사함으로 주님 앞에 나아오면 됩니다.

전도할 때는 교회에 가서 예배를 드리자고 말해야 하지만 무엇보다 중요한 것은 '하나님이 당신을 사랑하신다.'라는 복음의 메시지로 초청해야 합니다. 우리가 전도를 하다 보면 '우주를 창조하신 그 하나님이 나를 사랑한다.'는 사실을 믿지 못하는 사람도 있고 그런 말을 처음 듣는다는 사람도 있습니다. 사람은 평균적으로 여덟 번 정도 복음을 들어야 마음이 열린다고 합니다. 헨델의 「메시아」와 같은 음악이나 영화 「십계」 혹은 설교나 간증 역시 평균 여덟 번쯤 들으면, 그 내용이 다 이해되고 거부감 없이 마음에 받아들이게 된다고 합니다. 만약 복음을 전했을 때 바로 받아들인다면 전에 그 사람은 어떤 식으로든 여러 번 복음을 들었을 것입니다. 당신이 첫 번째로 전한 사람일 수도 있고, 다섯 번째 혹은 일곱 번째일 수도 있습니다. 그러므로 낙심치 말고 계속해서 복음을 전해야 합니다.

## 소명의 능력

우리를 복음으로 부르시고, 이를 믿게 하는 것은 성령의 능력입니다(살전 1:5). 당신이 복음을 전하면 성령께서 역사하시고 능력과 확신으로 나타나십니다. 그리고 상대방의 마음을 열어 복음을 받아들이고 믿도록 도우십니다.

우리가 전도했을 때 상대방이 복음을 받아들이지 않으면 '내가 실수해서 그런가?' 하고 낙심하기 쉽습니다. 그러나 결코 그럴 필요가 없습니다. 복음이 전해진 후에는 결국 성령님이 역사하셔야만 마음 문이 열립니다. 성령께서 그 복음의 말씀을 사용해 듣는 사람의 마음을 감화하고 움직이셔서, 십자가를 통한 하나님의 사랑을 깨닫게 하시고 결국 예수를 구주로 영접하게 하시는 것입니다.

“우리 목사님 좋은 분이에요. 우리 목사님 설교 한 번만 들어 보세요!” 하면서 목사님 자랑 먼저 하는 것은 복음이 아닙니다. 예수 그리스도께서 당신을 위해 돌아가셨고 모든 죄를 사해 주셨으며, 그로 인해 영원한 생명을 주셨다는 사실이 복음입니다. 영원 전부터 하나님께서 당신을 사랑하셔서 그 아들의 목숨을 내어 주셨다는 것이 바로 복음입니다. 이런 복음을 전할 때 성령께서 나타나 역사하십니다.

18
—

# 회개

"바울이 밀레도에서 사람을 에베소로 보내어 교회 장로들을 청하니 오매 그들에게 말하되 아시아에 들어온 첫날부터 지금까지 내가 항상 여러분 가운데서 어떻게 행하였는지를 여러분도 아는 바니 곧 모든 겸손과 눈물이며 유대인의 간계로 말미암아 당한 시험을 참고 주를 섬긴 것과 유익한 것은 무엇이든지 공중 앞에서나 각 집에서나 거리낌이 없이 여러분에게 전하여 가르치고 유대인과 헬라인들에게 하나님께 대한 회개와 우리 주 예수 그리스도께 대한 믿음을 증언한 것이라"

행 20:17-21

'회개(repentance)'는 성경에 자주 등장하는 단어입니다. 하나님이 우리를 부르실 때, 그 부르심이 마음에 와 닿으면 자연스럽게 회개하게 됩니다. 구약 성경에서 첫 번째로 나오는 '회개'는 '나함(naham)'입니다. '나함'은 '애통해하다', '슬퍼하다'라는 뜻입니다. 이 단어는 하나님과 인간 사이에서도 쓰이고, 인간과 인간 사이에서도 쓰입니다. 창세기 6장 6-7절에 하나님께서 땅 위에 사람 지으셨음을 '한탄하셨다'고 말씀합니다. 가슴이 아프셨다는 뜻입니다. 영어 성경에서는 이 단어를 'repent' 곧 '회개하다'로 번역합니다. 이것은 하나님께서 땅 위에 사람을 지으시고 큰 실수를 했다고 여기시며 회개하셨다는 뜻이 아닙니다. 사람의 악한 모습을 보고 가슴이 아프셨다는 뜻입니다. 욥기 42장 6절 "티끌과 재 가운데에서 회개하나이다"라는 말씀에서의 '회개'도 애통해한다는 의미입니다.

두 번째 '회개'는 '돌아서다'라는 뜻을 가진 '슈브(shub)'입니다. 한 방향으로 가다가 뒤돌아 반대 방향으로 가는 것을 말합니다. 이 단어는 문자적 의미와 영적인 의미를 모두 갖고 있습니다. 말 그대로 길을 가다가 돌아서는 것도 슈브, 죄에서 돌아서는 것도 슈브, 우상을 섬기다가 하나님께로 돌아서는 것도 슈브입니다. 가던 길에서 단순히 멈추는 것에 그쳐서는 안 됩니다. 완전히 돌아서야 회개입니다. '아차! 내가 큰 실수를 했네. 죄를 지었네. 아, 그러면 안 되는데!' 하고 그저 애통해하고 안타까워하는 것은 회개가 아닙니다. 회개는 반드시 완전히 돌아서서 반대 방향으로 가야 합니다. 구약 성경에서 '슈브'는 문자적 의미로 185회, 영적인 의미로 369회나 쓰였습니다.

신약 성경에 등장한 '회개'는 '메타멜로마이(metamellomai)'라는 단어입니다. '뉘우치다', '후회하다', '유감스럽게 생각하다'라는 뜻입니다. 구약의 '나함'과 비슷하기도 합니다. 마태복음 21장 29절에 사용된 '메타멜로마이'를 봅시다. 아버지가 아들들에게 포도밭에 가서 일하라고 했습니다. 큰아들은 가겠다 말하고 안 갔지만, 작은아들은 싫다고 말한 후에 뉘우치고 포도밭으로 갔습니다. 이때 '메타멜로마이'가 쓰였습니다.

고린도후서 7장 8절, 히브리서 7장 21절, 마태복음 27장에도 나옵니다. 마태복음 27장 3-5절에서는 가룟 유다가 스스로 뉘우쳐 목매어 죽었다라고 기록되어 있습니다. 이렇게 죄책감을 느끼는 것은 진정한 의미에서의 뉘우침, 즉 회개라 할 수 없습니다. 양심의 가책이라고 봐야 합니다. 가슴이 아프면 자살할 수도 있지만, 악에 대해 슬퍼하는 것만으로는 진정한 회개가 아님을 기억해야 합니다.

신약 성경에는 '메타노에오(metanoeo)'라는 단어도 쓰였는데 '후에 갖게 된 지식이나 생각'이라는 뜻으로, 행위의 변화를 가져오는 마음의 변화를 말합니다. 변화는 마음에서부터 시작됩니다. 마음이 변하면 세 가지 변화가 함께 나타납니다.

첫째, 생각하는 방식이 바뀝니다. 마음이 변하니까 가치관이 달라

지고 생각이 달라집니다. 예수 믿는 사람을 보면 안 믿을 때의 모습
과 확실하게 다릅니다. 성화 과정 동안 우리의 생각은 지속적으로 변
화합니다. 쉽게 달라지지 않는 부분도 결국은 하나님의 말씀 앞에서
변화되고 나아집니다. 둘째, 언어 표현이 달라집니다. 말이 깨끗해집
니다. 셋째, 행동과 태도가 달라집니다.



**첫째, 회개하는 마음의 변화입니다.** 죄 자체에서 돌아서는 것입니
다. 악을 행하던 죄의 길에서 완전히 돌아서는 것입니다. 요한계시록
9장 21절은 "살인과 복술과 음행과 도둑질을 회개하지 아니하더라"
라고 말씀합니다. 하나님께서는 마지막 날에 이런 악을 심판하십니
다. 일곱 개의 나팔 소리가 들릴 때 이 땅에는 무서운 재앙이 내립니
다. 악 때문에 재앙이 내려도 악인들은 악행을 그만두지 않습니다.
오히려 하나님을 저주하고 주먹질하며 끝까지 악한 길을 갑니다.

진정으로 회개한 사람은 세상 사람들이 섬기는 우상을 섬기지 않
고, 금과 은과 물질 앞에 절하지 않으며, 점이나 사주를 보러 돌아다
니지 않습니다. 하나님과 그리스도를 향해 돌아섰기 때문입니다. 가
다가 잠시 중단하는 것이 아니라 하나님 쪽으로 완전히 방향을 틀어
돌아서야 합니다. 이것이 가장 중요합니다. 우리 믿음이 연약하고 미
성숙해서 온전하지 못한 부분이 있을지라도 주님 은혜로 구원받고
돌아선 것은 분명한 사실입니다.

"하나님께 대한 회개와 우리 주 예수 그리스도께 대한 믿음을 증언한 것이라"(행 20:21)는 말씀처럼 죄에서 돌이켜 하나님과 그리스도를 향해 돌아서는 것이 진짜 회개입니다.

둘째, 마음의 변화는 죄에 대한 가책에서 시작됩니다. 잘못했다고 생각하면 가슴이 아픕니다. 죄책감을 느낍니다. 마태복음 11장 21절에서 예수께서는 그분의 많은 권능을 경험하고도 회개치 않고 강퍅한 고을들을 향해 두로와 시돈에서 이러한 권능을 행했다면 그곳 사람들이 회개(마음의 고통을 느꼈을 것)했을 것이라고 말씀하셨습니다.

셋째, 마음의 변화에는 행동이 수반됩니다. 예수께서 두로와 시돈을 언급하시며 "그들이 벌써 베옷을 입고 재에 앉아 회개하였으리라"(마 11:21)고 말씀하셨습니다. 이는 마음의 변화가 행동으로 나타나야 한다는 뜻입니다.

넷째, 마음의 변화는 회개에 합당한 열매를 맺게 합니다. 마태복음 3장 8, 10절을 보면 세례 요한이 "천국이 가까이 왔으니 당장 회개하라. 회개에 합당한 열매를 맺으라. 도끼가 나무 뿌리에 놓였는데 만약에 열매를 맺지 않으면 찍어서 불에 던지겠다."라고 말합니다. 열매가 나타나지 않는 사람은 구원받지 않은 사람입니다.

하나님이 나를 사랑하셔서 독생자 예수를 십자가에 내어 주셨음을 믿고, 예수가 그리스도요 하나님의 아들임을 고백하며 자기 죄가 완전히 사함 받았음을 믿는 사람은 변할 수밖에 없습니다. 어떤 사람은 빨리 변하고, 어떤 사람은 천천히 변하지만 반드시 변합니다. 어떤 사람은 늘 제자리걸음만 하는 것 같다가도 몇 년 후에 보면 변해 있습니다. 자기가 변하는 것을 보여 주지 않으려고 애쓰는데도 변합니다. 그러나 아예 변화의 조짐이 없으면 복음을 다시 전해야 합니다. 믿음이 있으면 그 속에서 삶의 변화가 일어납니다. 좋은 나무는 반드시 좋은 열매를 맺습니다.

민음

> "네가 만일 네 입으로 예수를 주로 시인하며 또 하나님께서 그를 죽은 자 가운데서 살리신 것을 네 마음에 믿으면 구원을 받으리라 사람이 마음으로 믿어 의에 이르고 입으로 시인하여 구원에 이르느니라"
>
> 롬 10:9-10

은혜로운 하나님께서 우리를 예정하신 후 선택하고 불러 주셨습니다. 우리에게 은혜를 주기로 작정하셨고 우리를 사랑하셨기에 우리가 회개의 자리로 나아옵니다. 이 과정에서 우리는 믿음을 갖게 됩니다.

'믿음(faith)'은 인간의 첫 번째 의무요, 최고의 의무입니다. 인간이 할 수 있는 '믿음' 그 이상의 일은 없습니다. 히브리서 11장 6절은 "믿음이 없이는 하나님을 기쁘시게 하지 못하나니"라고 말씀합니다. 하나님을 믿는 것 외에는 하나님을 기쁘시게 할 수 없습니다. 믿는 것보다 더 큰 일은 없습니다. 요한복음 6장 28-29절에서도 "어떻게 하여야 하나님의 일을 하오리이까?"라고 물으니 예수께서 "하나님께서 보내신 이를 믿는 것이 하나님의 일"이라고 말씀하셨습니다.

"믿음, 소망, 사랑, 이 세 가지는 항상 있을 것인데"(고전 13:13).

"너희의 믿음의 역사와 사랑의 수고와"(살전 1:3).

"너희의 믿음과… 사랑… 소망으로"(골 1:4-5).

이 말씀들은 '믿음'이 가장 먼저 나온다는 공통점이 있습니다. 믿음이 있는 사람이 참된 사랑을 베풀 수 있습니다. 믿음이 첫째입니다. 우리는 그리스도인을 가리켜 '믿는 자'라고 합니다(행 5:14, 딤전 4:12). '사랑하는 자' 혹은 '회개하는 자'라고 말하지 않습니다. 믿음이 첫째입니다. 믿음은 우리가 할 수 있는 최고의 일임을 기억하십시오.

신약 성경에는 '믿는다'는 단어로 '피스티스(pistis)'라는 명사와 '피스튜오(pistuo)'라는 동사가 나옵니다. '믿음'이라는 단어에는 세 가지가 포함됩니다. 첫 번째는 '믿을 만한 자질, 신실함, 성실함'입니다. 두 번째는 믿음의 내용인 교리(유 1:3, 갈 1:23)입니다. 세 번째는 믿는 행위 그 자체의 믿음입니다(행 16:31).

## 믿음의
## 네 가지 형태

**첫째**, 지적(知的) 동의로의 믿음입니다. 이것은 구원에 이르는 믿음만으로는 부족합니다. 귀로 듣고 머리로 이해하는 것은 믿음의 지식만을 갖는 것입니다. 물론 믿음은 지식에서 출발합니다. 하지만 알고 이해하는 것이 믿음의 전부는 아닙니다. 요한복음 8장 30, 31, 45절에는 "많은 사람들이 믿었으나 조금 후에 너희가 나를 믿지 않았다"라고 했습니다. 예수께서는 그들에게 "너희 아비 마귀"(요 8:44)라고 말씀하셨습니다. 그들은 지식으로 동의한 정도였지 진짜 믿는 단계까지 가지 못했습니다.

우리 주변에는 성경에 해박한 사람들이 많습니다. 주일학교 때 열심히 다니며 성경을 많이 읽었지만 어른이 되면서 교회에 발길을 끊은 사람들도 종종 만납니다. 하지만 이런 분들을 다시 전도하는 것이 아예 믿지 않는 사람들의 경우보다 훨씬 더 힘듭니다. 예방 주사를 많이 맞았기 때문입니다. 그들에게 다시 믿음을 권하면 "성경은 내가 당신보다 더 잘 알 것이오!"라고 말합니다. 지적 동의는 믿음의 출발일 따름입니다(고전 15:1-2).

둘째, 기적을 일으키는 믿음입니다. 누가복음 17장에서는 제자들이 예수님께 큰 믿음을 달라고 말합니다. 그러자 주님은 큰 믿음은 필요 없고 겨자씨만큼 작은 믿음만 있어도 큰 기적이 일어난다고 말씀하셨습니다(5-6절). 믿음이 있는 사람은 결국 믿는 대로 된다는 뜻입니다. 믿음은 많이 있어야 할까요? 그렇지 않습니다. 조금만 있어도 됩니다. 아주 작아도 됩니다. 믿음은 너무도 강력합니다. 아주 조금만 있어도 다이너마이트 같은 효과를 발휘합니다. 믿음을 쓰느냐 안 쓰느냐, 즉 믿음을 행동으로 옮기느냐가 문제지, 많고 적음의 문제는 아닙니다.

셋째, 성령의 은사로써의 믿음입니다.

"다른 사람에게는 같은 성령으로 믿음을"(고전 12:9).

미래의 가능성을 볼 줄 알고, 보이는 미래를 확신하고 가능성이 현실화되는 것을 확인해 가는 능력입니다. 어떤 분들에게는 성령께서 이런 강한 믿음을 은사로 주셔서 어려운 일들도 가능하다는 확신을 일으켜 주십니다. 믿음의 은사로 인해 약한 자들이 희망을 가지게 되기도 합니다. 그리고 믿습니다. 지금은 보이는 것이 없는데 미래에 될 일을 보고 믿고 그렇게 되는 것을 체험합니다. 저 같은 경우도 고등학교 1학년 때 제가 교수가 될 것을 믿었습니다. 믿고 전진했습니다. 17년 후 32세가 되었을 때, 오래전에 가졌던 그 믿음이 미국에서 실현되었습니다. 그런 경험을 자주 합니다.

넷째, 구원에 이르는 믿음입니다. 구원받기 위해 그리스도만을 전적으로 의지하는 믿음입니다. 죄의 본성이 있는 사람이 자기 능력이나 의지로 구원받을 수 있을까요? 구원은 평소 선행이나 세례 유무, 신앙 경력, 교회 직분 등에 영향을 받지 않습니다. 전적으로 예수 그리스도만을 의지하는 믿음이 바로 구원에 이르는 믿음입니다. 이는 성경 곳곳에 명시되어 있는 내용입니다.

## 믿음이<br>아닌 것

한편 우리들이 믿음이라고 잘못 알고 있는 것이 있습니다. 믿음이 아닌 것은 무엇일까요?

첫째, 지식적으로 따르는 것입니다. 사도행전 8장에는 '시몬'이라는 마술사가 등장합니다. 시몬도 주님을 믿었고 세례를 받았다고 기록되어 있습니다(13절). 그러나 그는 주님을 진정한 구주로 믿지 않았습니다. 주님을 믿으면 베드로처럼 손수건만 흔들어도 병을 낫게 할 수 있을 거라는 기대만으로 세례를 받은 것이었습니다. 이에 베드로는 "하나님 앞에서 네 마음이 바르지 못하니 이 도에는 네가 관계도 없고 분깃 될 것도 없느니라"(21절)고 말합니다. 전적으로 예수 그리스도만을 구주로 믿는 믿음이어야 합니다.

둘째, 선행입니다. 의롭다고 인정받는 것은 우리의 노력으로 받는 것이 아닙니다. 아브라함처럼 하나님을 믿을 때, 하나님은 우리의 믿음을 보시고 의롭다고 인정해 주십니다. 로마서 4장에는 "일 하는 자"가 언급됩니다. 이는 우리가 어떤 선한 행동이나 종교적 행위를 해서 하나님께 인정받게 되는 것이 아니라는 말입니다. 모든 종교는 행위로 인정받는 신앙이지만 우리 기독교는 예수 그리스도를 통해 구원받습니다. 구원은 하나님의 은혜로 주어지는 것입니다.

셋째, 수동적으로 주어지는 신비한 은혜입니다. 믿음은 가만히 있다가 뜨거운 영적 체험을 하거나 갑자기 진리를 깨닫게 되는 신비한 경험이 아닙니다. 간혹 그런 경우나 사례가 있지만 그 자체를 믿음으로 볼 수는 없습니다. 데살로니가후서 2장 11-12절에서는 이를 "거짓 것을 믿는다"로 표현합니다. 우리가 하나님이 주신 복음을 듣고 성령의 감동으로 믿게 되는 것은 분명한 사실입니다. 그렇다고 해서 우리가 믿음을 갖는 데 신비적인 요소에 치중하는 것은 바람직하지 않습니다.

첫째, 구원은 하나님으로부터 예수님을 통해 받습니다. 하나님께서는 구원의 선물을 주실 때 그리스도를 통해 주십니다. 믿음은 하나님으로부터 예수님을 통해 구원받는다는 것을 인정하고 고백하는 행동입니다.

"너희는 그 은혜에 의하여 믿음으로 말미암아 구원을 받았으니 이것은 너희에게서 난 것이 아니요 하나님의 선물이라"(엡 2:8).

"아들을 믿는 자에게는 영생이 있고"(요 3:36).

"영접하는 자 곧 그 이름을 믿는 자들에게는 하나님의 자녀가 되는 권세를 주셨으니"(요 1:12).

우리는 예수님으로 인해 구원을 얻습니다. 이처럼 '예수 그리스도를 통해' 구원받는 것을 '믿음'이라고 합니다.

둘째, 성령의 능력을 힘입는 행동입니다.

"성령으로 아니하고는 누구든지 예수를 주시라 할 수 없느니라"(고전 12:3).

복음을 듣고, 예수 그리스도를 통해 구원받는다는 사실을 믿고, 진정으로 주님을 영접할 때, 성령께서 역사하시며 우리 입에서 "예수님은 나의 구주!"라는 고백이 나오게 됩니다.

**셋째**, 전인적이고도 단번에 이루어지는 행동입니다. 구원의 믿음은 여러 번 생기지 않습니다. 미국에 있을 때 여러 교회 집회를 다녔습니다. 어떤 사람은 예수 믿을 사람 일어나라고 하면 열 번이면 열 번 다 일어섭니다. 이전에 예수님을 구주로 믿는다고 고백했는데, 또 다른 집회에서 예수 믿을 사람 일어나라고 하면 다시 일어나는 경우입니다. 자신이 없기 때문입니다. 또한 '예수 믿을 사람 일어나라는데 내가 안 일어날 이유가 어디 있어?'라고 생각하기 때문입니다. 그러나 그럴 필요가 없습니다. 구원은 단회적인 일입니다. 아기는 한 번 태어납니다. 여러 번 태어나는 것이 아닙니다. 부족하고 연약할 수 있으나, 실수와 흠 때문에 생명이 없어지지 않습니다. 성경을 정확히 알면 구원의 고백을 반복하지 않아도 됩니다.

"사람이 마음으로 믿어 의에 이르고 입으로 시인하여 구원에 이르느니라"(롬 10:10).

어떤 사람은 구원받는 방법이 너무 간단해 의아해하기도 합니다. 구원은 쉬워야 합니다. 그래야 누구든 구원받을 수 있습니다. 어렵고 복잡하다면 이해력이 부족하고 지적 능력이 떨어지는 사람은 구원받기 어렵지 않겠습니까? 주님께서는 이처럼 누구든지 구원받을 수 있도록 단번에, 일회적으로 '구원'을 주셨습니다. 로빈슨(W. C. Robinson) 이라는 사람은 "믿음은 전적으로 하나님께서 나를 구원하시도록 무제한적으로 나를 바치는 것!"이라고 말했습니다. 마치 우리가 의자에 앉을 때, 몸 전체를 의자에게 맡기듯 말입니다. 나의 영혼을 전적으로 주님께 맡겨서 영원한 생명으로 이끄시도록 나를 드리는 것입니다. 그러면 주님께서는 우리를 영원한 생명의 길로 데려가 주십니다. 자신을 완전히 그리스도에게 내어 드리고 맡길 때, 전적으로 의지할 때 구원받는다는 것을 기억해야 합니다.

## 믿음의
## 대상

우리는 무엇을 믿습니까? 성경에 나타나 있는 믿음의 대상은 네 가지가 있습니다.

첫째, 하나님을 믿습니다(요 14:1). 예수님은 마음에 근심하지 말고 하나님을 믿고 자신을 믿으라고 하셨습니다.

둘째, 하나님의 말씀을 믿습니다(살전 2:13). 바울은 우리들이 믿는 것이 사람의 말이 아닌 하나님의 말씀이라고 합니다. 이 말씀이 믿는 자들 가운데서 역사한다고 덧붙입니다.

셋째, 그리스도에 대한 사실을 믿습니다(롬 10:9). 고린도전서 15장

3-4절은 그리스도께서 '성경대로' 죽으셨다가 '성경대로' 살아나셨다고 말씀합니다. 성경에서 그리스도께서 죽으셨다고 기록되어 있으면 이를 믿고, 다시 살아나셨다 하면 이를 진심으로 믿어야 합니다.

넷째, 그리스도가 구주라는 사실을 믿습니다(행 16:31). 바울과 실라는 빌립보에서는 감옥을 지키는 간수를 향해 주 예수를 믿어야 구원을 얻는다고 선포합니다. 우리 역시 그 사실을 믿어야 합니다.

## 믿음의
## 성장과 입증

모태에서 세상 밖으로 나온 아기는 멈추어 있지 않습니다. 조금씩 자랍니다. 모유와 분유를 먹으면서 성장합니다. 음식을 먹어야 자라듯, 우리도 말씀을 먹어야 믿음이 자랍니다. 믿음은 멈추어 있지 않습니다. 믿음이 자라는 것은 당연하고 자연스러운 일입니다(살후 1:3).

진리의 말씀을 알면 알수록 믿음은 커집니다. 그리스도를 잘 알게 되면 그분에 대한 신뢰감이 더 깊어집니다. 다윗을 보십시오. 하나님을 알아갈수록 그분을 의지하고 신뢰하는 믿음이 더 커졌습니다. 사울도 하나님을 알았지만, 그분이 골리앗을 때려눕힐 수 있는 크신 분임은 몰랐습니다. 그 사실을 믿지도 않았습니다. 그러나 소년 다윗은 거인 골리앗을 향해 작은 돌 하나를 던지기만 해도 하나님께서 명중시켜 주시리라 믿었던 것입니다. 하나님을 신뢰하지 않으면 고전(苦戰)합니다.

살다 보면 일이 잘못 되어 가는 것 같을 때가 있습니다. 내 뒤에서 움직이는 크신 주님의 손길을 믿지 못하고 혼자 걱정하며 전전긍긍하는 것이 우리의 모습입니다. 그러나 주님이 그분의 섭리대로 인도해 주실 줄 믿고 기다리면 됩니다.

'믿음'은 그리스도인의 경험 속에서 입증됩니다(요일 5:10, 딤후 1:12, 히 11:1). 믿는 사람은 신앙의 경험이 있습니다. 기도해 보았고 응답을 받기도 했습니다. 또한 우리 삶을 인도하시는 주님의 손길을 체험해 보았습니다. 그러니 안 믿으려 해도 안 믿을 수가 없습니다. 하나님에 대해 더 알게 되고, 그분에 대한 신뢰감이 깊어진 그 삶에서 맛보게 되는 주님의 손길을 어떻게 부인할 수 있겠습니까?

## 믿음의
## 결과와 증거

**첫째,** 그리스도를 주(主)라 시인합니다(롬 10:10). 바울은 사람이 마음으로 믿어 의에 이르고 입으로 시인해서 구원에 이른다고 했습니다. 믿으면 예수님을 자기 인생의 주인으로 시인하게 됩니다.

**둘째,** 주님께 순종합니다(롬 1:5). 바울은 예수님으로 인해서 우리들이 믿고 순종하게 된다고 말합니다.

**셋째,** 의로운 행동이 나타납니다(약 2:17, 26). 야고보는 행함이 없는 믿음은 죽은 것이라고 말합니다. 믿음은 의로운 행동으로 드러나야 한다는 말입니다.

**넷째, 신앙의 자질이 계발됩니다**(벧후 1:5-7). 자신의 믿음이 성장하고 있음을 깨닫지 못하는 경우도 많습니다. 하지만 시간이 훌쩍 흐른 후, 지난날을 돌아보면 스스로가 신앙적으로, 인격적으로 성장했다는 것을 깨닫게 됩니다.

**다섯째, 세상을 이깁니다**(요일 5:4). 예수 그리스도를 믿고 구원받은 사람은 세상을 이깁니다. 세상의 기준, 목표, 물질, 시선, 핍박 등 모든 것을 이깁니다. 어쩌다 패배하는 때도 있겠지만 그야말로 '어쩌다'입니다. 결국은 승리합니다.

**여섯째, 기쁨을 경험합니다**(벧전 1:8). 마음 깊은 곳에 즐거움이 있습니다. 예수 믿은 기쁨, 구원받은 기쁨, 하나님에 대한 감사와 말할 수 없는 큰 기쁨이 있습니다.

**일곱째, 믿음이 지속됩니다**(요 8:31, 고전 15:2). 가끔 믿음이 약해지는 것처럼 느껴질 때가 있습니다. 때로는 지치기도 합니다. 그러나 하나님을 믿고 구원받은 사람은 믿음의 길을 끝까지 완주할 것입니다.

첫째, 깊은 확신 없이도 진정한 믿음을 가질 수 있나요? '믿음'은 받아들이는 것입니다. 우리는 은혜로 구원받는 것이지, 믿음으로 구원받는 것이 아닙니다(딤후 2:13, 요일 3:21). 믿음의 크기에 따라 구원의 확실성이 달라지지 않습니다. 다시 한번 강조합니다. 구원은 은혜로 받는 것입니다.

둘째, 영적 축복을 받기 위해서는 항상 새로운 믿음의 행위가 필요한가요? 미국의 한 교회 주일학교 성경 공부 시간이었습니다. 부목사님께서 요한계시록 2장으로 성경 공부를 인도하는 중이었습니다. 그런데 "죄를 지으면 구원을 잃어버리니까 다시 회개하고 다시 믿어야 구원받는다."라고 가르치고 있었습니다. 그래서 제가 그분의 배경을 알아보았더니 신학교를 졸업하지 않은 사역자였습니다. 남의 교회 부목사님이라 어찌할 수도 없어 그냥 한국으로 돌아왔지만, 저는 그날 아주 큰 충격을 받았습니다. 이는 잘못된 메시지입니다. 우리는 믿는 그 순간에 의롭게 됩니다. 하나님께서 그 순간 바로 우리를 의롭다고 인정하시기 때문입니다.

그리스도 안에는 모든 축복이 다 있습니다. 그 사실을 깨닫고 믿으면 모든 축복이 우리 것이 됩니다. 죄를 짓고 분명 회개했지만 자꾸 꺼림칙하고 찜찜할 수 있습니다. 왠지 아직 용서받지 못한 것 같기도 합니다. 집회나 예배에 가서는 옛날에 지은 죄를 다시 끄집어내어 또 회개합니다. 분명 우리가 회개하고 자복하면 주님은 용서하신다는 것을 지식적으로 다 알고 있을 것입니다. 이를 가슴 깊이 깨닫고 믿음으로 받아들여야 합니다. 그래야 그 용서를 축복으로 누리게 됩니다. 알고 있는 것을 믿지 않으면 영적 은혜를 받기 힘듭니다. 이 원리를 지식적으로 확실하게 알면 신앙생활하기가 훨씬 편합니다.

또한 말씀대로 믿으면 모든 축복이 다 자기 것이 됩니다. 하나님께서는 이미 그리스도 안에서 우리에게 영적 축복을 주셨습니다. 우리는 그 축복을 하나씩 찾아가는 것입니다. 영적 축복을 한 가지씩 발견할 때마다 새로운 믿음이 필요한 것이 아닙니다. 그리스도를 믿는 믿음! 그 한 가지 안에 모든 영적 축복이 다 들어 있습니다.

20

—

# 회심

"형제들아 너희가 알지 못하여서 그리하였으며 너희 관리들도 그리한 줄 아노라 그러나 하나님이 모든 선지자의 입을 통하여 자기의 그리스도께서 고난 받으실 일을 미리 알게 하신 것을 이와 같이 이루셨느니라 그러므로 너희가 회개하고 돌이켜 너희 죄 없이 함을 받으라 이같이 하면 새롭게 되는 날이 주 앞으로부터 이를 것이요" 행 3:17-19

'회심(conversion, 回心)'은 한국에서는 다소 생소한 표현일 것입니다. 하지만 외국에서는 자주 쓰는 단어입니다. 헬라어로 '회심'은 '에피스트레포(epistrepho)'입니다. '돌아서다', '마음을 바꾸다', '변화하다'라는 뜻을 지닙니다. 이 단어에 처음부터 영적 의미가 포함되어 있었던 것은 아닙니다. 요한복음 21장 20절에서는 영적 의미가 전혀 없이 그냥 '돌아선다'라는 뜻으로 쓰였습니다. 예수께서 부활하신 후 베드로 앞에 나타나셔서 그의 순교를 예언하셨습니다(18절). 그러자 베드로는 예수님과 대화하다 말고 '돌아서서' 요한을 바라봅니다. "베드로가 돌이켜"에서 '돌이켜'는 몸의 방향을 바꾼다는 뜻입니다. 영적인 의미가 전혀 없습니다. 그런데 이 단어가 사도행전에서는 영적인 의미로 쓰이기도 했습니다.

"그러므로 너희가 회개하고 돌이켜 너희 죄 없이 함을 받으라"(행 3:19).

몸의 방향을 돌리는 경우에도, 영적으로 회개하는 경우에도 똑같은 단어가 쓰인 것입니다. '회심'에 해당하는 히브리어는 '회개'라는 뜻을 지닌 '슈브'입니다.

첫째, 회심은 죄로부터 주님께로 확실하게 돌아서는 것입니다. 회심이란, 죄로부터 완전히 돌아서는 것입니다.

"돌이켜 각각 그 악함을 버리게 하셨느니라"(행 3:26).

세상에서 가장 큰 죄악은 '하나님을 떠나 있는 것'입니다. 사람에게 이것 이상 더 악한 상태는 없습니다. 회심은 바로 그런 상태에서 돌아서서 주님께로 나아가는 것입니다. 세상에서 주님께로, 지옥에서 천국으로, 죄악에서 하나님께로, 악에서 선으로 돌아서는 것입니다.

"주께로 돌아오니라"(행 9:35).

"너희가 어떻게 우상을 버리고 하나님께로 돌아와서"(살전 1:9).

회심은 마음뿐만 아니라 행동, 태도, 삶의 방식을 완전히 돌이키는 것입니다.

"이런 헛된 일을 버리고… 살아 계신 하나님께로 돌아오게 함이라"(행 14:15).

둘째, 회심은 주님의 명령에 대한 순종 혹은 결과이기도 합니다. "돌이키라 너희 악한 길에서 떠나라"(겔 33:11)에서 보듯, 하나님께서는 인간에게 돌아서라고 명령하십니다. 하나님께서 돌이키라고 하셨으므로 순종하고 돌아서야 합니다. 또한 회심은 하나님께서 돌이켜 주시는 결과이기도 합니다.

"주 그들의 하나님께로 많이 돌아오게 하겠음이라"(눅 1:16). 이는 하나님께서 직접 회심시키신다는 말씀입니다. 이처럼 하나님께서는 우리에게 직접 돌아서라고 명령하시고, 한편에서는 친히 돌이켜 주기도 하십니다. 예레미야 31장 18절은 "나를 이끌어 돌이키소서 그리하시면 내가 돌아오겠나이다"라고 기록되어 있습니다.

회심에 대한 신학적 학설이 분분합니다. 회심이 하나님께 달린 것이냐, 인간에게 달린 것이냐 하는 논쟁도 있습니다. 사람의 심리는 복잡한 것을 싫어하고 간단명료한 것을 좋아합니다. 그래서 명확한 어느 한쪽을 선택하고 싶어 합니다. 회심에 대한 논쟁 역시 본능과 심리에서 기인하는 것이므로 당연한 일이기도 합니다.

회심에 대한 논쟁을 해결하는 가장 좋은 방법은 성경을 종합적으로 공부해 보는 것입니다. 알고 보면 성경은 대단히 균형 잡힌 가르침을 주고 있습니다. 균형 있는 기독교! 균형 있는 신앙생활! 이것이 한국 교회와 개인에게 너무도 필요합니다. 특히 그리스도인은 한쪽으로 치우치는 경향이 강합니다. 한쪽이 전부인 것처럼 생각하고, 믿고, 강하게 주장하는 경우가 많습니다. 그러나 주님께서는 좌로나 우로나 치우치지 말라고 말씀하셨습니다. 실제로 균형 있는 신앙생활을 하는 게 참으로 쉽지 않습니다. 의식적인 자각과 개인의 노력이 필요합니다. 어느 한쪽 주장만 내세우지 말고, 성경이 가르쳐 준 내용을 종합적으로 바라보아야 합니다. 그러다 보면 균형 있는 신앙을 가질 수 있습니다.

'회심'에 대한 태도에서도 균형이 필요합니다. "하나님이여, 우리를 돌이켜 주시옵소서!"라고 간구하면서 '주여, 내가 주께로 나아갑니다.'라는 태도를 가져야 합니다. 주님께서 돌이켜 주시지 않으면 우리에게는 돌아갈 마음이 생기지 않습니다. 더불어 나의 의지와 노력이 있어야만 주께로 나아갈 수 있습니다. 이 두 가지가 균형 있게 병행돼야 합니다. 하나님께서 우리를 돌이키실 일은 걱정하지 않아도 됩니다. 그것은 주님께 맡기고 나는 '주께로 나아가는 것'에 집중하면 됩니다. 우리가 순종해야 할 부분만 책임지고 행하기 바랍니다.

셋째, 회심은 구원받기 위해 돌아서는 것과 구원받은 후 죄에서 돌이키는 것 모두를 의미합니다. 우선 '회심'은 하나님을 향해 처음으로 돌아서는 것을 말합니다. 구원받지 못한 사람이 구원받기 위해 돌아서는 행위입니다. 그래서 바울은 "너희가 회개하고 돌이켜 너희 죄 없이 함을 받으라"(행 3:19)고 했습니다. 여기서 '돌이킨다'는 것은 회심을 말합니다.

"수많은 사람들이 믿고 주께 돌아오더라"(행 11:21)에서 보듯 회심은 구원받은 자가 자신의 죄에서 돌이켜 하나님 아버지께로 나아가는 것입니다. 예수께서도 베드로에게 "너는 돌이킨 후에 네 형제를 굳게 하라"(눅 22:32)고 말씀하셨습니다.

구원받은 사람은 죄를 짓지 않을까요? 절대 방황하거나 타락하지 않을까요? 그렇지 않습니다. 구원받은 사람도 언제든 죄를 짓고 타락하기도 합니다. 세상에서 죄를 짓지 않는 유일한 사람은 이미 죽은 사람뿐입니다. 인간의 연약함과 죄의 본성 때문에 인간은 누구든, 언제 어디서든 죄를 짓게 됩니다. 그럼에도 우리는 죄를 짓지 않으려고 무던히 애를 씁니다. 그리스도인들은 자주 불평과 불만을 일삼지만, 그럼에도 날마다 자신을 돌아보고 회개합니다. 방금 한 행동을 즉시 회개할 때도 많습니다. 항상 회개하고 주께로 돌아가려 애씁니다. 죄를 지을 때마다 회개하고 돌아서야 합니다. 그렇지 않으면 점점 죄에 빠져들어 양심이 무뎌지고 익숙해져 버립니다. 이처럼 주님을 믿고 회심한 사람은 부단한 노력을 할 수밖에 없습니다. 그러나 회심하지 않은 사람은 그런 노력을 기울이지 않습니다.

우리가 죄를 짓고도 돌아서지 않으면 하나님께서 '사랑의 매'를 드십니다. 하나님은 사랑하는 자녀를 방치하지 않으십니다. 목사님이 설교로 권고하고, 구역장들이 심방 와서 이야기해도 회개하지 않으면 하나님께서 직접 일하십니다. 주님이 치시는 사랑의 매를 맞고 돌아올 것인지, 돌아오지 않을 것인지 결정해야 합니다. 하나님께서 채찍을 드시는 것은 우리를 사랑한다는 증거입니다. 하나님의 채찍에 맞았을 때 미성숙한 사람이나 주님을 모르는 사람들은 하나님이 자기를 미워한다고 생각합니다. 반면 성숙한 신앙인들은 하나님이 자기를 사랑한다는 것을 믿고 의심하지 않습니다. 엄마가 나를 미워해서 야단치는 거라 생각하지 않고, 사랑해서 혼내는 거라 생각하는 자녀는 미래가 밝은 것과 마찬가지입니다. 물론 자녀에 대한 사랑을 전제로 야단친다는 것을 보여 주어야 합니다. "이 행동은 잘못된 것이

고, 반드시 고쳐야 하니까 매를 드는 거야. 너를 위해서란다." 하며 혼
낸 후에는 반드시 안아 주고 함께 울어 주어야 합니다. 그러면 엄마
가 정말 나를 사랑한다는 걸 알게 됩니다. 그런데 눈을 부릅뜬 채 거
품 물고 싸울 때처럼 고함치며 야단친다면 아이 편에서는 '아, 엄마
가 나를 정말 미워하는구나. 아침에 아빠랑 싸우더니 나에게 분풀이
하시는구나.'라고 생각할 수밖에 없습니다.

## 회심의<br>네 가지 결과

**첫째, 죄 사함을 받습니다.** 베드로는 "너희가 회개하고 돌이켜 너
희 죄 없이 함을 받으라"(행 3:19)고 합니다. 회개하고 돌이킬 때 죄가
없어진다고 말합니다. 회개로 인해 죄가 사해진다는 말입니다.

**둘째, 영원한 기업을 받습니다.** 바울은 "그 눈을 뜨게 하여… 돌아
오게 하고 죄 사함과… 기업을 얻게 하리라"(행 26:18)고 말합니다. 예
수님이 자신의 눈을 뜨게 하고 돌아오게 하여 기업을 얻게 된 일을
간증하고 있습니다.

**셋째, 영적인 조명을 받습니다.** "언제든지 주께로 돌아가면 그 수건
이 벗겨지리라"(고후 3:16)는 말씀을 보십시오. 죄 사함을 받으면 마음
이 깨끗해져서 하나님 나라가 잘 보입니다. 영적인 일들이 이해되기
시작하고, 쉽게 깨달아집니다.

　넷째, 영적 사역에 참여하게 됩니다. "우상을 버리고 하나님께로 돌아와서 살아 계시고 참되신 하나님을 섬기는지와"(살전 1:9)라는 말씀에서 보듯이 하나님을 섬기게 됩니다. 우리 주변에는 우상을 버리고 하나님께로 와서 우상을 섬기던 그 열정과 믿음으로 하나님을 섬기는 분들이 많이 있습니다.

# 거듭남

"그가 모든 사람을 대신하여 죽으심은 살아 있는 자들로 하여금 다시는 그들 자신을 위하여 살지 않고 오직 그들을 대신하여 죽었다가 다시 살아나신 이를 위하여 살게 하려 함이라 그러므로 우리가 이제부터는 어떤 사람도 육신을 따라 알지 아니하노라 비록 우리가 그리스도도 육신을 따라 알았으나 이제부터는 그같이 알지 아니하노라 그런즉 누구든지 그리스도 안에 있으면 새로운 피조물이라 이전 것은 지나갔으니 보라 새 것이 되었도다" 고후 5:15-17

'거듭남(regeneration)'은 그리스도인에게 꼭 필요한 교리이자 반드시 거쳐야 할 경험입니다. 예수를 믿는 사람이라면 자기가 거듭난 것을 알아야 합니다. 어떤 성도는 거듭났음에도 불구하고 '거듭나다'의 의미를 모르는 경우도 있습니다. 이는 한국 교회의 잘못입니다. '거듭나다'라는 단어를 적절치 않은 곳에서 사용하기 때문입니다. 교회에서는 말실수를 하지 않는 사람, 화를 내지 않는 사람을 거듭난 사람이라고 생각합니다. 저에게 와서 "거듭나 보려고 애쓰는데 잘 안 되네요."라고 하소연하는 사람도 있었습니다. 거듭난다는 것은 마치 아기가 태어나는 일과 비슷합니다. 순간적이면서 완료형입니다. 태어나 보면 장애가 있을 수도 있고 건강할 수도 있겠지만, 태어났다는 사실이 가장 중요합니다. 영적인 거듭남도 마찬가지입니다. 태어나는 일은 즉각적인 사건입니다.

헬라어로 '거듭나다'는 '필링게네시아(palingenesia)'입니다. '필린(palin)'은 '다시'라는 뜻이고 '게네시아(genesia)'는 '낳다'라는 의미입니다. 디도서 3장 5절에서는 '거듭난다'는 것이 인간의 마음속에 생겨나는 새로운 영적 질서라고 말합니다. 거듭나는 것을 "중생의 씻음"이라 표현했습니다. 이런 거듭남, 곧 중생은 우리가 행하는 우리의 행동으로 되는 것이 아니고 성령께서 우리를 새롭게 해 주시는 능력으로 이루어집니다. 예수를 믿고 영접할 때 중생, 곧 거듭나는 것이고 이는 성령의 역사로 이루어집니다. 요한복음 3장 7절에서 거듭남의 의미를 이해하지 못하는 니고데모에게 예수님은 이렇게 말씀하셨습니다.

"내가 네게 거듭나야 하겠다 하는 말을 놀랍게 여기지 말라"(요 3:7).

예수께서는 하나님 나라에 들어가려면 거듭나야 한다고 말씀하셨습니다. 아기가 일단 태어나야 비로소 엄마 얼굴도 보고 하늘과 나무도 보듯, 영적으로 다시 태어나야만 영적인 세계를 볼 수 있습니다. 요한복음 3장 7절의 '거듭나다'는 헬라어로 '겐네데나이 아노덴(gen-nethenai anothen)'입니다. '위로부터 태어난다'는 뜻입니다. 즉, 하나님 아버지로부터 태어난다는 뜻입니다.

"영접하는 자 곧 그 이름을 믿는 자들에게는 하나님의 자녀가 되는 권세를 주셨으니 이는 혈통으로나 육정으로나 사람의 뜻으로 나지 아니하고 오직 하나님께로부터 난 자들이니라"(요 1:12-13).

어떤 때는 '거듭남'의 의미로 '부활'이라는 단어를 쓰기도 합니다.

"죽은 자들이 하나님의 아들의 음성을 들을 때가 오나니 곧 이때라 듣는 자는 살아나리라"(요 5:25).

요한복음 5장에는 '다시 살다'라는 표현이 두 번 나옵니다. 하나는 영적으로 살아나는 것이고, 또 하나는 마지막 날에 다시 사는 것입니다. 즉, 육신으로 부활하는 것을 뜻합니다. 영적으로 살아난다는 것은 지금 영적으로 죽어 있음을 의미합니다. 밥을 먹고 공부하고, 음악을 듣고 책을 읽는 것은 영(靈)보다는 육(肉)으로 사는 일입니다. 이렇게 육신으로 살며 영혼은 죽어 있는 우리에게 하나님께서 영원한 생명을 불어넣어 주심으로 영혼이 살아나고, 영의 삶을 살게 되는 것입니다. 이를 고린도후서 5장 17절에서는 '새로운 피조물'이라고 표현합니다. 하나님의 피조물인 우리가 믿음으로 예수 그리스도를 영접하고 돌이키는 그 순간 우리가 만질 수도 없고 느낄 수도 없지만 성령께서 우리의 영을 새롭게 창조하십니다.

"그런즉 누구든지 그리스도 안에 있으면 새로운 피조물이라 이전 것은 지나갔으니 보라 새 것이 되었도다"(고후 5:17).

우리가 회심하는 그 순간에 하나님께서 새로운 피조물로 창조해 주시는 것입니다. 이는 영적인 눈이 열려야 볼 수 있고 이해되는 일입니다. 예수께서 "바람이 임의로 불매 네가 그 소리는 들어도 어디서 와서 어디로 가는지 알지 못하나니 성령으로 난 사람도 다 그러하니라"(요 3:8)고 말씀하셨습니다. 여기서 '바람'은 성령을 뜻합니다. 예수 그리스도의 복음을 듣고 죄 사함과 영원한 생명이 있다는 사실에 감격하여 주님께로 돌아서는 그 순간, 성령의 바람이 불어와 우리 영혼은 영원한 생명을 갖게 되는 것입니다.

사람이 거듭나는 순간은 다양한 모습으로 나타납니다. 어떤 사람은 상당히 극적인 순간을 맞이하기도 하고, 또 어떤 사람은 몸부림을 치거나 눈물을 흘리는 반면, 어떤 사람은 조용하고 잠잠하게 거듭나기도 합니다. 성령이 반드시 불같이 뜨겁기만 한 것은 아닙니다. 조용한 바람 같기도 하고 잔잔한 물 같기도 합니다. 많은 그리스도인들이 '성령'은 늘 불같이 뜨거울 거라 생각하며 그런 성령을 바라고 기다립니다. 성령께서는 우리가 헤아릴 수 없을 정도로 다양하고 다채롭게 역사하십니다. 신앙을 획일화시켜 생각해서는 안 됩니다.

어떤 사람은 타고날 때부터 차분하고 조용합니다. 그런 사람은 예수를 믿어도 잠잠하고 조용히 믿습니다. 어떤 사람은 타고난 기질이 활달하고 쾌활해 교회 가서도 그저 기쁘고 즐겁게 찬송합니다. 나와 다른 모습이라 해서 "저 사람은 성령을 못 받았나 봐!"라고 생각해서는 안 됩니다. 모든 사람이 다르고 그에 따라 신앙 역시 각각 다르기 때문에 하나님께서 역사하시는 방법도 모두 다를 수밖에 없습니다.

'거듭남'이 그리스도인에게 꼭 필요한 경험이라고 힘주어 말한 것은 뜨겁고 극적인 신앙 체험을 해야 한다는 뜻이 아닙니다. 전심으로 회개하고 주님께로 돌아온 자기만의 경험이 있어야 한다는 의미입니다.

## 거듭남의 필요성

첫째, 인간은 영적으로 죽어 있기 때문입니다(엡 2:1-5). "그는 허물과 죄로 죽었던 너희를 살리셨도다"(엡 2:1)에서 보듯, 모태에서 한 번 태어났으나 그 사람의 영(靈)은 죽어 있습니다.

둘째, 인간은 영적으로 하나님의 자녀가 아니기 때문입니다(요 8:44). 인간은 하나님의 자녀로 살 것인지, 사탄의 자녀로 살 것인지 둘 중 하나를 선택해야 합니다. 우리는 거듭남을 통해 사탄의 권세에서 돌이켜 하나님의 자녀가 될 수 있습니다.

셋째, 인간은 영적인 것을 깨닫지 못하기 때문입니다(고전 2:14). 고린도전서 2장 14절의 "육에 속한 사람은 하나님의 성령의 일들을 받지 아니하나니 이는 그것들이 그에게는 어리석게 보임이요, 또 그는 그것들을 알 수도 없나니 그러한 일은 영적으로 분별되기 때문이라"를 보십시오. 영이 죽어 있으면 영적인 것들을 깨달을 수 없습니다. 마음으로 받아들이고 입으로 고백하는 순간, 성령께서 우리를 거듭나게 하십니다. 거듭나는 것을 너무 어렵게 생각하지 않아도 됩니다. 사실은 너무 쉽기 때문에 사람들이 난감해하는 것입니다. 이는 한국 교회의 신학적 오해입니다. 거듭남은 우리가 주관하는 일이 아닙니다. 예수를 믿고 돌아와 하나님이 주시는 생명의 선물을 그냥 받아들이면 됩니다. 마치 자녀가 부모에게서 생명을 받는 것처럼 말입니다. 거듭난 사람이라고 해서 화를 내지 않는 것은 아닙니다. 이런 부분은 성화(聖化)와 관계되는 일입니다. 출생과 성장이 다른 것처럼 거듭남과 성화는 다릅니다.

넷째, 인간은 스스로 자신의 영적 상태를 변화시킬 수 없기 때문입니다(고후 4:3-5). 우리는 스스로의 힘으로 자기 영혼을 변화시키거나 성장시킬 수 없습니다. 깨끗하게 할 수도 없으며 더 나은 상태로 이끌 능력도 없습니다. 그러니 우리가 부모에게서 생명을 받은 것처럼 하나님께로부터 영원한 생명을 선물로 받아야 합니다.

다섯째, 인간에게 절대적으로 필요한 것이라고 예수께서 말씀하시기 때문입니다(요 3:7). 예수님은 니고데모에게 "내가 네게 거듭나야 하겠다 하는 말을 놀랍게 여기지 말라"(요 3:7)고 하셨습니다. 모든 사람은 다 거듭나야 합니다. 예수를 믿은 후 회개하고 주님을 우리 구주로 고백하면, 그 순간 하나님의 성령께서 우리 안에 역사하십니다. 그러면 새로운 피조물로 거듭나고, 죽어 있던 영혼이 부활하게 됩니다.

## | 거듭남의
## | 본질

첫째, 우리가 예수 그리스도를 믿게 되는 순간 하나님께서 영적인 생명을 주십니다. 우리에게 특별한 느낌이 없더라도 "내가 예수 그리스도를 믿고 영접합니다."라고 고백하는 그 순간, 하나님께서 내 영혼을 살리시고 내 안에 영원한 생명을 주십니다. 이로써 새 생명이 생기고(요 3:6, 7) 새로운 피조물(고후 5:17)이 되는 것입니다. 거듭나면 새 성품이 생깁니다(벤후 1:4). 이를 '하나님의 성품'이라고 합니다. 본래 진노의 자녀였던 우리가 그리스도 안에서 하나님의 성품을 받은 것입니다.

거듭나면 새 마음도 생깁니다. 돌과 같이 굳은 마음을 제거하시고 어린아이 살같이 부드러운 새 마음을 갖게 하십니다. "또 새 영을 너희 속에 두고 새 마음을 너희에게 주되 너희 육신에서 굳은 마음을 제거하고 부드러운 마음을 줄 것이며"(겔 36:26)라는 말씀처럼 말입니다. 또한 거듭나면 새로운 관계를 맺게 됩니다.

"영접하는 자 곧 그 이름을 믿는 자들에게는 하나님의 자녀가 되는 권세를 주셨으니"(요 1:12).

여기서 '자녀'는 복수(複數)입니다. 형제자매가 많아지는 것입니다. 모두가 한 아버지에게서 태어난 영원한 자녀입니다. 거듭난 사람들끼리는 거듭나지 않은 자기 혈육보다 더 가깝습니다. 혈육이라 해도 거듭나지 않은 사람과는 이상하게 말이 잘 통하지 않고, 거리감을 느끼기도 합니다. 육신의 가족과 영의 가족이 달라졌기 때문입니다.

거듭나면 새로운 영적 통찰력도 생깁니다(요 3:3). 거듭나지 않으면 하나님 나라를 볼 수 없습니다. 거듭나면 영적인 일들이 보이고 들리고 깨달아집니다. 저는 스물다섯 살에 거듭나는 체험을 했습니다. 그 전 날과 다음 날이 달랐습니다. 매일 하루에 3장씩 성경을 읽었는데 전날 읽은 3장과 다음 날 읽은 3장이 달랐습니다. 전에는 말씀 읽는 게 지루할 때도 있었는데 거듭난 후로는 영적 생명이 생겨 말씀이 먹고 싶어졌습니다. 생명이 있는 아기가 젖을 원하는 것과 마찬가지입니다. 같은 그리스도인이라 할지라도 영혼의 성숙도와 통찰력에 따라 각각의 반응이 다를 수밖에 없습니다. 어떤 사람은 설교 때마다 은혜를 받는 반면, 어떤 사람은 예배를 드릴 때마다 지겨워합니다. 어떤 사람은 성경을 읽을 때 은혜를 받고, 더 깊은 말씀 속으로 들어가고 싶어 하지만, 어떤 사람은 아무리 설명을 해 줘도 이해를 못하고 힘들어합니다. 그러나 주님 안에서 거듭나게 되면 그런 사람도 새로운 통찰력이 생깁니다.

거듭나면 새로운 도덕적 성향과 기준이 생깁니다(엡 4:23-24). 전에는 주님이 기뻐하지 않으시는 것을 즐겨 했더라도 거듭난 후에 영혼이 성숙해지면서 전에 즐겼던 것들이 점점 싫어집니다.

미국에서 초빙 교수로 있을 때의 일입니다. 일주일에 한 번씩 대학에 강의를 나갔습니다. 어느 날 캠퍼스 내에서 한 무리의 학생들이 시끄럽게 싸우고 있었습니다. 상급생 두 명이 신입생을 훈계하고, 신입생은 당차게 따지고 있었습니다. 신입생이 저를 보자 "교수님! 제 말 좀 들어보세요. 이렇게 머리를 여자처럼 길게 하고 로큰롤 듣는 게 뭐가 잘못된 거죠? 그리스도 안에서 자유를 누려야 하잖아요!"라며 하소연을 했습니다. 그래서 제가 예수 믿은 지 얼마나 되었냐고 물었더니 6개월 되었답니다. 히피(hippie)가 예수 믿고서 이제 막 신학교에 입학했던 것입니다. 그래서 저는 성경에는 히피 방식으로 살지 말라는 이야기는 없지만, 성경에 없는 것은 상급생들이 이야기하는 대로 따르라고 했습니다. 거듭나면 새로운 도덕적 성향과 기준이 생깁니다. 악에서 점점 멀어지고 선을 향해 한 걸음씩 나아가게 됩니다. 또 악을 행했을 때 금방 양심의 가책을 느낍니다.

둘째, 거듭난다는 것은 오랜 진행 과정이 아니라 순간적인 사건입니다. 인간의 출생은 '사건'입니다(요 5:24). 분만하기 전 진통하는 시간이 있기는 하지만, 어머니 배 속에서 아기가 나오는 시간은 아주 잠깐입니다. 태어나는 순간 그 자체는 시간이 얼마 안 걸립니다. 영적인 출생도 이와 같습니다. 많은 사람들이 예수 그리스도의 복음을 정확하게 들어 보지 못했습니다. 심지어 교회 안에서도 그렇습니다. 복음을 정확하게 들으면, 복음의 씨앗이 언젠가는 태동합니다. 그러나 불행하게도 그리스도인들마저 복음을 정확하게 들어 본 적이 없는 경우가 많습니다. 문제는 이것입니다. 우리가 전도할 때 대부분 교회 가자고 권하지, 복음 자체를 정확하게 설명해 주지 않습니다. 복음을 들어야 믿음이 생깁니다. 성령께서는 복음을 통해 역사하십니다.

**셋째, 인간의 인지를 넘어선 하나님에 의한 신비스러운 역사입니다.**

"바람이 임의로 불매 네가 그 소리는 들어도 어디서 와서 어디로 가는지 알지 못하나니 성령으로 난 사람도 다 그러하니라"(요 3:8).

거듭남은 눈에 보이지 않는 영적인 사건입니다. 새로운 탄생은 그 결과를 통해서만 알 수 있습니다. 바람이 눈에 보이지는 않지만 나뭇잎이 흔들리는 것을 보고 바람의 존재를 알 수 있는 것과 마찬가지입니다. 새로운 도덕적 가치와 태도는 하루아침에 단번에 생기지 않습니다. 성화와 거듭남을 혼동해서는 안 됩니다. 거듭난 후에 성화로 나아가는 것입니다.

넷째, 거듭남은 느낌이나 감정적 경험이 아니라 내면에 생기는 영적 현실입니다. 거듭날 때 반드시 감격의 눈물을 흘리거나 감정의 격동이 있어야만 하는 것은 아닙니다. 사람에 따라 반응이 다를 수 있습니다. 중요한 것은 예수 그리스도를 믿고 회개하여 주님께로 돌아오면 영적인 거듭남의 증거가 내면에 반드시 나타난다는 사실입니다.

거듭남의 역사는 하나님께서 시작하시고(요 1:12-13) 성령께서 중재하시고(요 3:8), 말씀이라는 방법(벧전 1:23-25)을 통해 이루어집니다. 복음을 듣고 예수 그리스도를 영접할 때 성령께서 역사하십니다.

## 거듭남의 조건

첫째, 거듭남에는 하나님 편에서의 조건이 있습니다. 우리가 거듭나기 위해 하나님 편에서 반드시 충족되어야 할 조건이 있습니다. 바로 하나님의 아들인 예수님이 십자가에서 죽으셔야 한다는 사실입니다. '들려야 한다'는 말은 원어에 따르면 절대 필수적 조건을 뜻합니다.

"모세가 광야에서 뱀을 든 것 같이 인자도 들려야 하리니"(요 3:14).

예수님의 십자가 없이는 거듭남이 이루어질 수 없습니다. 십자가를 통한 구속 역사는 하나님께 속한 일이므로 사람이 좌우할 수 없습니다. 구약의 이스라엘 백성들을 생각해 보십시오. 그들은 출애굽 후 광야에서 죄를 지어 뱀에게 물렸습니다. 이와 마찬가지로 한 번 태어난 사람은 모두가 뱀에게 물린 것과 같은 상태입니다. 뱀에 물리면 온 몸에 독이 퍼지듯 우리 인간에게 가득한 것이 바로 죄성(罪性)입니다. 또한 독이 퍼지면 결국에는 죽게 되듯이 죄성 때문에 인간은 죽을 수밖에 없는 것입니다. 뱀에 물린 이스라엘 백성에게 하나님께서는 장대에 달린 놋뱀을 쳐다보면 살 수 있다고 말씀하십니다. 놋뱀에게 치유 능력이 있어서가 아닙니다. "쳐다보면 살리라! 순종하면 살리라!"는 하나님의 말씀을 믿어야 사는 것입니다.

광야에서의 이 사건은 예수님과 십자가를 빗댄 하나의 모형입니다. 놋뱀을 통해 누구에게나 살길이 열렸듯 예수 그리스도의 십자가 사건 이후 모든 사람에게 구원의 길이 열렸습니다. 거듭남을 위한 하나님 편에서의 조건은 2천 년 전에 이미 충족되었습니다.

둘째, 인간 편에서의 조건도 있습니다. 인간 편에서 충족시켜야 할 조건은 단 하나입니다. 예수를 자신의 구주로 믿으면 됩니다. 그리스도가 나의 죄와 죽음 문제를 완전히 해결하신 분이라고 믿고 고백하면 됩니다.

"그를 믿는 자마다 멸망하지 않고 영생을 얻게 하려 하심이라"(요 3:16).

"영접하는 자 곧 그 이름을 믿는 자들에게는 하나님의 자녀가 되는 권세를 주셨으니"(요 1:12).

하나님 편에서의 조건은 충족되었으므로 인간 편에서의 믿음만 남았습니다. 거듭남을 입고 구원받는 것처럼 쉬운 일은 없습니다. 그런데 이 진리를 아는 사람, 이 좋은 소식을 알고 전하는 사람은 그리 많지 않습니다. 우리 그리스도인에게는 이 기쁘고 복된 소식을 언제 어디서나 전하고, 제대로 설명해 줄 책임과 의무가 있습니다.

## 거듭남의 증거

**첫째,** 거듭나면 의로운 삶을 살게 됩니다. "의를 행하는 자마다 그에게서 난 줄을 알리라"(요일 2:29)는 말씀처럼 의를 행하는 것은 거듭났다는 증거가 됩니다. 물론 장성한 성인도 두 발로 잘 걸어 다니다가 돌부리에 걸려 넘어질 때가 있습니다. 거듭난 사람도 그렇습니다. 가끔 실패하고 좌절하기도 하지만 결국에는 의롭게 살기 위해 애쓰는 것이 거듭난 사람의 삶의 방식입니다. 영적으로 거듭난 사람은 의롭게 살아갑니다. 또 그런 삶을 소망하게 됩니다. 새 마음, 새로운 도덕성, 새로운 통찰력을 갖추고 새롭게 살고 싶은 의욕이 생깁니다.

**둘째,** 죄를 싫어하게 됩니다. 죄 짓기를 좋아하면 거듭났다고 보기 어렵습니다. 거듭나면 죄를 미워하게 되고 죄를 짓지 않습니다(요일 3:9, 5:18). 그러나 하루아침에 죄 짓고 살던 삶이 완전히 청산되지는 않습니다. 살다 보면 죄를 짓게 될 때도 있습니다. 영적으로 차근차근 성장하는 것이 중요합니다. 단번에 완전히 성숙해지려고 무리해서 욕심을 내면, 도리어 포기하거나 체념하는 일이 생기고 맙니다.

셋째, 이웃을 사랑합니다. "사랑하는 자마다 하나님으로부터 나서 하나님을 알고"(요일 4:7). 거듭난 사람은 이웃도 사랑하게 됩니다. 하나님의 자녀가 된 사람은 '사랑'하는 삶을 삽니다. 타인을 위하고 싶은 마음이 생깁니다.

넷째, 예수님을 믿습니다. "예수께서 그리스도이심을 믿는 자마다"(요일 5:1)에서처럼 '주는 그리스도시요 살아 계신 하나님의 아들'임을 믿고 고백하는 사람은 거듭난 사람입니다.

다섯째, 세상을 이깁니다.

"하나님께로부터 난 자마다 세상을 이기느니라"(요일 5:4).

그리스도인은 세상을 이기며 살아갑니다. 가끔은 패배하고 낙담할 때도 있겠지만 통상적으로는 이기며 사는 게 정상적인 삶입니다. 거듭난 영혼은 새로운 생명이 그 속에 있고, 성령께서도 임재하시며 항상 도우시기 때문에 세상을 이길 수 있는 것입니다. 모든 사람은 예수 그리스도를 믿고 의지하면, 하나님의 자녀로서 영적으로 거듭나 주님 나라를 기업으로 받게 됩니다.

# 칭의

"무릇 율법 없이 범죄한 자는 또한 율법 없이 망하고 무릇 율법이 있고 범죄한 자는 율법으로 말미암아 심판을 받으리라 하나님 앞에서는 율법을 듣는 자가 의인이 아니요 오직 율법을 행하는 자라야 의롭다 하심을 얻으리니 (율법 없는 이방인이 본성으로 율법의 일을 행할 때에는 이 사람은 율법이 없어도 자기가 자기에게 율법이 되나니 이런 이들은 그 양심이 증거가 되어 그 생각들이 서로 혹은 고발하며 혹은 변명하여 그 마음에 새긴 율법의 행위를 나타내느니라) 곧 나의 복음에 이른 바와 같이 하나님이 예수 그리스도로 말미암아 사람들의 은밀한 것을 심판하시는 그 날이라" 롬 2:12-16

"악인을 의롭다 하고 의인을 악하다 하
는 이 두 사람은 다 여호와께 미움을 받느니라"(잠 17:15)에서 '의롭다'
는 단어가 '칭의(justification)'에 해당하는 '짜다크(tsadaq)'입니다. '짜
다크'는 의롭게 만든다는 뜻이 아닙니다. 악한 사람을 아무리 의롭게
만든다고 해도 악한 사람이 선한 사람이 되기는 어려울 것입니다.

"이 말씀을 듣고 하나님을 의롭다 하되"(눅 7:29).
"주께서 주의 말씀에 의롭다 함을 얻으시고"(롬 3:4).

이 말씀 역시 하나님께서 의롭다는 뜻이지, 하나님을 의롭게 만들
었다는 뜻이 아닙니다. 의로우신 하나님을 누가 더 의롭게 만들 수
있습니까? 지금까지 쓰인 단어들의 뜻은 '의롭다고 인정하고 선포하
다'입니다. 죄 있는 사람을 의롭다고 인정하고 선포해 주는 것을 바로
'칭의'라고 합니다.

죄인이라는 말에는 두 가지 의미가 포함됩니다. 우선 인간은 죄의
본성을 갖고 태어나 죽을 때까지 그 성품을 안고 살아갑니다. 죄성
을 갖고 있기 때문에 인간은 죄인인 것입니다. 또한 인간은 개별적인

죄를 짓기 때문에 죄인입니다. 이 개별적인 죄에는 여러 가지가 있습니다. 악한 생각, 악한 상태, 악한 행동과 태도, 악한 말, 선을 행할 수 있으면서도 행하지 않은 것 등 이 모든 것이 죄입니다.

사람은 누구나 어린 시절부터 장성할 때까지 개별적인 죄를 지은 경험이 셀 수 없이 많습니다. 결국 인간은 죄성이 있어서 죄인이요, 죄를 지은 적이 있기 때문에 죄인입니다. 우리는 이처럼 스스로가 죄인이라는 사실을 인정합니다. 하지만 하나님 편에서 우리를 죄 없는 사람처럼 대하시고 의롭다고 인정하신 후 이를 선포하셨습니다. 이것이 바로 '칭의'입니다.

"재판장은 그들을 재판하여 의인은 의롭다 하고 악인은 정죄할 것이며"(신 25:1).


재판장이 의인을 향해 의롭다고 선포하는 것처럼 하나님께서도 죄성이 있고 죄를 지은 우리를 죄 없는 사람으로 인정하시고 선포하셨습니다.

종교 개혁의 선구자 마틴 루터는 가톨릭교도였습니다. 그는 자기의 노력으로, 즉 고행과 선행으로 구원받는다고 믿으며 살았습니다. 루터는 로마로 가서 죄를 사함 받기 위해 높은 계단을 한 칸 한 칸 무릎으로 올라가는 고행을 했습니다. 그가 계단 중간쯤 올랐을 때, 갑자기 '의인은 믿음으로 살리라.'는 말씀을 떠올리게 되었습니다. '어떤 사람이 의인인가? 믿음을 가진 사람이 의인이다!' 그제야 루터는 오랜 시간 동안 분투해 왔던 내적 갈등에 종지부를 찍을 수 있었습

니다. '내가 의롭게 되는 것은 예수 그리스도에 대한 믿음을 통해서
다. 이렇게 무릎에 피가 나도록 계단을 오르내린다고 의롭게 되는 것
이 아니다!'라는 사실을 깨달았습니다. 그 후 루터는 독일로 돌아와
종교 개혁의 새벽을 열었습니다.

하박국 2장 4절은 "의인은 그의 믿음으로 말미암아 살리라"고 말
씀합니다. 구약 시대부터 하나님께서는 우리가 하나님을 믿을 때 그
것을 의롭다고 여겨 주셨습니다. 죄에 대한 대가를 지불하거나 고행
이나 선행 등으로 의롭게 되는 것이 아닙니다. 오직 믿음으로 의롭게
됩니다. 개신교에서는 이신칭의(以信稱義), 즉 믿음으로 말미암아 하나
님의 은혜로 값없이 의롭다 하심을 입는다고 믿습니다. 예수 그리스
도 안에서 죄 문제가 단번에 해결되는 놀라운 경험을 하고, 이를 깊
이 깨달은 사람은 죄와 사망으로부터 자유를 누립니다. 재판장이신
하나님 쪽에서 죄인인 우리를 향해 죄가 없다고 인정해 주십니다. 예
수 그리스도 안으로 들어오는 그 순간부터 그분을 통해 우리를 보시
기 때문에 죄 없는 의인으로 여겨 주십니다. 그럼에도 우리는 죄성을
갖고 있기 때문에 우리의 눈으로 주님을 바라봅니다. 인간의 시선으
로 주님을 바라보고 자기 자신을 보니 늘 낙심됩니다. '나 같은 사람
을 어떻게 하나님이 사랑하실 수 있겠어.' 혹은 '하나님께서 미워하시
니까 나쁜 일이 생긴 거야.'라고 생각합니다. 이렇게 우리는 '혹시 하
나님이 나를 싫어하시는 것은 아닐까?' 혹은 '하나님이 나에게 화나
신 것은 아닐까?' 하며 늘 불안해합니다.

예수를 믿게 되면 시선과 생각이 완전히 바뀌어야 합니다. 내 눈
이 아닌 하나님의 눈으로 나를 바라봐야 합니다. 이것이 중요합니다.

하나님의 눈으로 나를 바라보면 자유를 누릴 수 있습니다. 하나님 편에서는 나를 죄 없는 의인으로 인정하실 뿐만 아니라 그 사실을 이미 선포하셨기 때문입니다. 나 같은 죄인을 죄 없는 사람으로 인정해 주시고, 영원히 죄가 없다고 판정하셨음을 생각할 때마다 감격하고 감사해야 합니다. 나는 주님을 위해 아무것도 하지 않고 드릴 것도 없는데, 그런 나를 의롭다 인정해 주시니 그 은혜와 사랑이 크고 감격스럽다는 것이 개신교의 가장 핵심 내용입니다.

천주교는 그렇지 않습니다. 천주교에서는 지금도 선행과 자선과 고행이 뒤따라야 한다고 가르칩니다. 고난 주간에 필리핀, 브라질, 멕시코 등 천주교 문화권에서는 남자들이 웃통을 벗고 긴 채찍으로 자기 몸을 쳐서 피를 흘리며 행진합니다. 어떤 아프리카 사람은 십자가에 직접 자기 몸을 못 박아 피를 흘렸습니다. 그렇게 죄에 대한 대가를 지불하고 고행해야 하나님이 의롭다 인정해 주신다고 믿습니다.

'칭의' 교리를 정확히 깨닫고, 성경에 빗대어 보면 그러한 고행이 미련하고 어리석어 보일 수 있습니다. 고행이 아니라 예수 그리스도가 내 죄 대신 십자가에 달리셨기 때문에 그 자비와 은혜로 값없이 우리가 단번에 의롭다 함을 받았음을 알아야 합니다. 이것을 깨닫고 믿어야 진짜 그리스도인입니다. 이럴 때 느끼는 감격과 감사는 이루 말할 수 없습니다. 저도 이 사실을 깨달은 후 삶에 변화가 생겼고, 그때의 감격이 여전히 지속되고 있습니다.

의인을 의롭다고 인정하는 것은 아무 문제가 없습니다. 그러나 죄인을 의롭다고 인정할 수는 없습니다.

"그러므로 율법의 행위로 그의 앞에 의롭다 하심을 얻을 육체가 없나니 율법으로는 죄를 깨달음이니라"(롬 3:20).

선행과 고행을 함으로써 하나님 앞에서 의롭다 인정받으려 한다면 누구도 성공할 수 없습니다. 모두가 다 실패합니다. 선을 행하다가도 금방 악한 생각을 하는 연약한 우리가 어떻게 행위만으로 스스로를 의롭게 할 수 있겠습니까? 하나님의 율법 앞에서 의롭다고 주장할 수 있는 사람은 이 세상에 없습니다.

대개 참회록을 쓰는 사람은 인간의 시선에서 볼 때 비교적 거룩한 사람입니다. 영혼이 깨끗해지면 깨끗해질수록 죄가 더 잘 보이기 때문입니다. 자신을 정결케 하고 주님 말씀대로 살려고 노력할수록 작은 죄 때문에 괴롭습니다. 예수님을 믿으면 고난이 많습니다. 예전에는 아무렇지 않았는데 이제는 실수로 나쁜 말이 튀어나오면 이로 인해 가슴 아파하며 회개하게 됩니다.

죄성을 가진 인간은 하나님 앞에서 스스로 의인으로 인정받을 길이 없습니다. 아무리 고행하고 명상하고 좌선을 해도 소용없습니다. 행동까지는 겨우겨우 조절할 수 있겠지만 생각을 어떻게 조절할 수 있겠습니까? 갑자기 엉뚱한 생각, 악한 생각, 음란한 생각이 튀어나오니 말입니다. 저는 생각까지도 조절하려고 노력을 많이 했습니다. 꿈에서 악한 행동을 하면 바로 일어나 회개 기도를 하고 잠든 적도 있습니다. 어찌해도 인간은 철저한 죄인입니다. 의인을 의롭다 칭하는 것은 문제가 되지 않습니다. 하지만 법은 분명히 죄인을 의롭다고 칭하는 것에서는 관대할 수 없습니다. 법은 법입니다. 해서는 안 될 일을 행하는 것은 죄입니다.

"오직 율법을 행하는 자라야 의롭다 하심을 얻으리니"(롬 2:13).


율법을 완전히 행하지 않으면 의롭다 하심을 얻지 못합니다. 그런데 율법을 완전히 지키고 행하는 사람이 이 세상에 있을까요? 만약 그런 사람이 나타난다면 그는 거짓말을 하고 있는 것입니다.

미국 어느 집회에 갔다가 한 목사님을 만났습니다. 그분은 자기가 완전히 성화된 후, 지난 25년 동안 한 번도 죄를 짓지 않았다고 했습니다. 그는 죄를 성경과 다르게 정의했습니다. 고의적으로 악을 행하는 것만이 '죄'라는 것이었습니다. 그러나 성경은 실수하는 것도 죄, 모르고 잘못한 것도 죄라고 말씀합니다. 즉, 율법의 기준에 도달하지 못한 모든 것은 죄라는 것입니다. 하나님의 영광에까지 미치지 못하는 것은 전부 다 죄입니다.

"누구든지 온 율법을 지키다가 그 하나를 범하면 모두 범한 자가 되나니"(약 2:10).

수천 가지 율법 중 한 가지만 어겨도 율법을 범한 것입니다. 어떤 사람은 이렇게 말합니다.

"에덴 동산에서 과일 하나 따 먹은 걸 가지고 인류를 저주하시다 니! 하나님 정말 너무하신 거 아닙니까? 과일 하나가 얼마나 한다 고…" 사람들은 죄를 생각할 때 질보다 양을 생각합니다. 즉, 얼마나 큰 죄인지, 얼마나 심한 죄인지, 얼마나 악한 죄인지를 반문합니다. 그러나 하나님은 죄의 양이 아니라 질을 보십니다.

두 손을 가르는 데는 종이 한 장이면 충분합니다. 두꺼운 벽돌 한 장에도 당연히 두 손 사이가 벌어지지만, 종이 한 장만 있어도 됩니 다. 공의의 하나님께는 큰 죄인가 작은 죄인가 하는 문제보다 죄를 지 은 사실 그 자체를 중히 여기십니다. 율법은 엄격합니다. 하나님은 거 룩한 분이십니다. 그분의 속성상 죄를 간과하지 못하시는 것입니다.

지금까지 언급된 내용을 정리해 보겠습니다. 인간은 죄인이고 율 법은 그런 인간을 정죄하며, 하나님은 거룩하시다는 데 칭의의 문제 가 있습니다. 그러면 죄인인 인간은 어떻게 되는 것입니까?

## 율법의 요구를 충족시키는 방법

**첫째, 대가를 치르는 것입니다.** 하나님 앞에서 지은 수많은 죄에 대한 대가를 무엇으로 어떻게 지불할 수 있을까요? 하루에 세 번만 나쁜 생각을 하거나 악한 행동을 했을 경우, 한 달이면 거의 100번입 니다. 1년이면 1,200번이고 10년이면 12,000번 죄를 짓는 것입니다.

흰 종이에 점을 수만 번 찍으면 새까맣게 됩니다. 이처럼 우리가 저지른 수많은 죄에 대해 어떻게 대가를 지불합니까? 무릎으로 계단을 기어오르는 고행을 통해서일까요? 자기 몸을 채찍으로 때려 고통을 느끼면서 죄를 통회하면 될까요?

둘째, 용서받는 것입니다. 누군가 죄를 지었다고 합시다. 그런데 그 죄를 무조건 용서해 준다면 어떻게 될까요? 정의가 없어지게 됩니다. 악인이 지은 죄에 대한 대가를 지불하지 않고 그냥 넘어가거나 용서받는다면 세상에는 공의와 정의가 사라지고, 악이 편만해질 것입니다. 공의로우신 하나님의 세계에 공의와 정의가 사라지는 것처럼 큰 문제가 또 있을까요? 살인하고 강간하고 거짓을 일삼는 사람을 아무 대가 지불 없이 용서해 준다면 세상이 어떻게 될까요? 율법의 요구를 충족시키기 위해 대가를 지불해도 문제, 그냥 용서해도 문제입니다. 다행스럽게도 이 문제는 세 번째 조건에서 해결됩니다.

셋째, 의롭게 되는 것입니다. 악인이 완전히 의로운 사람으로 변화할 수 있을까요? 인간은 아무리 노력하고 몸부림쳐도 자기 스스로 의로워질 수 없습니다. 저는 이 진리를 깨닫기 전에, 특히 고등학생 때와 대학생 시절에 의롭게 되려고 무던히도 애썼습니다. 성경 말씀대로 말하고 행동하며 하나님이 받으시기에 합당한 사람이 되려고 노력했습니다. 그런데 노력하면 노력할수록 제가 생각한 삶과는 더 멀어져 가는 자신을 발견했습니다. 아무리 노력해도 의로운 사람과는 거리가 멀어지고, 오히려 죄의식에 사로잡혀서 삶에 대한 소망이 없어지기도 했습니다. 아예 모르고 살면 마음이 편할 텐데 교회 목사님은 늘 하나님이 받으시기에 합당한 삶을 살아야 한다고 설교하고 가르치셨습니다. 그러나 제 삶은 그 기준에 미치지 못해 무척 힘들고 답답했습니다. 저 스스로 의롭게 되는 것은 절대로 불가능한 일이었습니다. 그러다 예수 그리스도께서 그 문제를 단번에 해결하셨음을 깨닫게 되었습니다. 저는 얼마나 놀라고 기뻐했는지 모릅니다. 예수께서 대가를 지불하셨고 그것을 믿음으로 말미암아 우리를 의롭다고 인정해 주셨습니다. 우리 스스로는 의롭게 될 수 없습니다. 죄인이 어떻게 죄인을 의롭게 할 수 있습니까?

율법은 하나님의 속성을 나타냅니다. 그러므로 율법 자체는 영원불변합니다. 하나님만이 율법 문제를 해결할 수 있습니다. 율법의 요구를 충족시키기 위해 인간이 그 어떤 대가를 지불할 수도 없고, 무조건 용서받아서도 안 되며, 명백한 죄인이 스스로 의롭게 될 수도 없습니다. 도무지 죄 문제를 해결할 길이 없습니다. 그래서 하나님께서 친히 일하셨습니다. 하나님 편에서 예수 그리스도를 우리 대신 십자가에서 죽게 하셨고, 이로써 죄의 대가를 치르게 된 것입니다. 예수 그리스도를 통해 우리를 의롭다 하실 길을 마련하셨습니다.

공의와 사랑은 십자가에서 만납니다. 하나님께서는 우리를 사랑하셔서 모든 죄를 무조건 용서해 주고 싶으셨을 것입니다. 그러나 그분의 공의로움 때문에 그냥 용서할 수는 없으셨습니다. 의로우신 하나님은 죄에 대한 대가를 요구하셨고, 예수님께서 그 대가를 치르셨습니다. 예수님 덕분에 우리는 용서받았고, 우리가 예수를 믿으면 단번에 의로운 사람으로 인정하고 선포하십니다. 놀라운 은혜이자 섭리입니다. 바로 여기에 기독교의 신비와 능력과 자유가 있습니다.

## 칭의의
## 네 가지 측면

**첫째, 칭의의 출처는 하나님의 은혜입니다**(롬 3:24). 로마서 3장 24절의 "그리스도 예수 안에 있는 속량으로 말미암아 하나님의 은혜로 값 없이 의롭다 하심을 얻은 자 되었느니라"를 보십시오. 예수님께서 우리 죄의 대가를 지불하셨으므로 우리는 값없이 의롭다 하심을 입었습니다. 그래서 우리 모두가 하나님 앞에서 의로운 사람으로 인정받게 된 것입니다.

**둘째, 칭의의 대가는 예수 그리스도의 피입니다**(롬 5:9). 예수께서 피흘려 우리 죄의 대가를 완전히 지불하셨습니다.

**셋째, 칭의의 방법은 믿음입니다**(롬 3:28). 우리는 예수 그리스도께서 우리 대신 죄의 대가를 지불하셨음을 믿음으로써 의롭다 여김을 받습니다.

**넷째, 칭의에 대한 증거는 행함입니다**(약 2:24). 야고보서에서는 기생 라합을 예로 들면서 "사람이 행함으로 의롭다 하심"을 받은 것이라고 말합니다. 칭의에 대한 증거로 행함이 드러나고 있음을 말해 줍니다.
의롭다고 인정받은 후에는 자연스럽게 의로운 행동을 하게 됩니다. 전혀 그런 행동이 나타나지 않는 사람은 거듭나지 않았을 가능성이 있습니다. 예수님을 믿는다면 삶의 작은 부분이라도 변화하고 의로운 행동이 나타나야 합니다. 그렇지 않다면 그 사람에게는 다시 복음을 전해야 할지도 모릅니다. 그리고 회개를 촉구하며 거듭났는지 다시 확인해야 합니다. 한 번 거듭난 사람, 곧 의롭다고 인정받은 사람은 그 속에서 새로운 생명이 움직입니다. 시간이 흐르면서 그의 삶에 고요한 영적 변화가 나타납니다. 하나님이 기뻐하시는 일들을 조금씩 행하게 되는 것입니다. 물론 이것은 하루아침에 혹은 단번에 이루어지는 일은 아닙니다.

## 칭의의 결과

'칭의'는 구원의 첫 번째 축복입니다. 하나님과 평화를 누리고 하나님 앞에서 기뻐하게 되는 등 '칭의'에는 많은 축복이 따릅니다.

**첫째, 하나님과의 평화입니다.**

"그러므로 우리가 믿음으로 의롭다 하심을 받았으니 우리 주 예수 그리스도로 말미암아 하나님과 화평을 누리자"(롬 5:1).

저도 칭의에 대해 알고 난 후, 젊은 시절의 갈등과 고뇌에서 해방될 수 있었습니다. 영적 지도자들은 이런 진리를 정확히 알고 분명하게 가르쳐야 합니다. 그렇지 않으면 청년들이나 이제 막 주님을 믿기 시작한 성도들은 오랜 시간 갈등하고 방황하게 됩니다.

저는 목사가 된 후, 앞으로 만나게 될 성도들에게는 예수님을 믿기 시작한 초기부터 구원, 거듭남, 칭의에 대한 기본적인 훈련을 반드시 해야겠다고 다짐했습니다. 누군가를 전도하거나 이제 막 신앙생활을 시작하려 할 때, 성경 읽기와 함께 제 '확신시리즈'를 1권부터 차근차근 익히며 신앙의 기본 토대를 쌓는다면, 영적으로 건강하고 성숙한 신앙생활을 할 수 있을 것입니다.

요한복음 10장 10절은 "내가 온 것은 양으로 생명을 얻게 하고 더 풍성히 얻게 하려는 것이라"고 말씀합니다. 우리가 주님으로 인해 영적으로 내적으로 풍성한 삶을 사는 것이 하나님의 뜻입니다. 저 또한 구원에 관한 교리를 제대로 배우지 못했고 그럴 기회가 없었기 때문에 한때 제 삶은 풍성한 삶과는 정반대였습니다.

**둘째, 하나님 앞에서의 기쁨입니다.**

"그러면 이제 우리가 그의 피로 말미암아 의롭다 하심을 받았으니 더욱 그로 말미암아 진노하심에서 구원을 받을 것이니… 하나님 안에서 또한 즐거워하느니라"(롬 5:9, 11).

의롭다 하심을 받아 구원을 얻은 후 하나님 안에서 즐거워하니 얼마나 감사하고 기쁜 일입니까?

"제사장마다 매일 서서 섬기며 자주 같은 제사를 드리되 이 제사는 언제나 죄를 없게 하지 못하거니와 오직 그리스도는 죄를 위하여 한 영원한 제사를 드리시고 하나님 우편에 앉으사 그 후에 자기 원수들을 자기 발등상이 되게 하실 때까지 기다리시나니 그가 거룩하게 된 자들을 한 번의 제사로 영원히 온전하게 하셨느니라" 히 10:11-14

하나님께서는 예수 그리스도의 피를 죄의 대가로 지불하셨습니다. 곧 전적으로 그리스도 안에 있는 구속으로 인해 우리를 의롭다 인정해 주십니다. 우리 속에 생명을 불어넣으신 하나님께서는 성령님과 함께 우리를 거룩하게 빚어 가십니다. 이것이 '성화(sanctification, 聖化)'입니다. '성화'란 우리가 거룩하게 변화해 가는 과정입니다.

## 성화에 대한 세 가지 견해

첫째, 로마 가톨릭의 견해입니다. 로마 가톨릭에서는 성화를 '하나님께서 의롭다고 인정해 주실 수 있는 정도의 인간 변화 과정'이라고 정의합니다. 즉, 인간이 스스로 거룩하게 변화시켜 나가되, 하나님께서 인정해 주실 만큼 변화시킨다는 것입니다. 그래서 개신교와 가톨릭을 비교하자면, 가톨릭교인들이 노력을 더 많이 합니다. 주일날 미사 한 번 빠지는 게 보통 죄가 아닙니다. 몇 번 빠지면 천국에 가지 못한다고 생각하고, 용서받지 못할 죄, 아주 심각한 죄로 여깁니다.

그런 죄를 지으면 그에 합당한 대가를 지불해야 합니다. 어떤 면에서는 가톨릭교인이 개신교인보다 엄격한 기준으로 신앙생활을 합니다. 개신교인은 자칫 잘못하면 '내가 아무것도 하지 않아도 하나님께서 은혜로 값없이 무조건 용서해 주시잖아. 어차피 구원받은 몸인데, 뭐!'라고 생각하기 쉽습니다. 이런 경우는 삶의 태도나 신앙생활에서 안일하고 나태하거나 교만해질 가능성이 많습니다.

둘째, 웨슬리 신학의 견해입니다. 웨슬리 신학에는 '두 번째 은혜(the second grace)'라는 표현이 있습니다. 보통은 '성화'를 육신이 죽을 때 완성되는 변화 과정이라고 여기지만, 웨슬리 신학에서는 현세에서도 '완전한 성화'의 경험을 통해 완전해질 수 있다고 생각합니다. 이를 '두 번째 은혜'라 칭합니다.

첫 번째 은혜는 '구원'이고, 두 번째 은혜가 나타나면 어떤 엄숙하고 진중한 체험을 통해 우리가 완전히 변화해 이 땅에서도 죄를 짓지 않는 완전한 성화를 이룰 수 있다는 견해입니다. 이렇게 성화를 정의하는 이유는 죄에 대한 정의가 다르기 때문입니다. 즉, 악의를 갖고 고의적으로 하나님께 불순종하는 것만을 '죄'라고 봅니다. 이러한 관점으로 인해 웨슬리 신학을 따르는 사람들은 "나는 25년 동안 한 번도 죄를 짓지 않았다. 나는 성령께서 큰 역사로 나타나셨을 때 가슴이 뜨거워지면서 두 번째 은혜를 받아 완전히 성화되었다!"라는 말을 할 수가 있는 것입니다.

셋째, 개혁주의 신앙의 견해입니다. 개혁주의 신앙에서는 성화를

‘죽을 때에 완성되는 변화 과정’이라고 정의합니다. 완전한 성화란 ‘영화(榮華)’를 뜻합니다. 특히 육신에 기준을 둔다면, 예수님이 재림하시는 눈 깜짝할 순간, 우리 모두가 완전히 변화한다는 것입니다. 그때 육신의 죄성이 완전히 제거되고, 죄를 짓고 싶은 마음도 없어지며, 죄를 지을 수 없는 완전히 성화된 상태가 된다는 게 개혁주의 신앙의 견해입니다. 그렇다고 이 세상에서의 삶에 변화가 전혀 없다는 뜻은 아닙니다.

## 성경에 쓰인 성화

구약 성경에 등장하는 ‘카다쉬(Kadash)’는 본래 ‘거룩해지다’가 아니라 ‘구별하다’, ‘분리하다’라는 뜻입니다. 그러나 대개 ‘거룩하다’ 혹은 ‘거룩하게 하다’로 번역되어 있습니다. 그 밖에 ‘숭배하다’, ‘바치다’, ‘봉헌하다’, ‘성도’, ‘성전’ 등의 뜻으로도 쓰입니다. 신약에 나오는 ‘하기아조(hagiazo)’라는 단어와 ‘카다쉬’는 쓰임새가 비슷합니다.

첫째, 특별한 목적을 위해 구별합니다. 성경에서 ‘성화’에 대한 일반적 의미가 나타나는 곳은 신명기 23장 17절, 창세기 38장 21절, 호세아 4장 14절 등입니다. 특별히 호세아 4장 14절에서는 ‘창기(娼妓)’라는 단어가 이 뜻으로 쓰입니다. 구약 시대에는 이방신을 숭배하는 성전 창기가 따로 있었습니다. 그래서 ‘창기’라는 단어가 ‘구별하다’라는 단어와 똑같은 의미로 쓰입니다. 즉, ‘특별한 목적을 위해 따로 떼어 놓은 여자들'이란 뜻인 것입니다.

　둘째, 하나님을 위해 하나님이 쓰시려고 구별합니다. '거룩하다'는 뜻의 '하기아조(hagiazo)'가 여기에 해당됩니다. 종교적인 의미에서 성화는 사람과 사물 모두에게 적용됩니다. 사물의 경우 창세기 2장 3절, 레위기 8장 10-11절, 27장 14-16절, 마태복음 23장 17-19절에 나타납니다. 창세기 2장 3절에서는 하나님이 일곱째 날을 복 주시고 거룩하게 하셨습니다.

　저의 젊은 시절 안식일은 무조건 거룩하게 지켜야 한다고 배웠기 때문에 주일 오후에 낮잠 한 번을 못 잤습니다. 아주 극단적인 해석이었던 것입니다. 주일은 아침부터 밤까지 하루 종일 교회에서 지내야 하는 줄 알았습니다. 오후에는 심방하고 늦은 밤까지 교회 일을 하다가 지쳐서 잠자리에 들어야 거룩한 하루라 여겼습니다. 주님을 위해 하루를 전적으로 다 써야 한다고 생각했던 것입니다. 그런데 훗날 제가 성경을 다시 공부해 보니 '거룩하다'는 아주 간단명료한 뜻이었습니다.

　하나님께서 엿새와 이레를 '구별'하셨습니다. 엿새는 열심히 일하는 날로, 이레는 안식일, 곧 쉬는 날로 만드셨습니다. 일곱째 날은 쉬는 날로 따로 떼어 놓아 엿새 동안 하던 일을 내려놓고 몸과 마음과 영혼을 모두 쉬게 하신 것입니다. 안식일의 본래 목적은 쉬는 것입니다. 몸과 마음과 영혼이 주님을 생각하며 쉬는 날입니다.

　레위기에서는 모세가 장막에 있는 기구에 기름을 발라 하나님 것으로 구별했습니다. 하나님을 위해 구별하는 삶이 바로 '거룩함'이었습니다. 출애굽기 13장 2절에서는 하나님께서 첫째 아들을 거룩하게 하셨다고 기록합니다. 첫 번째 아들은 하나님께 바치게 되어 있으므로 구별했다는 뜻입니다. 출애굽기 19장 14절에서는 모세가 백성들을 성결케 만들어 그들이 자기 옷을 빨았다고 기록합니다. 하나님과 만나기 위해 목욕을 하며 스스로를 거룩하게 했다는 것입니다. 하나님께서 거룩하게 구별하신 것은 모두 하나님 것입니다(레 27:26).

셋째, 죄에서 분리하기 위해 구별합니다. 에스겔 37장 23절에서 하나님께서는 "나의 큰 이름을 내가 거룩하게 할지라"라고 말씀하셨습니다. 즉, 죄를 짓지 않게 구별해 두신다는 것입니다. 이 도덕적 의미는 종교적 의미에서 나왔습니다.

"너희는 거룩하라 이는 나 여호와 너희 하나님이 거룩함이니라"(레 19:2).

그리스도인은 세상에 살지만 세상에 속한 자가 아닙니다. 세상과 구별된 존재입니다. 그리스도인은 세상이 아니라 하나님께 속한 사람입니다. 레위기 전체를 보면 하나님께서 먹는 것, 입는 것, 행동하고 말하는 것 등 모든 것을 믿지 않는 자와 구별하십니다. 믿는 사람들은 먹는 것, 입는 것, 생각하는 것 등 모든 면에서 하나님께 속한 사람들답게 행합니다. 믿지 않는 사람과는 분명히 다를 수밖에 없습니다.

넷째, 삶 전체를 구별하여 바칩니다. 이것은 종교적 의미와 도덕적 의미 모두를 포함합니다. 하나님을 위해 삶을 구별하는 행위는 '우리 삶 전체가 하나님의 소유'라는 고백입니다.

또 죄로부터 삶을 분리한다는 것은 '성결'을 의미합니다. 악을 떠나서 악과는 무관한 삶을 사는 것이 바로 성결입니다. 이것이 주로 그리스도인들이 쓰는 성결의 의미입니다.

성화의 근본 개념은 '구별과 분리'입니다. '거룩하게 만든다'는 것이 아닙니다.

"여러 나라 가운데에서 더럽혀진 이름 곧 너희가 그들 가운데에서 더럽힌 나의 큰 이름을 내가 거룩하게 할지라"(겔 36:23).

"이같이 내가 여러 나라의 눈에 내 위대함과 내 거룩함을 나타내어 나를 알게 하리니 내가 여호와인 줄을 그들이 알리라"(겔 38:23).

"아버지께서 거룩하게 하사 세상에 보내신 자가"(요 10:36).

이제 성화를 과거, 현재, 미래의 측면에서 살펴보겠습니다.

## | 과거의
## | 성화

하나님께서는 우리를 과거 어느 시점에서 거룩하게 하셨습니다. 이 일은 우리가 예수를 영접해 하나님의 자녀로 태어날 때 이미 이루어졌습니다. 이러한 과거의 성화에는 일곱 가지 특징이 있습니다.

첫째, 예수 그리스도의 피로 이루어졌습니다(히 13:12). 하나님 백성의 거룩함은 고난을 받고 자기 목숨을 주신 예수님으로 인해 가능했습니다.

둘째, 우리를 하나님의 소유로 영원히 분리하신 것입니다(히 13:13).

셋째, 이미 이루어진 것으로, 진행 중인 과정이 아닙니다(히 10:10-12). 우리가 거룩함을 얻은 것은 예수 그리스도께서 '단번에' 자기 몸을 드려 '영원한' 제사를 드리신 후 하나님 우편에 앉으심으로써 이루어졌습니다. 예수께서는 우리를 세상에서 완전히 구별하여 하나님 소유로 삼아 주셨습니다.

넷째, 우리에게 완전한 거룩함을 부여합니다. "그가 거룩하게 된 자들을 한 번의 제사로 영원히 온전하게 하셨느니라"(히 10:14)는 말씀을 근거로 볼 때, 우리의 거룩함은 이미 과거에 완성된 일입니다. 현재 우리의 느낌이나 감정과는 별개입니다. 이미 그리스도 안에서 완료된 사건이기 때문입니다. 이 거룩함은 개인의 완전한 성품이나 온전한 행위에 근거한 것이 아닙니다(고전 1:2, 6:11). 예수 그리스도의 보혈의 은혜로 인해 우리가 거룩하다고 인정받게 된 것입니다.

다섯째, 우리가 거룩한 천국에 가기 위해 필요합니다(히 10:19-20). 천국은 하나님이 계신 완전히 거룩한 곳입니다. 그곳은 완전히 거룩하게 된 사람만 들어갈 수 있습니다. 우리가 주님을 믿는 그 순간, 하나님께서 우리를 의롭다 인정하시고 선포하셨기에 거룩한 백성으로 구별되었습니다. 그러므로 우리는 거룩한 천국에 갈 수 있습니다.

여섯째, 순종의 삶과 관련됩니다(벧전 1:2). 주님을 믿은 후에는 거룩하게 되어 순종하는 삶을 살게 된 것입니다.

일곱째, 진정한 성도는 모두 '거룩함' 속에 거합니다(행 26:18). 우리는 이미 거룩한 사람으로 인정받았습니다. 이를 '위치적 성화'라고도 합니다. 하나님 편에서 우리를 거룩한 자리에 데려다 놓았다는 뜻입니다. 즉, 사망에서 생명으로 옮겨졌습니다. 내가 완전히 깨끗해진 것은 아니지만, 위치적으로 하나님 편에 서 있는 것입니다. 여기가 거룩한 천국으로 들어갈 때까지 우리의 자리입니다.

## 현재의 성화

과거의 성화와 달리, 현재의 성화는 믿는 자를 죄로부터 점진적으로 분리해 온전함에 이르도록 이끄시는 하나님의 현재 사역입니다. '점진적으로 분리해 하나님께서 역사하시는' 일이라는 것이 핵심입니다. 즉, 내가 하는 일이 아니라, 하나님께서 하시는 일입니다. 현재의 성화를 '점진적 성화'라고도 합니다.

그리스도인들 사이에서도 서로의 부족함을 발견할 때 참아 주고 기다려 줘야 합니다. 상대의 미성숙한 모습을 인내하고 격려하며, 하나님께서 직접 그 사람 가운데 역사하시도록 도와줘야 합니다. 다른 성도의 실수와 흠을 지적하고 정죄하는 것은 결과적으로 자기 자신을 정죄하는 일이 됩니다. '점진적 성화'를 진정으로 이해하는 성도는 다른 성도를 인내로 권고하며 기도하고 기다릴 수 있습니다.

**성화의 첫 번째 방법은 성경 말씀입니다.**

"그들을 진리로 거룩하게 하옵소서 아버지의 말씀은 진리니이다"(요 17:17).

성경 말씀은 죄의 본성으로 가득한 우리 상태를 적나라하게 보여 줍니다(히 4:12-13, 요일 1:8-10). 야고보서에서는 말씀을 거울과 비교했습니다(약 1:23-24). 말씀을 안 보면 절대로 변화가 없습니다. 설교 듣고 은혜받는 것만 의지해선 안 됩니다. 우리 눈으로 직접 말씀을 읽으며 성령께서 이야기하시는 것에 귀를 기울이는 것이 성화의 지름 길입니다. 말씀은 악에 물든 우리 삶을 깨끗하게 합니다(엡 5:26, 요 15:3, 요일 1:7-9). 매일 말씀을 읽는 그리스도인은 순간적으로 죄를 짓더라도 이 문제가 오래가지 않습니다. 말씀이 그 영혼을 비추기 때문에 이내 죄가 드러날 수밖에 없고, 회개를 통해 영혼이 점점 깨끗해집니다.

꾸준히 말씀을 읽는 성도는 깨끗한 말과 생각, 행동을 합니다. 사람은 영혼이 깨끗해지면 말과 행동 등의 겉으로 나타나기 때문입니다. 또한 말씀은 우리를 그리스도의 형상으로 변화시켜 줍니다(고후

3:18). 예수 그리스도를 닮아 가게 합니다. 즉, 말씀으로 깨끗해지면 깨끗해질수록 예수님을 닮게 되는 것입니다.

우리가 잘못된 길을 가고 있다고 여겨질 때나 여러 선택지 앞에 서 있을 때, 성경을 읽고 기도하면 하나님께서 바른길을 일러 주십니다. 자녀를 양육할 때도 부모가 성경 읽고 기도하는 습관을 보여 준다면 자녀도 이를 보고 배울 것입니다. 성경은 주님의 말씀이기 때문에 부모보다 훨씬 더 나은 교사입니다.

성화의 두 번째 방법은 죄 고백입니다. 주님께 죄를 고백하면 주님은 우리 죄성을 깨끗하게 씻어 주십니다(요일 1:8-9).

성화의 세 번째 방법은 순종입니다. 순종은 성화 과정을 활성화시킵니다(요 5:39). 우리를 깨끗하게 해 주는 말씀의 역사에 전적으로 삶을 맡겨야 합니다. 우리는 말씀 속에서 그리스도를 발견하게 되는데, 말씀에 순종하면 눈에 띄게 변화하고 성장합니다. 그러나 하나님의 말씀에 순종하지 않고, 여러 핑계를 댄다면 변화와 성장을 기대하긴 힘듭니다. 변명하는 대신 주님 말씀에 순종하고 행하면 반드시 성장합니다. 순종은 성화의 지름길입니다.

성경을 많이 읽은 사람보다 조금 읽었더라도 말씀에 순종하는 사람이 더 빨리 성장합니다. 모태 신앙인이지만 오랫동안 신앙생활을 해 온 성도의 신앙이 오히려 온전치 못한 경우가 종종 있습니다. 말씀을 많이 들어 알고, 또 읽어 왔지만 순종하지 않았기 때문입니다. 믿음은 들음에서 납니다. 하지만 듣는 것보다 행함이 더욱 중요합니다. 들은 말씀이 소화되면 행함으로 나타나기 때문입니다. 지난주 설교를 상기하면서 본문을 다시 읽어 보고 묵상하며 다른 성도들과 토론해 보는 게 필요합니다. 그리고 각자의 삶에 적용하고 순종해야 합니다. 이미 듣고 아는 말씀에 순종하는 것이 새로운 말씀을 찾아다니며 듣는 것보다 훨씬 중요한 일임을 기억하십시오. 지적인 자극은 순간적으로 새롭게 느껴지고 흥미로울 수 있으나 진정한 순종이 없다면 삶의 변화와 신앙의 성장은 점점 멀어질 뿐입니다.

성화의 네 번째 방법은 다른 영적인 자원들입니다. 기도와 찬양, 경배와 성도 간의 교제, 전도, 봉사 등도 성화에 도움이 됩니다. 찬양은 우리 영혼을 거룩하게 합니다. 찬송을 부르고 나면 마음이 후련해지고 깨끗해지는 느낌이 듭니다. 또 주님을 위해 열심히 일해도 마찬가지입니다. 노방 전도를 다녀온 성도들은 부쩍 성장하는 게 보입니다. 거리에서 모르는 타인에게 복음을 전하며 전도지를 건네고 돌아온 성도는 영적으로 담대해지며 용기와 자신감을 얻습니다.

말씀을 통한 성화는 보혈을 통한 성화에 기초를 둡니다. 이 둘의 관계는 불가분의 관계입니다(출 24:6, 30:18, 민 19:1-9, 요 17:19, 엡 5:25, 26). 말씀의 역사는 보혈의 제단 앞에 나오는 사람에게만 해당됩니다. 예수 그리스도의 보혈의 피로 구속받지 않은 사람은 말씀을 그저 지식으로 여길 따름입니다. 말씀이 그 사람의 영혼을 변화시키지는 않는 것입니다. 그러나 예수 그리스도의 보혈로 구속함을 입은 사람은 말씀 앞에 엎드리게 됩니다. 삶에 변화가 나타나고 영적 각성과 성장이 일어납니다. 말씀을 통한 성화는 우리의 능동적인 반응을 요구

합니다. 따라서 우리를 거룩한 길로 인도하기 위해서는 다음과 같은 동기가 필요합니다.

- 하나님 자신의 거룩한 성품(벧전 1:15-16)입니다. 거룩함은 하나님의 본질이기 때문에 하나님께 속한 자가 거룩해지는 것은 당연합니다.
- 하나님의 은혜와 자비(행 26:18, 롬 12:1)입니다. 성화의 과정은 하나님이 이끄십니다.
- 하나님의 약속(고후 7:1)입니다. 하나님께서는 장차 우리를 완전히 거룩한 존재로 만들어 주신다고 약속하셨습니다.

현재의 성화의 결과는 다음과 같습니다.

**첫째, 육신의 정욕과 욕구를 통제합니다**(살전 4:2-7). 자기 육신의 정욕대로 말하고 행동하고 생각하지 않습니다.

**둘째, 하나님을 섬기게 됩니다.** 우리를 변화시켜 하나님이 쓰시기에 적합하게 만듭니다(딤후 2:21, 요 17:17-18).

**셋째, 그리스도와 친밀한 교제 가운데로 들어가게 합니다**(요 13:8, 14:23, 요 15:3-4). 성화될수록 주님과 가까워지며 매 순간 주님과 동행하고 싶은 마음이 간절해집니다.

하나님께서는 이미 우리를 거룩한 사람으로 인정하셨습니다. 우리는 이 세상을 살아가면서 여러 상황을 통해 예수 그리스도를 점점 닮아 갑니다. 그러다 언젠가 완전하게 성화되는 날이 있을 것입니다. 이것이 바로 '미래의 성화'입니다. 하나님께서 성화의 과정을 완벽하게 끝내실 상태입니다. 미래의 성화는 예수님이 다시 오실 때 완성될 것입니다(살전 5:23). 완전히 성화될 때 우리는 예수 그리스도를 닮게 됩니다.

"그가 나타나시면 우리가 그와 같을 줄을 아는 것은 그의 참모습 그대로 볼 것이기 때문이니"(요일 3:2).

미래의 성화는 주님이 다시 오실 때, 우리가 주님을 친히 뵈올 그 날 이루어질 것입니다(요일 3:1). 우리를 구원하신 거룩한 주님을 우리가 직접 대면하게 되는 그 순간, 우리는 예수님처럼 완전히 변화됩니다. 이 분명한 사실은 하나님의 신실한 약속입니다(살전 5:23-24). 미래에 대한 이 같은 소망과 완전한 성화에 대한 기대는 현재를 살아가는 우리를 이 땅에서 더욱 거룩하게 만듭니다. 우리는 이미 하나님께 거룩하다고 인정받은 사람들이요, 장차 완전하게 거룩해질 사람입니다. 그 중간에서도 완전함을 추구합니다. 그래서 주님께 성화를 구하고, 주님이 주신 모든 방법을 총동원해 점차 변화하고 성장하는 것입니다.

성화 사건은 성부 하나님께서 계획하셨고, 성자 예수님이 보혈과 말씀과 임재로 중재하시고, 성령께서 이 일을 실질적으로 이루어 가십니다. 과거와 현재와 미래의 모든 성화 과정을 실질적으로 실현시키는 분은 성령님입니다. 그러므로 우리는 날마다 성령님을 의지하고 바라보며 도움을 구해야 합니다. 그러면 거룩하신 성령의 은혜로 날마다 그분을 닮아 가게 될 것입니다.

구약 성경에도 성화에 대한 모형이 있습니다. 바로 지성소입니다. 번제단에 피를 뿌리는 것은 과거의 성화를 뜻합니다. 지성소에 들어갈 때 물두멍의 물에 손을 씻고 들어가는 것은 현재의 성화를 의미합니다. 그곳에 있는 기름은 미래의 성화입니다. 우리가 성화되어 가는 과정이 이 지성소 말씀 속에 다 들어 있습니다. 이 말씀을 묵상하며 하나님께서 주신 성화의 과정을 지날 때, 우리는 예수님을 더욱 닮아 가고 삶에 큰 만족을 얻게 될 것입니다.

# 연합

"누가 능히 하나님께서 택하신 자들을 고발하리요 의롭다 하신 이는 하나님이시니 누가 정죄하리요 죽으실 뿐 아니라 다시 살아나신 이는 그리스도 예수시니 그는 하나님 우편에 계신 자요 우리를 위하여 간구하시는 자시니라 누가 우리를 그리스도의 사랑에서 끊으리요 환난이나 곤고나 박해나 기근이나 적신이나 위험이나 칼이랴 기록된 바 우리가 종일 주를 위하여 죽임을 당하게 되며 도살 당할 양 같이 여김을 받았나이다 함과 같으니라 그러나 이 모든 일에 우리를 사랑하시는 이로 말미암아 우리가 넉넉히 이기느니라 내가 확신하노니 사망이나 생명이나 천사들이나 권세자들이나 현재 일이나 장래 일이나 능력이나 높음이나 깊음이나 다른 어떤 피조물이라도 우리를 우리 주 그리스도 예수 안에 있는 하나님의 사랑에서 끊을 수 없으리라" 롬 8:33-39

'그리스도와 하나 됨(union with Christ)'은 구원의 근본적 축복이며 모든 교리의 중심이 되는 진리입니다. 그러나 현대에 와서 이 엄청난 은총이 소홀히 여겨지고 있습니다. '그리스도와 하나 됨'은 우리가 누릴 수 있는 가장 큰 축복 중의 하나이며, 믿기 어려울 정도로 엄청난 사건입니다. 그리스도인의 모든 삶은 '예수 안에서' 이루어집니다. 신약 성경에는 '예수 안에서'라는 표현이 150회나 등장합니다. 한마디로 우리의 거주지가 바뀐 것입니다. 이제까지는 세상 안에서 살았는데 이제는 예수 안에 사는 사람으로 바뀌었다는 뜻입니다. 그리스도인은 '예수 안에서' 사는 사람입니다.

예수를 믿게 되면 우리 삶에서 한정되는 부분이 생깁니다. '예수 안에서'라는 제한이 따르기 때문입니다. 그래서 어떤 사람은 예수를 믿으면 여러 가지 제약이 생기니 답답할 것 같아 믿지 못하겠다고 말합니다. 그러나 우리를 진정으로 자유롭게 하는 것이 진리입니다. 진리가 우리를 자유케 합니다. 예수 안에는 우리가 상상하지 못한, 세상이 줄 수 없는 자유가 있습니다. 믿는 자는 그리스도와 하나 되어 있습니다. 예수님께서 처음에는 우리를 '제자'라고 부르셨습니다 (마 28:19-20). 요한복음 15장 15절에서는 제자들에게 '친구'라 칭하셨습니다. 로마서 8장 29절은 예수 그리스도께서 모든 형제들(성도들)의 맏아들이 되셨다고 기록합니다. 우리는 예수님의 제자이고 친구이며 또 형제입니다. 이렇게 우리와 친구가 되어 주신 것도, 형제로 칭해 주신 것도 더할 나위 없이 감사한 일입니다. 그런데 성경은 예수님이 우리와 하나 되었다고 말씀합니다.

"그리스도 예수 안에 있는 자에게는 결코 정죄함이 없나니"(롬 8:1).

"주와 합하는 자는 한 영이니라"(고전 6:17).

"너희는 믿음 안에 있는가 너희 자신을 시험하고 너희 자신을 확증하라 예수 그리스도께서 너희 안에 계신 줄을 너희가 스스로 알지 못하느냐 그렇지 않으면 너희는 버림 받은 자니라"(고후 13:5).

예수를 믿고 구원받은 사람은 자기 안에 그리스도가 임재해 계신다는 사실을 반드시 기억해야 합니다. 주님이 내 안에 계심에도 불구하고 주님과 대화하거나 의논하지 않는다면 어떻게 주님께서 내 안에 계신 것을 알 수 있겠습니까? 예수님은 세상 끝날까지 우리와 함께하시겠다고 말씀하셨습니다. 주님이 함께하시기에 우리는 외롭지 않습니다. 신앙생활은 그리스도 안에서의 삶입니다.

"너희가 그리스도 예수를 주로 받았으니 그 안에서 행하되 그 안에 뿌리를 박으며 세움을 받아 교훈을 받은 대로 믿음에 굳게 서서 감사함을 넘치게 하라"(골 2:6-7).

성경에는 그리스도와 하나 됨에 대한 여러 가지 표현들이 있습니다. 기초 위에 지어져 가는 성전으로써의 하나 됨(엡 2:20-22), 남편과 아내의 하나 됨(롬 7:1-4), 아담과 그 종족의 하나 됨(롬 5:14), 음식과 유기체의 하나 됨(요 6:51-56), 포도나무와 가지의 하나 됨(요 15:5), 머리와 몸의 하나 됨(엡 1:22), 하나님 아버지와 거룩한 아들의 하나 됨(요 17:21) 등이 해당합니다.

## 예수와의 하나 됨을 상징하는 성례(聖禮)

첫째, 세례(침례)입니다. '세례'는 우리가 그리스도 안에 들어감으로써 하나 된다는 것을 상징합니다(롬 6:1-6). 즉, 세례란 내가 그리스도 안으로 들어가는 것입니다. "하나님이여, 제가 주님께로 들어가겠사오니 저를 받아 주옵소서!" 하면서 그분 안으로 풍덩 들어가는 것입니다. 적당히 들어가서는 안 되고, 흠뻑 완전히 들어가야 합니다. 형식적인 세례(침례)를 받았느냐의 여부가 중요한 것이 아닙니다. 영적으로 예수 안에 들어가 있느냐가 중요합니다. 영적으로 진정한 세례를 받은 성도는 매 순간 주님만 바라봅니다.

둘째, 성찬입니다. 이는 그리스도가 우리 안에 들어오심으로써 하나 됨을 상징합니다(고전 10:16-17). 예수께서 우리 안에 떡으로 들어오시고 포도주로 들어오시는 것입니다.

**셋째, 사랑의 향연입니다.** 유다서 1장 12절에서는 애찬식을 설명합니다. 우리가 교회에서 식사하며 교제하는 것은 우리가 예수 안에서 한 몸이요, 예수님과 내가 한 몸인 것을 상징하는 행위입니다. 그저 먹고 노는 것이 아닙니다. 이 의미를 깊이 깨닫는다면, 구역 예배 후 떡을 떼고 교제하는 시간이 얼마나 귀하고 거룩한 시간이 될까요?

## 그리스도와 하나 됨의 성격

**첫째, 초자연적인 연합입니다.** 예수님께서는 "우리가 그에게 가서 거처를 그와 함께 하리라"(요 14:23)고 말씀하셨습니다. 여기에서 '우리'는 성삼위일체를 말합니다. 성삼위 하나님께서 모두 우리와 함께 하실 뿐 아니라 우리 안에서 함께 생활하시겠다는 뜻입니다.

**둘째, 생명력 있는 연합입니다.** 그리스도와 하나 된다는 것은 "이 생명이 그의 아들 안에 있는 그것이니라"(요일 5:11)라는 말씀에서 보듯, 이 생명은 영원한 생명입니다. 히브리서나 레위기를 통해 이 생명이 예수 그리스도의 피 속에 있음을 알 수 있습니다. 영원한 생명은 예수님의 보혈, 십자가 그 사건에 있습니다.

**셋째, 포괄적인 연합입니다.** 바울은 "너희 몸이 그리스도의 지체인 줄을 알지 못하느냐… 주와 합하는 자는 한 영이니라"(고전 6:15, 17)고 이야기합니다. 그렇습니다.

우리 몸은 그리스도의 지체입니다. 내가 아프면 예수님이 아프고, 내가 배고프면 예수님이 배고픕니다. 예수님께서는 이렇게 육신의 문제에도 관심을 가지시는데, 하물며 영적인 문제에는 얼마나 더 큰 관심을 가지시겠습니까?

**넷째, 불가분의 연합입니다.**

"하나님의 사랑에서 끊을 수 없으리라"(롬 8:39).

로마서 7장에는 '나'라는 단어가 자주 등장합니다. 신앙생활을 하면서 '내'가 자주 나오면 로마서 7장 24절 말씀대로 '곤고한 사람'이 됩니다. 그런데 8장에서는 '나'라는 단어 대신 '성령 안에서'라는 표현이 나옵니다. 이처럼 '내'가 '성령'으로 바뀌어야 합니다. 신앙생활은 나의 열심과 노력으로 하는 것이 아니라 성령의 능력과 도우심으로 하는 것입니다. 그래야 하나님의 사랑에서 그 무엇도 우리를 끊을 수 없는 역사가 일어납니다.

**다섯째, 신비한 연합입니다.** 바울은 "사람이 부모를 떠나 그의 아내와 합하여 그 둘이 한 육체가 될지니 이 비밀이 크도다"(엡 5:31-32)라고 말합니다. 결혼을 통한 연합을 그리스도와의 신비한 연합에 비유해 설명했습니다.

그리스도와 하나 됨을 이룬 '우리'에게는 어떤 일이 일어날까요?

첫째, 구속 사역 안에서 그리스도와 완전히 동일화됩니다. 우리는 그리스도와 함께 못 박혀 죽었고(갈 2:20), 그리스도와 함께 장사 지낸 바 되었습니다(롬 6:4). 그리스도와 함께 살아났고(엡 2:5), 그리스도와 함께 부활했습니다(엡 2:6). 우리는 그리스도와 함께 하늘 보좌에 앉습니다(엡 2:6). 우리 생명은 그리스도와 함께 하나님 안에 숨겨졌으며(골 3:3), 우리는 그분과 함께 영광 중에 나타날 것입니다(골 3:4).

둘째, 그리스도 안에서 모든 영적인 축복을 누리게 됩니다. 그리스도 안에 있는 모든 신령한 축복을 받습니다(엡 1:3). 죄와 사망의 법에서 자유롭게 됩니다(롬 8:2). 또한 의로워집니다(고후 5:21). 부활의 삶을 살게 됩니다(롬 8:10-11). 새로운 피조물이 되고(고후 5:17) 지혜, 의로움, 거룩함, 구속함을 누립니다(고전 1:30). 그리스도와 함께 상속자가 되며(롬 8:17) 열매 맺는 능력을 갖게 됩니다(롬 7:4). 기도를 통해 그리스도와 동일시됩니다(요 14:13). 구원이 보장됩니다(롬 5:10).

셋째, 그리스도 안에 있는 이상적인 완전함에 이르게 됩니다. 바울은 "너희도 그 안에서 충만하여졌으니"(골 2:10)라고 이야기합니다. 우리는 예수님과 하나 될 때에만 완전해질 수 있습니다.

넷째, 다른 믿는 자들과 하나가 됩니다. 바울은 "너희는 유대인이나 헬라인이나 종이나 자유인이나 남자나 여자나 다 그리스도 예수 안에서 하나이니라"(갈 3:28)고 했습니다. 하나라는 말은 나와는 다른 사람들을 품을 수 있는 근거가 됩니다. 다른 성도가 우리의 친 가족처럼 소중히 여겨진다면 신앙생활을 제대로 하고 있는 것입니다.

그렇다면 우리와 하나 됨을 이룬 '그리스도'께는 어떤 일이 일어날까요?

**첫째, 그리스도를 위한 기업이 생깁니다.**

"성도 안에서 그 기업의 영광의 풍성함이"(엡 1:18).

**둘째, 그리스도를 위한 지체가 생깁니다.** 바울이 "교회는 그의 몸이니 만물 안에서 만물을 충만하게 하시는 이의 충만함이니라"(엡 1:23)고 말했듯이 그리스도를 머리로 하는 몸, 즉 교회라는 지체가 생기게 됩니다.

**셋째, 그리스도의 신성과 신적 사명의 증거가 됩니다.**

"그들도 다 하나가 되어"(요 17:21).

"내가 그들로 말미암아 영광을 받았나이다"(요 17:10).

## 그리스도와
## 하나 된 증거

첫째, 외적 증거인 순종입니다(요일 3:24). 순종이 제사보다 낫습니다. 우리는 예수 안에서 바보처럼 순종해야 합니다. 예수 안에서는 똑똑하고 잘난 것보다 좀 모자란 것이 낫습니다. 하나님께서는 넘치는 것을 요구하지 않으십니다. 모자라고 부족할지라도 순종하기를 원하십니다. 하나님은 그런 사람에게 그분의 능력을 입혀 주님 나라를 위해 사용하십니다.

둘째, 내적 증거인 성화입니다(요일 3:24). 이것은 성령의 내적 사역입니다.

## 그리스도와 하나 됨의
## 실제적 가치

첫째, 예수님의 죽음과 연합하게 됩니다. 이것은 율법주의에 대한 해독제 역할을 합니다.

"너희가 세상의 초등학문에서 그리스도와 함께 죽었거든 어찌하여 세상에 사는 것과 같이 규례에 순종하느냐"(골 2:20).

둘째, 예수님의 부활과 연합하게 됩니다. 이것은 세속화에 대한 해독제가 됩니다. "너희가 그리스도와 함께 다시 살리심을 받았으면 위의 것을 찾으라"(골 3:1)고 말씀했듯이, 그리스도와 연합된 실제적 가치가 삶 가운데 나타나야 합니다.

# 입양

"내가 또 말하노니 유업을 이을 자가 모든 것의 주인이나 어렸을 동안
에는 종과 다름이 없어서 그 아버지가 정한 때까지 후견인과 청지기
아래에 있나니 이와 같이 우리도 어렸을 때에 이 세상의 초등학문 아
래에 있어서 종 노릇 하였더니 때가 차매 하나님이 그 아들을 보내사
여자에게서 나게 하시고 율법 아래에 나게 하신 것은 율법 아래에 있
는 자들을 속량하시고 우리로 아들의 명분을 얻게 하려 하심이라 너
희가 아들이므로 하나님이 그 아들의 영을 우리 마음 가운데 보내사
아빠 아버지라 부르게 하셨느니라 그러므로 네가 이 후로는 종이 아
니요 아들이니 아들이면 하나님으로 말미암아 유업을 받을 자니라"

갈 4:1-7

‘입양(adoption, 入養)’을 칭의와 혼동하는 경우가 있습니다. 입양과 칭의는 둘 다 하나님의 법적 선포 행위입니다. 그러나 성도들에게 무엇을 가져다주는가, 어떤 의미인가 하는 면에서는 엄연히 다릅니다.

칭의는 죄인을 위해 의(義)를 확보해 주는 것입니다. 하나님 앞에서 의롭다 함을 선포하고 죄 없는 의인으로 간주하는 일입니다. 그러나 입양은 양자로 삼아 자녀권을 확보해 주는 것입니다.

어떤 교부(教父)들과 로마 가톨릭교회에서는 입양을 중생(重生)과 혼동하기도 했습니다. 신약 성경에 언급된 ‘자녀’와 ‘아들’을 구별하지 못했기 때문입니다. 중생, 즉 거듭남은 우리를 하나님의 자녀로 만들어 줍니다. 입양은 우리를 하나님의 아들로 만들어 줍니다. 입양은 출생이 아니라 법적 관계입니다. 신약 성경에서 이 두 단어는 동의어가 아닙니다. 성경 여러 곳에서 ‘아들’을 ‘자녀’로 번역하는 바람에 입양의 뜻을 모호하게 만들었습니다.

'입양'은 '휘오스(huios)'와 '티데미(tithemi)'의 합성어입니다. '휘오스'는 '아들'이라는 뜻이고 '티데미'는 '자리하다'라는 뜻입니다. 즉, 입양이란 '아들의 위치에 두는 것'을 뜻합니다. 이 단어는 바울 서신에서 다섯 번 등장합니다(롬 8:15, 23, 9:4, 갈 4:5, 엡 1:5).

'입양'의 배경이 되는 로마법과 관습에 대해 갈라디아서 4장 1-2절에 기록되어 있습니다. 정한 때가 되면 남자아이는 적절한 의식을 거쳐 공식적이고 합법적인 입양자가 되었습니다. 즉, 아들의 신분을 갖고 아들의 특권을 누리게 되었습니다. 옛날에는 아기가 일찍 죽는 경우가 많았고, 어릴 때는 그 아이가 건강한지 혹은 부모의 상속자로 적합한지 등을 확실히 알 수 없었습니다. 그래서 적절한 나이까지 기다렸다가 부모가 때가 되었다고 생각할 때 양자권을 부여해 법적인 상속자로 만들었습니다. 물론 입양으로 자녀가 되는 것은 아닙니다. 이미 자녀로 태어났지만 입양을 통해 합법적인 후계자, 상속자인 아들의 신분을 갖게 되는 것입니다.

한국 사람은 입양을 통해 다른 사람의 아이를 내 아이로 선뜻 받아들이기 힘들어합니다. 그러나 외국에서는 입양을 많이 합니다. 내가 낳은 자녀는 아니지만, 내가 낳은 자녀처럼 사랑하면서 기릅니다. 하나님은 자기 자녀를 입양시켜 하나님의 아들로서 모든 권리를 행사하게 합니다. 예수 믿는 그 순간부터 말입니다. '휘오스'는 신약 성경에서 '아들'로 120번, '자녀'로 50번 번역되었습니다. 그러나 이 두 단어는 동의어가 아닙니다. 우리는 거듭나서 하나님의 자녀가 되고, 입양을 통해 하나님의 아들이 됩니다. '자녀'는 하나님과의 생명의 관계를 말하고 '아들'은 법적인 관계를 뜻합니다.

## 신약 성경에 나타난 입양의 성격

**첫째**, 하나님의 선포적 행위입니다. 믿는 자를 합법적으로 아들의 위치에 올려놓음으로써, 그리스도 안에서 그분의 기업으로서의 충만한 권리를 누리게 하려는 하나님의 선포적 행위입니다. 이제부터는 내 아들이 되어 하나님 아버지가 줄 수 있는 모든 혜택과 특권을 다 누리라는 선포적 행위입니다.

**둘째**, 예수 그리스도의 구속 사역입니다. 율법의 모든 요구 조건을 만족시켜 우리를 율법의 멍에로부터 자유롭게 하는 예수 그리스도의 구속 사역입니다(갈 4:5).

우리는 그리스도로 말미암아 장차 천국을 얻을 법적 자격을 받았습니다. 본래 죄인은 시민으로서의 기본적인 권리도 없고 자유는 더더욱 없습니다. 그러나 형기가 끝나고 풀려나면 시민으로서의 자유와 권리를 누릴 수 있게 됩니다. 이처럼 우리도 예수 믿기 전에는 죄와 율법의 멍에에 눌려 마치 교도소에 갇힌 것 같은 처지였습니다. 그런 우리를 하나님께서 풀어 주신 것입니다. 우리는 이제 그분의 자녀로서 모든 권리를 다 행사하고 누리면서 기쁨으로 주님을 찬양하게 되었습니다.

셋째, 믿음으로 받는 것입니다(갈 3:26). 입양은 2차 축복이 아닙니다. 그리스도를 믿을 때 바로 우리 것이 됩니다.

넷째, 하나님의 주권으로 주어지는 것입니다(엡 1:5). 우리는 하나님의 아들이 되어 하나님의 집에 들어가 영원 전부터 우리를 위해 확보한 자리를 찾게 됩니다. 우리를 위해 모든 것을 다 주시고, 주님의 주권과 특권을 전적으로 우리를 향해 사용해 주신 하나님의 사랑을 어찌 다 말로 형언할 수 있을까요?

다섯째, 궁극적인 목적은 하나님께서 주시는 은혜의 영광을 드러내는 것입니다(엡 1:6). 완전히 타락해 있던 죄인을 선택해 아들로 만들어 주셨습니다. 이 일은 하나님께서 은혜로 하실 수 있는 놀라운 일입니다. 이 은혜의 영광은 영원히 드러나야 합니다.

## 우리가 아들로서 소유하게 되는 것

첫째, 두려움의 멍에로부터 자유를 누립니다(롬 8:15). 전지전능하고 거룩하신 하나님이 우리 아버지가 되시기에 모든 두려움에서 해방됩니다. 죽음조차도 두렵지 않습니다. 죽음은 단지 먼 훗날 우리가 하나님 집에 들어갈 때의 작은 입구가 될 뿐입니다. "너희는 다시 무서워하는 종의 영을 받지 아니하고 양자의 영을 받았으므로 우리가 아빠 아버지라고 부르짖느니라"(롬 8:15)고 합니다. 그래서 우리는 담대하게 아버지께 나아갈 수 있습니다.

둘째, 하나님의 아들의 영을 받습니다(갈 4:6). 하나님 아들의 영을 통해 주님의 아들 됨을 인식하고 순종을 배우게 됩니다. 법적으로뿐만 아니라 질적으로 양자가 되는 것입니다. 질적으로 양자가 되어 우리는 기탄없이 하나님을 '아빠 아버지'라 부르는 완전한 아들이 됩니다. 하나님과의 관계에서 법적으로만 아들이 아니라, 양자의 영을 받아 속사람까지 하나님의 양자가 되는 것입니다.

셋째, 더 큰 확신과 담대함을 얻습니다. 예수께서 하나님을 그렇게 부르셨듯이 우리도 하나님을 '아빠 아버지'라 부를 수 있게 됩니다(막 14:36).

넷째, 하나님의 가족의 이름을 부여받습니다(계 3:12, 21:7). 하나님의 가족으로 태어났으니 하나님의 성(姓)을 갖게 되는 것입니다.

다섯째, 하나님의 상속자가 되며 그리스도와 더불어 공동 상속자가 됩니다(갈 4:7). 사복음서에 나타난 예수님은 고난받으신 예수님입니다. 그러나 요한계시록에서의 예수님은 영광 가운데 하나님의 모든 기업을 상속받을 자입니다. 우리의 찬송을 받으시기에 합당한 예수님으로 나타납니다. 그 예수님과 우리가 공동 상속자가 되는 것입니다.

여섯째, 특별한 부활과 영생의 보장을 받습니다(눅 20:25, 36). 부활과 영생은 우리가 아직 경험하지 못한 미래에 있을 일입니다. 그러나 이미 부활과 영생의 몸을 입은 것과 마찬가지로 절대 변치 않을 확실한 약속입니다.

## 아들 된 증거

첫째, 성령의 인도를 받습니다(롬 8:14). 바울은 로마서에서 성령의 인도를 받는 사람은 하나님의 아들이라고 말합니다.

둘째, 세상과 구별됩니다(고후 6:1-18). 하나님의 아들은 세상 사람들이 사는 방식과 다르게 살아갑니다. 세상 속에 있으나 구별된 삶을 사는 것입니다.

셋째, 승리하는 삶을 살게 됩니다(계 21:7). 하나님이 우리를 입양하시면, 우리는 그분의 아들이 됩니다. 하나님이 아버지가 되시고, 예수 그리스도가 큰형, 큰오빠가 되니 그 누구도 덤빌 수 없습니다. 어떤 싸움을 해도 이기게 됩니다. 승리하게 됩니다.

넷째, 하나님의 징계를 받습니다(히 12:6-8). 하나님께서는 사랑의 대상인 우리가 그분의 길에서 벗어날 때 사랑의 매를 드십니다.

다섯째, 화평을 전하는 자가 됩니다(마 5:9). 아들은 아버지를 닮게 마련입니다. 입양된 아들은 자연스럽게 아버지의 성품을 닮아갑니다. 화평을 지니지 못했던 사람이 화평을 전하는 자가 됩니다.

## 아들의 미래 모습

첫째, 우리의 아들 됨이 결국 확실히 나타나게 됩니다(롬 8:19). 주님 재림 때에 생길 일입니다.

둘째, 비교할 수 없는 영광을 가져다줄 것입니다(롬 8:18). 우리가 이미 소유하고 있는 것도 충분히 귀하고 좋은 것이지만 다가올 영광과는 비교가 되지 않습니다.

셋째, 모든 피조물이 그날을 간절히 기다립니다(롬 8:19-20). 이 세상의 환경도 '하나님의 아들들'의 나타남을 고대하며 조화로운 모습으로 변할 것입니다.

넷째, 우리 몸의 구속을 가져다 줍니다. 언젠가 우리도 그 아들이신 예수님의 영광의 몸을 입게 될 것입니다.

첫째, 고통 중에서 승리하게 합니다(롬 8:18). 현재의 고통은 우리에게 영광을 주시려고 준비시키는 하나님의 뜻입니다(히 12:10-14). 하나님께 입양된 아들에게도 고통이 있을 수 있다는 말입니다. 정금처럼 깨끗하고 순수한 신앙으로 하나님 앞에 서기 위한 연단의 과정입니다. 그 고통을 기뻐하고 즐거워해야 합니다. 고통이 지나가면 한 단계 더 성숙한 신앙으로 올라서게 됩니다.

둘째, 세상으로 돌아가는 것을 막아 줍니다(갈 4:7-11). 하나님께 입양된 아들은 주님 안에서 영원히 기쁨을 누리고 삽니다. 다시는 이전 세상으로 돌아가 살고 싶지 않게 됩니다.

셋째, 우리에게 주어진 위대한 그날을 침착하게 기다릴 수 있게 해 줍니다(살전 5:1-8).

넷째, 모든 인간 계급의 차별이 없어집니다(갈 3:26-28). 종이나 주인이나 여자나 남자나 그리스도 안에서 모두 하나입니다. 양자 됨의 특권, 하나님과 연합된 특권을 누리며 살 때 하나님께서 날마다 우리에게 풍성한 축복을 주십니다.

# 영원한 보장

"주께서 너희를 우리 주 예수 그리스도의 날에 책망할 것이 없는 자로 끝까지 견고하게 하시리라 너희를 불러 그의 아들 예수 그리스도 우리 주와 더불어 교제하게 하시는 하나님은 미쁘시도다" 고전 1:8-9

‘영원한 보장(eternal security)’이라는 교리를 ‘성도의 견인(堅忍)’이라고 부르기도 합니다. ‘영원한 보장’이란 성도들이 주님께서 다시 오실 때까지 신앙을 지키고 주님의 돌보심 가운데 최후 승리를 한다는 뜻입니다.

한 번 구원받은 성도는 끝까지 신앙을 견지합니다. 구원은 영원히 보존되고 절대 잃어버릴 수 없습니다. 그리스도인들 중에서도 혹시나 영생을 잃게 되지는 않을까 하고 걱정하는 사람들이 있습니다. 그러나 ‘영원한 보장’에 대한 교리를 잘 알면 불안하지 않고, 오히려 예수 믿는 삶이 순탄하고 재미있을 것입니다.

## 구원을 잃어버릴 수 있는가?

먼저 우리를 구원하기 위해 하나님께서 그리스도 안에서 어떤 사역을 하셨는지 살펴봅시다. 예지, 예정, 선택, 부르심, 회개, 믿음, 회심, 중생, 칭의, 그리스도와의 연합, 입양, 성화, 영화까지 13단계에 걸쳐 하나님은 영원 전부터 계획하신 구원 역사를 이루셨습니다. 이 모든 과정 전부가 하나님께서 우리에게 주신 은총 덕입니다.

하나님이 이렇게까지 우리를 위해 역사하셨는데 우리가 무엇을 어떻게 하면 이 모든 것을 무효로 만들 수 있을까요? 무엇으로 하나님의 영원한 사랑을, 그분의 절대 주권으로 행하신 모든 일을 없었던 일로 만들 수 있겠습니까? 아무것도 없습니다. 우리는 결코 구원을 잃어버릴 수 없습니다.

죄를 지어 절름발이가 될 수는 있겠지만, 영원한 생명을 잃어버릴 수는 없습니다. 하나님께서 영원 전부터 이 13단계를 거쳐 우리에게 주신 영적 축복을 빼앗아 갈 존재는 아무도 없습니다. 모태에서 세상 밖으로 나온 아이가 훗날 공부를 잘할 수도 있고 못할 수도 있습니다. 몸이 건강할 수도 있고 병약할 수도 있습니다. 부모 말을 잘 들을 수도 있고 안 들을 수도 있는 것입니다. 하지만 한 번 태어난 아이는 이미 태어난 아이요, 내 자녀이므로 되돌릴 수 없습니다. 즉, 우리는 영원토록 하나님의 자녀로서 선물받은 영원한 생명을 절대로 잃어버리지 않을 것입니다.

만일 구원받은 사람이 구원을 잃어버린다면, 그것은 자기 구원을 스스로 버리는 것일까요? 하나님이 도로 가져가실까요? 아니면 믿음을 포기하는 것일까요? 어떤 죄를 지어야 구원을 잃어버릴 수 있겠습니까? 하나님이 이끌어 주셔서 회개하고 믿고 거듭나는 그 순간, 그분의 영원하신 오른팔이 우리를 붙드십니다. 그때는 물론 우리도 그분의 팔을 붙듭니다. 인생을 살다 보면 지치고 피곤해 기진맥진한 상태에서 우리가 손을 놓을 수도 있습니다. 그러나 영원하신 하나님께서 그분의 오른팔로 우리를 붙들었는데, 그 손을 뿌리치고 우리가 어디로 갈 수 있을까요? 하나님 아버지께서 사랑의 줄로 매어 놨는데 어딜 가겠습니까?

구원은 나에게 달린 것이 아닙니다. 구원은 결국 하나님의 은혜입니다. 그리스도를 믿는 사람도 타락하고 죄를 지을 수 있습니다. 심지어 목회자도 죄를 짓습니다. 그러나 죄를 지었다고 해서 구원받은 사람이 그동안 자기 안에 일어난 하나님의 모든 구속 사역을 무효화할 수 있을까요? 하나님께서 놀라운 방법으로 13단계를 거쳐 이뤄 놓으신 위대한 일을 어떻게 인간이 무효화할 수 있을까요?

하나님이 나를 먼저 찾으셨습니다. 하나님이 먼저 나를 부르셨습니다. 하나님이 나를 인도하셨습니다. 우리는 구원을 무효화할 수 없습니다. 이것이 성경의 기본 가르침입니다. 그런데 교파마다 이에 대한 의견이 조금씩 다릅니다.

로마 가톨릭의 경우, 치명적인 죄를 지으면 구원을 잃어버릴 수 있다고 가르칩니다. 간음하면 그 순간, 구원을 잃어버리는 것입니다. 큰 거짓말을 해도 마찬가지입니다. 루터교와 알미니안파에서는 의롭다 함을 받은 자 혹은 거듭난 사람은 구원을 잃어버릴 수 있으나, 택함을 받은 자는 그렇지 않다고 가르칩니다. 즉, 의롭다 함을 받은 자, 거듭난 자, 택함받은 자를 구별합니다. 하나님께서 '저 사람은 끝까지 믿음을 잃어버리지 않겠구나.' 하고 미리 내다보시고 택하신 사람은 구원을 잃어버리지 않는다는 것입니다. 그러나 결코 그렇지 않습니다. 하나님께서 처음부터 나를 사랑하셔서서 내가 태어나기도 전에 하나님 편에서 나와 사랑의 관계를 맺으셨습니다. 영원한 계획 속에서 나의 운명이 결정되었습니다. 13가지 단계가 하나의 고리입니다. 그중 하나라도 빠진다면 완전한 구원이 아닙니다. 웨슬리파와 오순절파에서는 구원받은 자도 죄를 지으면 구원을 잃어버릴 수 있다고 가르칩니다. 칼뱅주의자들은 진정으로 구원받은 자는 끝까지 견뎌 구원을 잃어버리지 않는다고 말합니다. 죄를 지을 가능성은 있으나 구원은 절대 잃지 않는다고 가르칩니다. 구원받은 사람도 타락하는 경우가 있지만 결국에는 반드시 돌아옵니다. 우리는 영원히 안전합니다. 하나님과 예수님과 성령님, 또 구원의 본질은 변치 않습니다.

## 영원한 보장이 되시는 하나님

**첫째,** 하나님의 구원 목적은 반드시 이루어집니다. 하나님께서 우리를 사랑하셔서 예정하고 선택하여 부르셨고, 회개하고 믿게 하셨습니다. 하나님의 구원 역사는 사람이 훼방할 수도 가로막을 수도 없습니다. 하나님께서 나를 사랑하셔서 나를 구원하시려고 발을 내디딘 이상, 그분의 구원 계획을 막을 사람은 아무도 없습니다. 하나님의 절대 주권과 구원 역사는 반드시 이루어집니다.

"내가 생각한 것이 반드시 되며 내가 경영한 것을 반드시 이루리라"(사 14:24).

"하나님의 은사와 부르심에는 후회하심이 없느니라"(롬 11:29).

"주께서 너희를 우리 주 예수 그리스도의 날에 책망할 것이 없는 자로 둘째, 하나님께서는 우리의 구원을 완성할 능력이 있으십니다. 하나님은 구원 과정을 시작하셨을 뿐만 아니라 그 구원을 완벽하게 성취하실 능력도 가지셨습니다.

"능히 너희를 보호하사 거침이 없게 하시고 너희로 그 영광 앞에 흠이 없이"(유 1:24).

"너희 안에서 착한 일을 시작하신 이가 그리스도 예수의 날까지 이루실 줄을 우리는 확신하노라"(빌 1:6).

"아무도 아버지 손에서 빼앗을 수 없느니라"(요 10:29).

셋째, 하나님의 뜻은 우리에게 구원을 주시는 것입니다.

"그 기쁘신 뜻대로 우리를 예정하사 예수 그리스도로 말미암아 자기의 아들들이 되게 하셨으니"(엡 1:5).

하나님은 우리를 구원하기 원하십니다. 사람은 하나님을 사랑할 때도 있고, 그렇지 않을 때도 있습니다. 그렇기 때문에 하나님도 우리처럼 변덕스러울 거라 상상합니다. 우리가 작은 실수를 하거나 잘못을 저질렀을 때 혹은 죄를 지었을 때 하나님이 나를 싫어하실 거라고 오해하기도 합니다. 사실 하나님을 이해하는 데 가장 큰 영향을 주는 대상은 부모입니다. 자녀가 아무리 큰 잘못을 했어도 그 아이는 부모에게 유일한 자녀이자 목숨과도 바꿀 수 있는 존재입니다. 사람의 부모도 그러한데, 하물며 하늘에 계신 하나님께서는 우리를 얼마나 사랑하시겠습니까? 우리 마음은 시시때때로 이리저리 흔들리지만, 하나님의 영원한 사랑은 파도처럼 계속 몰려옵니다. 결국 신앙은 물밀듯이 끝없이 밀려오는 하나님의 사랑에 대한 항복입니다. '나는 하나님을 저주하고 떠났는데 어떻게 하나님이 그런 나를 사랑하실 수 있겠어?'라고 생각하지만 하나님은 분명히 우리에게 "나는 너를 영원한 사랑으로 사랑하였느니라."라고 말씀하십니다. 하나님의 사랑은 영원합니다. 그 사랑을 감당할 자가 어디 있을까요? 우리는 그 사랑 앞에 엎드릴 수밖에 없습니다.

넷째, 성부 하나님은 성자 예수님에 대해 신실하십니다. 요한복음 17장은 대제사장의 기도로 예수님의 기도 중 가장 깁니다. 예수께서 숨을 거두시기 직전에 성부 하나님께 "거룩하신 아버지여 내게 주신 아버지의 이름으로 그들을 보전하사"(11절)라고 기도 드리셨습니다. 우리는 그리스도에게 속한 사람들입니다. 예수님은 바로 우리를 아버지(성부)의 이름으로 보호해 달라고 말씀하셨습니다. 성자 예수님이 아버지의 이름으로 붙들어 달라고 간청하는 기도를 성부 하나님께서 어찌 안 들어주실까요?

**첫째,** 예수님의 죽음이 보장합니다. "누가 정죄하리요 죽으실 뿐 아니라"(롬 8:34)에서 보듯, 우리는 예수를 믿음으로 말미암아 예수님과 하나 되었습니다. 그분과 함께 죽고 함께 살아났는데 누가 우리를 정죄할 수 있을까요? 세상 그 무엇도 나를 정죄할 수 없습니다.

**둘째,** 예수님의 과거 사역이 보장합니다.

"우리가 아직 죄인 되었을 때에 그리스도께서 우리를 위하여 죽으심으로"(롬 5:8).

사람들은 대개 죄를 짓거나 자기에게 잘못을 저지른 사람을 거절하고 외면합니다. 그런 사람을 사랑하지 않습니다. 그러나 하나님께서는 죄를 짓고 악을 행한 우리를 사랑하셨습니다. 그 사랑을 떠올리면 매 순간 감격할 수밖에 없습니다. 우리가 실수해도 '이렇게 끝까지 나를 사랑하시는데 이 사랑을 어떻게 배반할 수 있겠는가?' 하며 다시 주님께로 돌아오게 됩니다.

**셋째,** 예수님의 현재 사역이 보장합니다.

"만일 누가 죄를 범하여도 아버지 앞에서 우리에게 대언자가 있으니 곧 의로우신 예수 그리스도시라"(요일 2:1).

만약 우리가 죄를 짓게 될 경우, 예수님께서는 하나님 아버지께로 달려가 "제가 저들을 위해 십자가에서 대속함으로 하나님께 완전히 순종하고 모든 율법을 다 완성하지 않았습니까?"라며 우리를 변호하십니다. 지금 현재 예수님께서는 하늘에서 제사장 사역을 하고 계십니다. 사탄이 죄를 지은 우리를 송사할 때마다 예수님은 탁월한 변호사가 되어 주십니다.

"이제 우리를 위하여 하나님 앞에 나타나시고"(히 9:24).

**넷째, 예수님의 능력이 보장합니다.**

"자기를 힘입어 하나님께 나아가는 자들을 온전히 구원하실 수 있으니"(히 7:25).

예수님은 우리를 대충, 적당히 구원하지 않으십니다. 구원하려다가 중간에 포기하지도 않으십니다. 완전히 구원하시는 분입니다. 그럴 능력을 지닌 분입니다. "착한 일을 시작하신 이가 주님 오실 때까지 완전히 이루실 수 있다."라고 말씀하셨습니다(빌 1:6 참조).

## 영원한 보장이 되시는 성령님

첫째, 성령님은 영원히 내재하십니다. 예수님은 "그가 또 다른 보혜사를 너희에게 주사 영원토록 너희와 함께 있게 하리니… 너희 속에 계시겠음이라"(요 14:16-17)고 말씀하셨습니다. 하나님의 성령께서 우리 속에 영원히 계시는데 어떻게 우리를 천국이 아닌 다른 곳으로 보내실 수 있을까요?

둘째, 성령님은 영원히 인치시기 때문입니다. 바울은 에베소 교인들을 향해 "또한 믿어 약속의 성령으로 인치심을 받았으니"(엡 1:13)라고 이야기합니다. 이 말씀처럼 하나님의 영이 우리에게 도장을 찍었습니다. 과연 누가 그 도장을 지울 수 있을까요?

"하나님의 성령을 근심하게 하지 말라 그 안에서 너희가 구원의 날까지 인치심을 받았느니라"(엡 4:30).

구속의 날은 예수님께서 다시 오시는 때입니다. 그때까지 우리에게 찍힌 하나님의 도장이 있기 때문에 도중에 아무도 우리를 데려가거나 어찌할 수 없다는 뜻입니다.

## 구원의 본질이
## 영원한 보장의 기초

첫째, 초자연적인 역사로 보장됩니다. 인간의 세계는 자연 세계입니다. 그러나 구원은 초자연적인 세계에서 일어났습니다. 구원받은 자는 새로운 피조물이며(고후 5:17), 썩지 않는 씨로 된 것입니다(벧전 1:23).

둘째, 그리스도와 연합했기 때문입니다. 그리스도와 함께 살리심을 받고 그리스도와 영원히 하나가 되었습니다(롬 6:4-5). 아무것도 그리스도와 우리를 끊어 놓을 수 없습니다.

## 확신의 근거

**첫째, 하나님의 말씀입니다.** 하나님의 말씀은 객관적인 확신입니다. 우리 개인의 느낌이나 감정에서 비롯되는 것이 아닙니다.

"영접하는 자 곧 그 이름을 믿는 자들에게는 하나님의 자녀가 되는 권세를 주셨으니"(요 1:12).

"멸망하지 않고 영생을 얻게 하려 함이라"(요 3:16).

"내 말을 듣고 또 나 보내신 이를 믿는 자는 영생을 얻었고 심판에 이르지 아니하나니 사망에서 생명으로 옮겼느니라"(요 5:24).

이외에도 '구원의 확신'에 대한 말씀은 아주 많습니다(요 6:37, 요 10:27-28, 롬 8:1, 요일 5:11-13). 어떤 사람은 구원에 대한 확신이 없습니다. 어떤 이는 구원을 잃어버릴 수도 있다고 생각하며 그렇게 가르치고 믿기까지 합니다. 그러나 그런 사람도 구원받습니다. 나의 생각이나 감정과는 상관없이 하나님께서 그렇게 말씀하셨다면 그게 사실이고 진리인 것입니다. 하나님의 진리는 내가 믿느냐 믿지 않느냐에 상관없이 늘 '참'입니다.

둘째, 개인적인 경험입니다. 개인의 경험은 주관적인 확신입니다. 객관적인 하나님의 말씀을 믿는다면 "나는 하나님의 자녀다. 나는 구원받았다. 절대적인 하나님의 사랑이 내게 있다!"라고 고백하면서 날마다 감사하는 신앙생활을 하게 됩니다. 이것은 내주하시는 성령께서 우리 마음속에 주시는 확신입니다. 그러면 어떤 경험을 통해서 이렇게 확신할 수 있습니까?

첫 번째는 순종을 통해서입니다(요일 2:3). 하나님의 말씀에 순종해 보면 더 강한 확신이 생기고 하나님의 말씀이 사실이라는 것을 계속해서 깨닫게 됩니다. 또 순종하면 신앙적 인격이 형성됩니다. 그러면 확신이 더 강해집니다(벧전 1:6-10). 두 번째는 기도 응답을 통해서입니다(요 14:14). 세 번째는 죄에 대한 태도를 통해서입니다(잠 8:13). 성화되어 갈수록 죄를 싫어하고 죄에 대해 민감해집니다. 그러나 자꾸 죄에 끌려 다니거나 선택 결정권을 양보해 버리면 구원에 대한 자신이 생기지 않습니다. 구원을 잃어버린 게 아닌데도 마치 잃어버린 것처럼 느껴지는 것입니다. 구원의 확신은 자기 느낌이나 감정이 아니라, 객관적인 하나님의 약속에 있습니다. 네 번째는 이웃을 향한 사랑을 통해서입니다(요 13:35). 타인을 사랑하는 마음을 품게 되면 하나님의 사랑이 나를 통해 밖으로 흘러나갑니다. 이웃을 향해 마음을 열고 사랑하면 사랑할수록 나 역시 하나님의 사랑을 더욱 깊이 느끼게 됩니다. 타인을 여러 번 용서하다 보면 하나님께서도 나를 이렇게 용서하신다는 사실을 깨닫게 됩니다. 다섯 번째는 성령의 인도하심을 통해서입니다(롬 8:14) 성령님이 돕지 않으시면 우리는 아무도 그리스도를 '주'라고 시인할 수 없습니다. 모든 순간마다, 다양한 사건마다 성령님을 의지해 그분과 함께하는 삶을 체험할 때 구원에 대한 확신이 생깁니다.

## 영원한 보장의 현실적 가치

영원한 보장이 있다는 것은 현실적으로 어떤 의미가 있을까요? 가치 있는 일일까요? 제 경우 예전에는 주님이 갑자기 이 땅에 오실까 봐 겁이 났는데, 지금은 언제 주님이 오셔도 좋다는 마음입니다. 제가 연약할 때 오셔도 좋고, 강할 때 오셔도 좋습니다.

바울은 항상 복종하여 두렵고 떨림으로 우리의 구원을 이루라고 말했습니다(빌 2:12-13). 구원이 보장되어 있으니 주님을 믿는 우리는 더욱 담대하게 나갈 수 있게 되었습니다.

혹시 우리 중에 예수님으로부터 떨어져 나갈까 두려워하는 자가 있습니까? 그런 사람도 구원이 영원토록 보장됨을 알게 된다면 소망이 생깁니다. 한결같이 담대하게 그리스도인의 삶을 살게 됩니다.

그러니 이제 염려하며 살지 마십시오. 대신 하나님의 복을 누리며 사역하십시오. 걱정과 근심이 아니라 늘 주님의 은총과 평안을 누리면서 사시기 바랍니다.

# 영화

"그러나 우리의 시민권은 하늘에 있는지라 거기로부터 구원하는 자 곧 주 예수 그리스도를 기다리노니 그는 만물을 자기에게 복종하게 하실 수 있는 자의 역사로 우리의 낮은 몸을 자기 영광의 몸의 형체와 같이 변하게 하시리라" 빌 3:20-21

'영화(glorification, 榮華)'는 큰 구원의 마지막 단계입니다. 하나님의 부르심으로부터 시작된 구원 여정의 완성 지점입니다. '영화'는 인간 구원의 최종적 완성이요, 우리 몸과 영혼이 부활 승천하시고 영화롭게 되신 예수 그리스도의 형상으로 완전히 변화하게 되는 것입니다. 즉, 영화란 우리가 예수님 모습처럼 되는 것을 말합니다. 영화는 종말론이 실현되고 우리의 칭의, 중생, 성화가 완성되는 단계입니다.

"우리가 다 잠 잘 것이 아니요 마지막 나팔에 순식간에 홀연히 다 변화되리니 나팔 소리가 나매 죽은 자들이 썩지 아니할 것으로 다시 살아나고 우리도 변화되리라"(고전 15:51-52)

우리가 이 땅에서 소유하고 사는 몸은 언제나 연약하고 여러 면에서 부족합니다. 이 낮은 인간의 몸이 예수 그리스도의 영광스러운 몸같이 변화하게 됩니다. 지금은 20세의 육체와 80세 육체에 차이가 있지만, 그때는 아무런 차이가 없습니다. 우리는 완전한 몸, 완전한 마음, 완전한 영혼을 갖게 되는 날을 맞이하게 될 것입니다.

거룩하고 완전하시며 영광스러운 예수 그리스도를 만나는 그 순간, 우리도 그분과 똑같이 변할 것입니다. 사랑하는 사람의 얼굴을 바라보면 즐겁고, 즐거운 얼굴을 바라보면 나도 행복해지듯 우리도 주님처럼 완전하고 영광스러운 모습이 될 것입니다.

## 영화의 본질

첫째, 영혼의 도덕적 완성입니다. '아모모스(amomos)'는 '흠이 없다'는 뜻의 헬라어입니다. 제단에 올라가는 희생 동물에게는 아무런 흠이 없는 것처럼 완전히 흠 없는 상태를 말합니다(민 6:14, 19:2). 우리는 여전히 흠이 많은 채로 살아갑니다. 그러나 다시 오실 예수님을 만나는 그 순간, 우리는 흠 없이 깨끗하게 될 것입니다. 에베소서 5장 27절도 "자기 앞에 영광스러운 교회로 세우사 티나 주름 잡힌 것이나 이런 것들이 없이 거룩하고 흠이 없게 하려 하심이라"고 기록합니다. '하기오스(hagios)'라는 단어는 '거룩해진다', 즉 '도덕적으로 완벽하다'는 뜻입니다.

지금 육체의 연약함이 있더라도 염려하지 않아도 됩니다. 그때는 완전한 몸이 될 것입니다. '아프로스코포스(aproskopos)'라는 단어도 '흠이 없다'는 뜻입니다.

"지극히 선한 것을 분별하며 또 진실하여 허물 없이 그리스도의 날까지 이르고"(빌 1:10).

이는 도덕적 완성뿐만 아니라 완전한 영생에 참여한다는 뜻입니다. 즉, 영생이 전적으로 실현된 것입니다.

둘째, 완전한 영생에의 참여입니다. 영생을 전적으로 깨닫게 됩니다(요 5:25-28). 영화는 하나님의 생명과 새로운 생명이 조화를 이루는 단계입니다. 영생이란, 영원토록 이어지는 하나님의 생명입니다.

셋째, 완전한 자유의 실현입니다. 모든 것에서 완전한 자유를 얻습니다. 죄로부터 자유해집니다(요 8:33-36). 율법으로부터 자유로워집니다(마 5:17-18). 죽음에서도 자유로워집니다(고전 15:56).

넷째, 완전한 육체의 실현입니다. 이 땅에서의 육체처럼 중력의 영향을 받지 않게 됩니다. 그때는 우주복 없이도 우주를 날아다닐 수 있습니다. 공간의 제약을 받지 않기 때문에 예루살렘에 있다가 몇 분 만에 갈릴리에 나타날 수도 있습니다. 그때는 우리 몸이 빠른 속도로 다닐 수 있게 됩니다. 장애물도 없어집니다. 문도 그냥 통과할 수 있습니다. 또 배고픔을 느끼지 않게 됩니다. 그러나 배고픔은 없어도 먹을 수는 있습니다. 신체의 병이나 죽음이 없습니다. 완벽한 상태로 영원히 사는 것입니다. 불안정한 감정, 슬픔, 근심도 없습니다. 초조와 긴장 같은 감정이 싹 사라지고 몸과 마음과 영혼이 완전한 상태에서 영원무궁토록 주 안에서 즐겁게 사는 영화로운 날이 이어집니다. 이것이 바로 구원의 성취입니다.